地域文化研究叢書

雲南哈尼族傳統生態文化研究

上冊

黃紹文、廖國強、關磊、袁愛莉　著

目次

上冊

森林－村寨－梯田和諧的山寨

錯落有致的蘑菇房

春耕前祭寨神

祭地神

波瀾狀闊的哈尼梯田

梯田栽秧

已種植百年歷史的梯田高棵稻種

梯田副產品黃鱔製干備用

哈尼族喜歡雞蛋拴著頭

哈尼族長街宴

哈尼族婦女製作傳統生物染料

哈尼族阿卡女子頭飾

導　論

一　文化與自然生態

　　英國哲學家羅素曾說過這樣一段風趣的話：「人類自古以來有三個敵人，其一是自然（Nature），其二是他人（Other People），其三是自我（Ego）。」[1]而被譽為中國學術泰斗的季羨林先生也說：「人類自從成為人類以來，最重要的是要處理好三個關係：一，人與自然的關係；二，人與人的關係，也就是社會關係；三，個人內心思想、感情的平衡與不平衡的關係。其中尤以第一個關係為最重要。」[2]的確，人與自然的關係是人類繁衍生息、發展演進的永恆主題之一。人類是自然界的一部分，這一基本事實從本體論的意義上規定了人類對自然的恒永依賴性和自然對人類的恒久制約性。整體主義的現代生態學表明，人就是依賴於生態系統之完整性和穩定性的一個物種。正如美國生態經濟學家萊斯特‧R‧布朗所說的：「儘管我們許多人居住在高技術的城市化社會，我們仍然像我們的以狩獵和採集食物為生的祖先那樣依賴於地球的自然系統。」[3]人類之所以依賴於地球生態系統，「理由很簡單：人是一個生物有機體，它和它賴以生存的其它有機體一樣

1　轉引自宋蜀華：〈論文化〉，《雲南民族學院學報》（哲學社會科學版）1999年第5期（1999年）。

2　季羨林：〈走向天人合──《人與自然叢書》總序〉，載余謀昌：《文化新世紀──生態文化的理論闡釋》（哈爾濱市：東北林業大學出版社，1996年），〈總序〉，頁3。

3　〔美〕萊斯特‧R‧布朗，林自新、戢守志譯：《生態經濟──有利於地球的經濟構想》（北京市：東方出版社，2003年），頁5。

必須服從同樣的規律。沒有水人會渴死,沒有植物和動物人會餓死,沒有陽光人會萎縮,沒有性交人種會滅絕」。[4]

　　人類文化便是在與自然生態系統交往的漫漫歷程中逐步形成的。「文化」是人類思想史上一個最富誘惑性的概念之一。各個時代、各個學派的學者都會從各自的歷史語境、話語系統、認知模式等出發,對文化做出自己的理解,因而對文化的定義也就見仁見智,紛繁多樣。美國人類學家 C. Kluckhohn 和 A. L. Kroeber 在合著的《文化,關於概念和定義的探討》一書中,列舉西方世界從一八七一年到一九五一年關於文化的定義就達一六〇多種。[5]之後對文化的定義仍層出不窮。至今廣為學術界認可是英國人類學家泰勒於一八七一年對文化下的經典性定義:「文化,就其民族志中的廣義而論,是個復合的整體,它包含知識、信仰、藝術、道德、法律、習俗和個人作為社會成員所必需的其它能力及習慣。」[6]儘管如此,當代西方學者也從未停止在文化定義上的努力。例如,英國學者奈傑爾・拉波特和瓊安娜・奧弗林於一九九九年將文化界定為:「文化指的是系統協調的整體,是由信仰、知識、價值觀念和實踐構成的一個穩定共用的體系。」[7]並將文化分為「複數的文化」和「單數的文化」。而美國學者史蒂文・瓦戈則認為:「『文化』這個詞指的是社會成員共用的一整套知

4　〔德〕約阿希姆・拉德卡,王國豫、付天海譯:《自然與權力──世界環境史》(石家莊市:河北大學出版社,2004年),頁22。

5　轉引自宋蜀華:〈論文化〉,《雲南民族學院學報》(哲學社會科學版)1999年第5期(1999年)。

6　轉引自黃淑娉、龔佩華:《文化人類學理論方法研究》(廣州市:廣東高等教育出版社,2004年),頁9。

7　〔英〕奈傑爾・拉波特、瓊安娜・奧弗林、鮑雯妍,張亞輝譯:《社會文化人類學的關鍵概念》(北京市:華夏出版社,2005年),頁79。

識、信仰、態度和行為規則。」[8]然而，誠如奈傑爾·拉波特和喬家娜·奧弗林所指出的：「從一開始，人類學就處於對文化一詞含義的爭論中，近年來關於文化一詞的用法的爭辯不斷激烈。因此，當前，即使站在最為『包容性』的立場上，這一詞彙依然十分複雜，以至於無論我們單獨採用哪種文化『歸類』方法，都會成為交叉火力下的靶心。」[9]

　　胡瀟在《文化的形上之思》一書中對各種文化定義的界定方法進行過考辨，總結出現象描述、社會反推、價值認定、結構分析、行為取義、歷史探源、立體立意、意識解讀等八種方法和思路。[10]而尹紹亭先生則認為文化相對論、文化適應論、文化整體論和文化變遷論是「文化的幾個最基本的概念」。[11]其中，文化相對論是以橫坐標的視角，從本文化與他者文化之間的關係上對文化所作的理解，文化整體論是從文化的結構和功能上對文化的認識，文化變遷論是從歷時性的、縱向的角度去理解文化，而文化適應論則是「從人類適應的角度去考察研究文化的認識論。適應，是文化的基本特性之一。文化適應主要有生態環境適應和社會環境適應兩個方面。」[12]

　　二十世紀九〇年代以後，學術界日益重視人類文化與生態環境關係的研究。許多學者從人類對生態環境的適應角度去理解文化、界定文化。余謀昌認為：「文化是人類適應自然的生存方式。或者，文化

8　〔美〕史蒂文·瓦戈，王曉黎等譯：《社會變遷》（北京市：北京大學出版，2007年），頁191。

9　〔英〕奈傑爾·拉波特、瓊安娜·奧弗林、鮑雯妍，張亞輝譯：《社會文化人類學的關鍵概念》（北京市：華夏出版社，2005年），頁78。

10　轉引自張宇丹、魏國彬《文化行銷傳播論》，《思想戰線》2005年第5期（2005年）。

11　尹紹亭：《文化生態與物質文化》（論文篇）（昆明市雲南大學出版社，2007年），頁76。

12　尹紹亭：《文化生態與物質文化》（論文篇）（昆明市雲南大學出版社，2007年），頁78。

是人類在自然界生存、享受和發展的一種特殊的方式。」[13]郭家驥認
為：「文化是一個民族對周圍自然環境和社會環境的適應性體系。」[14]
任國英認為：「人類通過勞動創造了自己的文化，再通過文化求得自
己在自然界中的生存和發展，所以就某種意義而言，我們可以將文化
看成是人類適應自然的一種手段。」[15]余達忠指出：「文化作為人類的
一種生存方式，本質上體現的是人類對於生態環境的一種社會適應，
表達的是人與自然的一種關係，即人類在用文化的方式適應生態環境
中建立起了人的世界。」[16]楊庭碩等學者在《生態人類學導論》中對
文化與生態環境的關係作了較為深入的探討。其要義包括：

其一，文化屬性與生態環境緊密相關。文化所具有的單一歸屬
性、功能性、習得性、共有性、穩定性、整體性、能動創新性和相對
性等八種屬性中，「文化的單一歸屬性、穩定性主要與人類的社會生
活相關，其餘的六種屬性與生態環境的運行關係較為直接。」[17]

其二，生物多樣性與文化多元並存相互關聯。「生物多樣性與文
化多元並存，兩者相互關聯。由於文化自身具有雙重性，因而兩者的
生態價值也必然會相互關聯。文化多元並存的水準降低，必然誘發為
生物物種多樣性的受損，這是人類對生物資源的消費趨於簡單化所必
然導致的後果。而生物物種多樣化水準的降低，又必然導致生態系統
的穩態延續能力下降。」[18]

---

13 余謀昌：《文化新世紀──生態文化的理論闡釋》（哈爾濱市：東北林業大學出版
　社，1996年），頁10-11。

14 郭家驥主編：《生態文化與可持續發展》（北京市：中國書籍出版社，2004年），頁7。

15 宋蜀華、白振聲主編：《民族學理論與方法》（北京市：中央民族大學出版社，1998
　年），頁324。

16 余達忠：〈現代生態文化的形成、價值觀及體系架構〉，《三明學院學報》2010年第1
　期（2010年）。

17 楊庭碩等：《生態人類學導論》（北京市：民族出版社，2007年），頁41。

18 楊庭碩等：《生態人類學導論》，頁55-56。

其三，人類對生態環境的依賴具有永久性。「不管現代科學技術多麼發達，都沒有改變人類及其社會對地球生命體系的依賴，地球生命體系依然會對未來的人類社會發揮無法替代的重大作用。」[19]

其四，關於文化適應問題。「文化人類學探討的文化適應事實上是指民族對所處生態環境的適應，這與生物學中探討的生物物種對所處環境的適應相似。」[20]文化適應可劃分為生物性適應和社會性適應兩部分。「文化的生物性適應，是指一個民族針對其所處生態環境做出的人為信息系統創新和社會程序化，目的是使該民族獲得高效利用生物資源和無機資源的能力，並在利用的同時確保所處生態系統的穩態延續。」「文化的社會性適應是指，作為維繫社會存在的人為信息系統，調適於一定時代及其歷史積澱下來的社會背景而獲得穩態延續能力。」[21]

誠如有的學者指出的，人具有生態本原性，「人類來自於自然，自然是人類生命之源，也是人類永享幸福生活最重要的保障之一。」[22]人類與自然間具有血肉般的聯結。大自然不僅給人類提供衣食之源，也是人類精神力量的源泉，因而大自然既是人類的「生命家園」，也是人類的「精神家園」，正如亞里斯多德所說：「古往今來人們開始哲理探索，都應起源於對自然萬物的驚奇。」[23]正因如此，人類的「文化」從誕生伊始便與「自然」、「生態」緊緊地勾連在一起，須臾不可

---

19 楊庭碩等：《生態人類學導論》，頁57。

20 楊庭碩等：《生態人類學導論》，頁66-67。

21 楊庭碩等：《生態人類學導論》，頁73、75。

22 曾繁仁：〈試論人的生態本性與生態存在論審美觀〉，《人文雜誌》2005年第3期（2005年）。

23 〔古希臘〕亞里斯多德，吳壽彭譯：《形而上學》（北京市：商務印書館，1959年），頁5。

分離，有學者甚至認為人類是「一種自然與文化的合成物」。[24]

二　生態文化與文化生態

　　二十世紀九〇年代以來，在生態環境問題日益成為全社會高度關注的重大問題的大背景下，學術界提出一種新的學術概念——生態文化。生態文化概念的提出反映了當代人類的一種文化自覺。生態文化研究已逐步成為當今學術研究的一個前沿領域。

　　學術界對於生態文化的認識和理解並不完全一致，甚至有很大差異，主要有二大類觀點。

　　第一類是將生態文化視為一種人類應當採取的新的文化形態，以區別於以資源破壞和環境污染為代價的傳統文化。代表性學者是著名生態哲學家余謀昌。他認為：「二十一世紀人類的選擇是從傳統文化走向生態文化，建設生態文明社會。」[25]「生態文化是人類走向未來的選擇。它使人類文化發展走向新階段。在人類文化的新階段，創造人類新的文化樂園，創造人類更加光輝燦爛的文明。它將為人類創造更多的文化價值，保護和發展自然價值，從而為人類和自然界提供過去無法比擬的福利。」[26]他還將生態文化放到人類文化的歷史長河中進行闡釋，認為：「人類文化的發展經歷了自然文化、人文文化和科學文化三個主要階段，現在正向生態文化的方向發展。」「生態文化是人類文化發展的新階段。」傳統文化是「一種衰退中的文化」，必將被「一種新的上陞的文化」——生態文化所取代，「這導致世界歷

---

24 高長江：〈宗教生態學的地方智慧——簡論中國民間信仰的生態意識〉，載余達忠主編：《生態文化與生態批評》第一輯（北京市：民族出版社，2010年），頁229。

25 余謀昌：《文化新世紀——生態文化的理論闡釋》（哈爾濱市：東北林業大學出版社，1996年），頁28。

26 余謀昌：《文化新世紀——生態文化的理論闡釋》，頁151。

史的一次重大轉折，迎來人類新文化的到來。」[27]郭少棠等認為：「但所謂『生態文化』不應是近代以來西方主導下所形成的文化再加上生態的因素，而應是一種建立在對近代西方文化進行徹底反思並吸收人類一切優秀文化在內的、人與環境和諧共存的新『文化』。」[28]雷毅認為：「工業文化無視人對自然的依賴性，表明它是一種不可持續的文化類型，因此我們的未來不能託付給工業文化。實現人類的持續生存，需要一種新的文化形態來支撐，這種文化應當是能順應自然規律，促進人與自然協同發展的文化，我們通常用生態文化來表徵它。」[29]不少學者正是沿著這樣的思路去闡釋生態文化的，認為工業文明將被一種新的文明形態——生態文明所取代，生態文明是依賴於生態文化所建立起來的一種新的文明，與生態文明階段相對應的主導文化是生態文化，[30]生態文化是生態文明建設的核心和靈魂，[31]是社會主義先進文化的重要組成部分，[32]應把積極建設生態文化作為新時期文化創新的新方向。[33]生態文化必將成為社會主義核心價值體系的時代內涵和題中應有之義。[34]

27　余謀昌：〈生態文化是一種新文化〉，《長白學刊》2005年第1期（2005年）。

28　郭少棠、張慕萍、王憲明：《西部大開發中的生態文化建設與可持續發展》，《清華大學學報》（哲學社會科學版）2000年第5期（2000年）。

29　雷毅：〈生態文化的深層建構〉，《深圳大學學報》（人文社會科學版）2007年第3期（2007年）。

30　陳德欽：〈論生態文化與生態文明〉，《吉林工程技術師範學院學報》2009年第7期（2009年）。

31　陳彩棉：〈生態文化是生態文明建設的核心和靈魂〉，《中共貴州省委黨校學報》2009年第4期（2009年）。

32　陳俊宏：〈弘揚生態文化　構建和諧社會〉，《人民論壇》2010年第1期（2010年）。

33　唐彬、梁紅：〈生態文化：新時期文化創新的新方向〉，《理論月刊》2008年第9期（2008年）。

34　杜明娥：〈生態文化：社會主義核心價值體系的時代內涵〉，《社會科學輯刊》2010年第1期（2010年）。

　　學術界對作為文化新形態的生態文化有多種界定。有的學者對生態文化作廣義、狹義之分。余謀昌認為，生態文化有廣義和狹義之分，「狹義的理解是，以自然價值論為指導的社會意識形態、人類精神和社會制度；廣義的理解是，以自然價值論為指導的人類新的生存方式，即人與自然和諧發展的生產方式和生活方式」。[35]柴毅龍認為：「廣義的『生態文化』，是一種價值觀或者也可說是一種文明觀。狹義的『生態文化』是指的一種文化現象。」[36]陳壽朋、楊立新認為：「廣義的生態文化是一種生態價值觀，或者說是一種生態文明觀，它反映了人類新的生存方式，即人與自然和諧的生存方式。這種定義下的生態文化，大致包括三個層次，即物質層次、精神層次和制度（政治）層次。狹義的生態文化是一種文化現象，即以生態價值觀為指導的社會意識形式。」[37]盧風也對生態文化作了廣義和狹義之分，他說：「生態文明是人類的必由之路，生態文明就是廣義的生態文化。」「狹義的生態文化是以生態價值觀為核心的宗教、哲學、科學與藝術。」[38]有的學者則未作廣義、狹義之分。如雷毅認為：「生態文化是以整體論思想為基礎，以生態價值觀為取向，以謀求人與自然協同發展為宗旨的文化。」[39]余達忠認為：「生態文化是以生態價值觀為理念的人類的一種全新的生存發展方式，這是生態文化最根本的特徵，是

35 余謀昌：〈生態文化是一種新文化〉，《長白學刊》2005年第1期（2005年）。

36 柴毅龍：〈生態文化與文化生態〉，《昆明師範高等專科學校學報》2003年第2期（2003年）。

37 陳壽朋、楊立新：〈論生態文化及其價值觀基礎〉，《道德與文明》2005年第2期（2005年）。

38 盧風：〈論生態文化與生態價值觀〉，《清華大學學報》（哲學社會科學版）2008年第1期（2008年）。

39 雷毅：〈生態文化的深層建構〉，《深圳大學學報》（人文社會科學版）2007年第3期（2007年）。

生態文化作為一種文化形態與此前所有文化形態的本質區別。」[40]

　　另一類則是從人類文明演進的角度，將生態文化視為一個歷史範疇或文化的有機組成部分。如中國生態文化協會會長江澤慧認為：「廣義的生態文化是指人類歷史實踐過程中所創造的與自然相關的物質財富和精神財富的總和。狹義的生態文化是指人與自然和諧發展、共存共榮的意識形態、價值取向和行為方式等。」[41]郭家驥認為：「所謂生態文化，實質上就是一個民族在適應、利用和改造環境及其被環境所改造的過程中，在文化與自然互動關係的發展過程中所積纍和形成的知識和經驗，這些知識和經驗蘊含和表現在這個民族的宇宙觀、生產方式、生活方式、社會組織、宗教信仰和風俗習慣等等之中。」他進而強調：「生態文化應成為生態人類學的一個核心概念和生態人類學研究的一個主攻方向」[42]高建明認為：「生態文化是有關生態的一種文化，即人們在認識生態、適應生態的過程中所創造的一切成果。」生態文化自古有之，其組成部分主要包括生態知識、生態精神、生態產品、生態產業、生態制度等。[43]王玉德認為：「生態文化是有關生態與文化關係的文化」，具體涉及生態對文化的影響、影響生態的文化、區域生態文化圈的特點和比較、生態文化的發展軌跡等四個方面。[44]

　　從歷史角度加以認識的生態文化顯現出作為一個文化學學術概念的鮮明特徵，因而可以對生態文化作多種劃分。從歷時性的角度，可

---

40 余達忠：〈生態文化的形成、價值觀及其體系架構〉，《三明學院學報》2010年第1期（2010年）。

41 江澤慧：〈大力弘揚生態文化 攜手共建生態文明──在全國政協十一屆二次會議上的發言〉，《中國城市林業》2009年第2期（2009年）。

42 郭家驥主編：《生態文化與可持續發展》（北京市：中國書籍出版社，2004年），頁8。

43 高建明：〈論生態文化與文化生態〉，《系統辯證學學報》2005年第3期（2005年）。

44 王玉德：〈生態文化與文化生態辯析〉，《生態文化》2003年第1期（2003年）。

分為傳統生態文化和現代生態文化，王玉德、張全明等著的《中華五千年生態文化》[45]便是對中國傳統生態文化較為深入系統的研究成果；從分佈區域看，可分為中國生態文化和區域生態文化；從民族構成看，可分為漢族生態文化和少數民族生態文化，少數民族生態文化又可細分為藏族生態文化、納西族生態文化、哈尼族生態文化……；從文化結構上看，可分為生態物質文化、生態制度文化、生態觀念（精神）文化；從生產形態上，可分為採集狩獵生態文化、游牧生態文化、農業生態文化……；從學科領域看，可分為生態哲學文化、生態倫理文化、生態科技文化、生態文藝文化、生態宗教文化……；等等。

文化生態則是與生態文化具有不同內涵的學術概念。柴毅龍認為文化生態有廣義和狹義的區別，所謂廣義的文化生態「是指影響文化產生、演進的自然環境、科學技術、經濟體制、社會組織以及價值觀念體系等變數構成的整個文化生態系統」。它「首先是一種世界觀，或也可以說是一種文化觀，是一種文化的生態學」。而「狹義的文化生態，主要是指精神文化與外部環境（自然環境、社會環境、文化環境）以及精神文化內部各種價值體系之間的生態關係」。[46]高建明認為：「所謂文化生態是借用生態學的方法研究文化的一個概念，是關於文化性質、存在狀態的一個概念，表徵的是文化如同生命體一樣也具有生態特徵，文化體系作為類似於生態系統中的一個體系而存在。」[47]李學江認為，文化生態是指文化的生成、傳承、存在的生態狀況。文化具有生態性，具體體現在：文化生成的生態性、文化傳承

---

45 王玉德、張全明等著：《中華五千年生態文化》（武漢市：華中師範大學出版社，1999年）。

46 柴毅龍：〈生態文化與文化生態〉，《昆明師範高等專科學校學報》2003年第2期（2003年）。

47 高建明：〈論生態文化與文化生態〉，《系統辯證學學報》2005年第3期（2005年）。

和傳播的生態性、文化存在的生態性。[48]

可見，生態文化與文化生態是兩個不同的學術概念，具有不同的涵義，二者不應混淆。柴毅龍認為：「『生態文化』論的側重點在『文化』上。如果以『生態文化』為核心概念建立『生態文化學』，那麼，其重點應是一種『文化學』研究，其學科應屬『文化學』的分支。如果以『生態文化』為核心，建構一種思維方式，或者說，將『生態文化』首要的看作一種價值觀，那麼，它實質上是人類在遭遇了環境問題壓迫後所做出的新的文化選擇。這就是說，人類試圖通過創造一種『生態文化』，或者說『生態文明』來解決人與自然的衝突和矛盾。不同的是，『文化生態』論的重心是在『生態』上。它是用生態學的思維方式來闡釋人類及其文化問題的。……『文化生態』論者實質上是把整個人類文化看作一個生態大系統。」[49]

三　民族生態文化的學理辨析

（一）民族生態文化的界定

學術界對民族生態文化[50]的界定尚處於草創和起步階段。有的學者對某一特定民族的生態文化作界定。如南文淵曾對藏族生態文化作過較深入的研究，他指出，如何在脆弱而有限的自然環境中生存，是藏族自古以來一直面臨著的重大問題，「對這個問題的思考與解決，

---

48 李學江：〈生態文化與文化生態論析〉，《理論學刊》2004年第10期（2004年）。

49 柴毅龍：〈生態文化與文化生態〉，《昆明師範高等專科學校學報》2003年第2期（2003年）。

50 民族生態文化也有廣義和狹義之分，廣義的民族生態文化包括以華夏民族為主體的中華傳統生態文化和少數民族生態文化，狹義的民族生態文化特指中國少數民族生態文化。在本專題中，我們論述的是狹義的民族生態文化。

形成了藏族關於宇宙、自然、人生的基本觀念和生活方式。我們將此
稱為藏族生態文化。」[51]有的學者界定的是「生態文化」，但因其研究
對象主要是少數民族，因而可視為民族生態文化。如郭家驥指出：
「全球各地少數民族和土著居民傳統的生產生活方式中，迄今仍然存
活著許多與特定的生態環境相適應、與當代可持續發展理念相吻合的
生態智慧和生態知識，這些與生態環境密切相關的地方性知識，便構
成各民族的生態文化。」[52]喻見認為：「貴州少數民族傳統的生態文化
是保護自然、熱愛自然、合理利用自然的文化。」[53]迄今對民族生態
文化作出較明確而完整地界定的學者是何明。他認為，中國少數民族
生態文化，「即中國少數民族社會所特有的尊重自然與保護環境的物
質技術手段、制度措施、生產生活方式、思想觀念、價值體系的總
和。按照文化學的內容分類，主要包括以下三個方面：第一是維護生
態平衡、保護自然環境的物質生產手段和消費方式，換言之，是既實
現社會價值為社會提供足夠的產品又保護自然、保證人與自然『雙
贏』的生產方式和消費方式；第二是維護生態平衡、保護自然環境的
社會結構、社會機制、社會規約和社會制度；第三是尊重自然、愛護
自然、親近自然的思想情感和價值體系。」[54]

綜合學術界已有的論述，我們對民族生態文化作如下界定：民族
生態文化是中國各少數民族在與自然生態環境交往的漫漫歷程中，以
特有的生態觀、文化觀和宇宙觀為指導，以調適生態與文化之間的關

51 南文淵：〈藏族生態文化的繼承與藏區生態文明建設〉，《青海民族學院學報》（社會
　科學版）2000年第4期（2000年）。

52 郭家驥：〈生態文化論〉，《雲南社會科學》2005年第6期（2005年）。

53 喻見：〈貴州少數民族地區生態文化與生態問題論析〉，《貴州社會科學》2005年第3
　期（2005年）。

54 何明：〈導論〉，見廖國強、何明、袁國友：《中國少數民族生態文化研究》（昆明
　市：雲南人民出版社，2006年），頁7。

係、尋求人與自然和諧共存為落腳點和歸宿而形成的生態物質文化、生態制度文化、生態觀念（精神）文化的總和。民族生態文化是民族文化的有機組成部分，對民族文化的傳承和演進具有重要作用。

這樣的界定意欲突出民族生態文化的幾個基本要點：

其一，民族生態文化是經歷了一個漫長歷史過程逐步積纍而成的文化，是歷史的產物。正因如此，我們在考察民族生態文化時，必須以一種歷史的眼光看問題，回覆到傳統社會特有的文化背景、話語體系、思維方式和文化觀念中，認真梳理在多樣化的自然生態環境、多樣化的生計模式和經濟形態中形成的豐富多彩的民族生態文化。

其二，少數民族具有獨特的生態觀。這種生態觀並非建立在「科學」的、「現代」的生態學的基礎上，而是奠基於一種蘊涵獨特智慧的「本土生態知識」的基礎上。「本土生態知識是指特定民族或特定地域社群對所處自然與生態系統做出文化適應的知識總匯，是相關民族或社群在世代的經驗積纍中健全起來的知識體系。這樣的知識體系總是直接或間接地與該民族所處的自然與生態環境相關聯，擔負著引導該民族成員生態行為的重任，使他們在正確利用自然與生物資源的同時，又能精心維護所處生態系統的安全。」[55]本土生態知識與普同性生態知識相對應，相應的，各民族的生態觀與普同性生態觀相對應。「生態觀是指人們對自己所處的自然、生態系統之間關聯性的判斷和態度。」[56]大量田野調查表明，許多本土生態知識「不僅準確、精當，而且具有不容置疑的科學性和合理性，但卻披上了一件似乎永遠抹不去的宗教信仰外衣。」[57]因而這種生態觀是「科學」與「信仰」、「宗教」、「巫術」的有機結合體，它深刻影響著相關民族的思想

---

55 楊庭碩，田紅：《本土生態知識引論》（北京市：民族出版社，2010年），頁3。

56 楊庭碩，田紅：《本土生態知識引論》，頁5。

57 楊庭碩，田紅：《本土生態知識引論》，頁44。

和意識，指導和引領著該民族成員的生態行為，對民族生態文化的產生、演進和傳承產生重要影響。

其三，少數民族獨特的文化觀和宇宙觀是民族生態文化演進發展的又一重要指導思想。在傳統社會中，中國許多少數民族秉持的是人文生態系統與自然生態系統相互依存、共生共存的整體文化觀和人、神與自然為一體的宇宙觀，在對人與自然關係的認識上有其特定的認知範式，這種認知範式的核心是人類與自然萬物「同源共祖」，在他們的觀念中，人類與自然萬物是同母所生或同父異母的兄弟姐妹，是親密的親人和夥伴，人類與自然都不是世界的中心，真正的中心是超越和凌駕於人類和自然之上的、冥冥之中主宰人類和自然命運的一種神秘而又無處不在的「力量」，其化身是用現代漢語話語系統表述的「神靈」。人類與自然萬物的關係不是「主人」與「臣子」的關係、征服與被征服的關係，而是一個互為主客體的有機體。[58]正是在這樣的文化觀和宇宙觀的指導下，中國許多少數民族形成了獨具特色的生態文化。

其四，民族生態文化是以調適生態與文化的關係、尋求人與自然和諧共存為落腳點和歸宿的文化，換言之，民族生態文化研究的是少數民族在調適生態與文化的關係、尋求人與自然和諧共存的過程中形成的生態智慧和生態知識。從人與自然的關係來看，人類文明史上大致有兩種文明模式，一種是以掠奪自然資源、破壞生態環境為代價的「自掘墳墓型」文明，如兩河流域的巴比倫文明，印度河流域的哈巴拉文明，中美洲的瑪雅文明等；另一種是謀求人與自然和諧共存的「可持續型」文明，如綿延五千年從未中斷的中華文明以及中國許多少數民族文明。前者是「反面的歷史之鏡」，後者是「正面的歷史之

---

58 詳見廖國強：〈生態哲學：從「實體中心論」走向「虛體中心論」──以中國少數民族生態文化為視點〉，《思想戰線》2010年第5期（2010年）。

鏡」。民族生態文化研究的是「正面的歷史之鏡」,以企讓這面鏡子照亮當下、啟示未來。

其五,關於民族生態文化的結構問題。我們按文化人類學界頗為流行的關於文化的三分法,[59]將民族生態文化分為生態物質文化、生態制度文化和生態觀念(精神)文化,這樣的劃分與何明對民族生態文化主要內容的概括相對應:其概括的第一方面相當於生態物質文化,第二方面相當於生態制度文化,協力廠商面相當於生態觀念(精神)文化。這樣的劃分既是基於民族生態文化的內涵和性質,也是出於研究之便。事實上這三類文化絕非相互孤立的,而是緊密聯繫、互滲互融的,在其功能的有機聯繫中體現出文化的整體性。

其六,民族生態文化是民族文化的一個子系統。如前述及的,人類文化就是在處理人與自然、人與他人、人與自我這三大關係中逐步形成的,從這個意義上講,人類的文化可以分為「處理人與自然關係的文化」、「處理人與他人關係的文化」和「處理人與自我關係的文化」三大類。民族生態文化就是「處理人與自然關係的文化」,因而是民族文化的有機組成部分。

(二)民族生態文化與生態文化的區別與聯繫

如前所述,學術界對生態文化主要有兩種認知理路,一種是將生態文化作為一種新的文化形態,一種是將生態文化作為一個歷史範疇。從後一種生態文化看,民族生態文化是一個下屬概念,猶如「文化」與「民族文化」一樣,沒有可比性。我們在此比較的是民族生態

---

59 如李亦園認為,文化在結構上可以劃分為物質、制度和精神三個層面,詳見李亦園:《田野圖像——我的人類學研究生涯》(濟南市:山東畫報出版社1999年),頁72。容觀瓊也持同樣的觀點,詳見容觀瓊:《人類學方法論》(南寧市:廣西民族出版社,1999年),頁45。

文化與作為文化新形態的生態文化（以下簡稱生態文化）。

兩者之間的區別主要表現在：

其一，民族生態文化是一種「已然」的文化，而生態文化是一種「應然」的文化。如前所述，民族生態文化是一種歷史形成的文化，或者說，是一種曾經存在或仍然存在的文化，而生態文化則是當下學者在反思現代社會深刻危機過程中構建出來的文化，是一種人類應當擁有的新型文化或是文化發展的新階段，「生態文化的產生意味著人的價值觀念的根本轉變」。[60]

其二，民族生態文化是文化的一個有機組成部分，而生態文化是一種文化類型，既與傳統文化或工業文化相對應，又與自然文化、人文文化和科學文化相對應，從這個意義上，有人將二十一世紀稱為生態文化時代。

其三，民族生態文化是建立在本土生態觀的基礎上，而生態文化則是建立在「科學」的生態價值觀的基礎上。有學者認為，生態價值觀「是生態文化形成和發展的基礎所在」，[61]而「生態價值觀是現代生態科學發展的產物」。[62]因而民族生態文化往往帶有濃厚的宗教信仰的油彩，而生態文化則是「科學」的、普世性的，有學者甚至將之視為「全球化的普世主義文化」。[63]

但兩者之間又有深刻的聯繫。生態文化作為一種自覺的文化形式，既來源於對現代社會的深刻反思，又來源於對有史以來人類文化

---

60 王叢霞：《生態文化：科學與人文走向融合的文化》，《長白學刊》2005年第4期（2005年）。

61 陳壽朋、楊立新：《論生態文化及其價值觀基礎》，《道德與文明》2005年第2期（2005年）。

62 余達忠：〈生態文化的形成、價值觀及其體系架構〉，《三明學院學報》2010年第1期（2010年）。

63 李學江：〈生態文化與文化生態論析〉，《理論學刊》2004年第10期（2004年）。

遺產的批判繼承，其中就包括對民族生態文化的批判繼承，因而從這個意義上講，可將民族生態文化與生態文化的關係視為「源」與「流」的關係。例如，許多學者均將生態價值觀視為生態文化的指導思想，而「生態價值觀是根據現代生態科學研究成果，重新反思、審視人類文明形態而建立起來的觀念，其核心就是將人和人類社會都納入自然生態系統中，建立一種全新的人與自然的關係──生態系統中的一切事物都是互相依存關聯的，人是自然生態系統的一部分，既不在自然之上，也不在自然之外，而是在自然之中，人的生存發展依賴於自然，人必須遵循自然，別無選擇，人與自然的和諧相處，是人和人類社會發展進步的前提。」[64]儘管系統化、學理化的生態價值觀形成於二十世紀後期，但其思想源頭卻十分悠長和多樣。中國許多少數民族的生態觀便是其源頭之一。在中國許多少數民族的觀念中，人與自然是一個不可分割的整體，人類並非天生就是自然萬物的主宰，而只是自然共同體中的一員。人與自然不僅是資源關係，更是根源關係。自然孕育了人類，養育了人類，自然是人類的母親。[65]因而，生態文化的所謂「構建」，如果離開了包括民族生態文化在內的眾多「流頭」的滋養，就會成為無源之水、無本之木。

四　民族生態文化研究概述

　　二十世紀九〇年代以來，隨著生態文化這一學術概念的流行和生態文化研究的深入，一些學者將生態文化概念引入民族文化研究中，

64　余達忠：〈生態文化的形成、價值觀及其體系架構〉，《三明學院學報》2010年第1期（2010年）。

65　廖國強：〈樸素而深邃：南方少數民族生態倫理觀探析〉，《廣西民族學院學報》（哲學社會科學版）2006年第2期（2006年）。

對民族生態文化展開多學科、多層面、多視角的研究。在湧現大量學術論文的同時，相關研究專著也陸續面世。二〇〇二年，南文淵的《高原藏族生態文化》[66]出版，這是國內第一部對某一特定民族生態文化進行系統研究的專著。二〇〇四年，郭家驥主編的《生態文化與可持續發展》[67]出版，書中除了對生態文化作了進一步闡釋外，還闢專章，對藏族、納西族、白族、彝族、傈僳族、普米族、獨龍族、拉祜族、怒族、基諾族、景頗族、德昂族等十二個雲南少數民族生態文化作了探討。二〇〇六年，廖國強、何明、袁國友合著的《中國少數民族生態文化研究》出版，「這是迄今第一部系統研究中國少數民族生態文化的學術著作」。[68]二〇〇七年，寶力高的《蒙古族傳統生態文化研究》[69]出版，成為第二部系統研究某一民族生態文化的專著。民族生態文化研究日益受到重視。下面我們從生態物質文化、生態制度文化、生態觀念（精神）文化三個方面，對學術界的相關研究成果作一簡要介紹。

（一）生態物質文化研究

中國少數民族在歷史上創造出多種生產形態，主要有山地刀耕火種農業、壩區稻作農業、梯田稻作農業、林糧兼作型農業、游牧業等。每一種生產形態都蘊含著豐富的生態文化。

關於刀耕火種農業，尹紹亭作了長期深入系統的研究，先後出版

66 南方淵：《高原藏族生態文化》（蘭州市：甘肅民族出版社，2002年）。

67 郭家驥主編：《生態文化與可持續發展》（北京市：中國書籍出版社，2004年）。

68 廖國強、何明、袁國友：《中國少數民族生態文化研究》（昆明市：雲南人民出版社，2006年），〈鑒定結論〉，頁202。

69 寶力高：《蒙古族傳統生態文化研究》（呼和浩特市：內蒙古教育出版社，2007年）。

了《一個充滿爭議的文化生態體系——雲南刀耕火種研究》、[70]《森林孕育的農耕文化——雲南刀耕火種志》、[71]《人與森林：生態人類學視野中的刀耕火種》[72]等。儘管尹先生是從人類生態學或生態人類學的視角來研究刀耕火種的，但其所揭示的刀耕火種對山地森林環境的適應性和獨特的技術體系（如有序輪歇耕作制），卻可歸入民族生態文化的範疇。有的學者從民族植物學的角度對刀耕火種進行研究。如許建初《從社區林業的觀點探討西雙版納刀耕火種農業生態系統的演化》認為，刀耕火種不僅僅是一種簡單的生產活動，而是一種複雜的森林資源利用和土地資源管理的形式，是「生態、經濟和社會文化功能的有機結合」。[73]廖國強將刀耕火種農業中的生態文化總結為三個方面：一是在維繫生態整體穩定性的前提下的適度開發；二是實行有序的墾休迴圈制，保護性地利用自然；三是保護自然植被和人工造林。[74]諸錫斌、李健的研究表明，時至今日，刀耕火種生產方式仍具有生命力，根本原因之一就是刀耕火種耕作方式蘊含著樸素而深刻的生態智慧。[75]

　　以傣族為代表的壩區稻作民族，在長期的生產實踐中同樣創造出

70　尹紹亭：《一個充滿爭議的文化生態體系——雲南刀耕火種研究》（昆明市：雲南人民出版社，1991年）。

71　尹紹亭：《森林孕育的農耕文化——雲南刀耕火種志》（昆明市：雲南人民出版社，1994年）。

72　尹紹亭：《人與森林：生態人類學視野中的刀耕火種》（昆明市：雲南人民出版社，2000年）。

73　許建初：〈從社區林業的觀點探討西雙版納刀耕火種農業生態系統的演化〉，《生態學雜誌》2000年第6期（2000年）。

74　廖國強：〈雲南少數民族刀耕火種農業中的生態文化〉，《廣西民族研究》2001年第2期（2001年）。

75　諸錫斌、李健：〈試析農業現代進程中的少數民族傳統耕作技術——對雲南和山地少數民族刀耕火種的再認識〉，《科學技術與辯證法》2004年第2期（2004年）。

一套生態調適機制。何新華、徐為山對西雙版納傣族農林生態結構多樣性保護與持續發展進行研究，認為傣族「在合理保護利用生物資源的長期實踐認識中，逐步地產生和發展了與大自然和諧相處的民族生態意識，形成了人類—生物資源—生態環境三者之間的有機協調發展，並在生物、時空和技術三維結構的良性生態迴圈過程中，創造了一個較為理想的農林生態系統多元組合結構模式」。[76]郭家驥所著《西雙版納傣族的稻作文化研究》[77]對傣族稻作農業中蘊含的生態文化多有論及，如休閒肥田制度。高力士根據多年的實地調查，完成《西雙版納傣族傳統灌溉與環保研究》，書中闡述了傣族在處理人與自然關係上的純樸生態觀，認為「傣族傳統農業生態系統以『壟林』—墳林—佛寺—園林—竹樓庭園林—人工薪炭林—經濟植物種植園林—茶園—魚塘—水稻田組成」，[78]並對傣族別具一格的傳統水利灌溉系統進行了深入探討。高先生的這一研究成果，既「可以看作中國民族生態學第一本實例著作」，[79]又可以看作民族生態文化研究的實例著作。

哈尼等民族在梯田稻作農業中建立了一套智慧獨具的生態調適機制。白寶玉在〈論哈尼族梯田稻作的生態機制〉一文中，對哈尼族梯田稻作的生態機製作了較早的、富有開創性的研究。[80]王清華對哈尼族梯田進行了長期深入的調查和精深的研究，撰寫的《梯田文化論》堪稱經典。該書對梯田稻作農業中的生態文化多有論述，如認為梯田

---

76 何新華、徐為山：〈滇南少數民族農林生態結構多樣性與持續發展〉，《科學對社會的影響》1995年第4期（1995年）。

77 郭家驥：《西雙版納傣族的稻作文化研究》（昆明市：雲南大學出版社，1998年）。

78 高力士：《西雙版納傣族傳統灌溉與環保研究》（昆明市：雲南民族出版社，1999年），頁42。

79 祁慶富：〈關於二十一世紀生態民族學的思考〉，《中央民族大學學報》（社會科學版）1999年第6期（1999年）。

80 白玉寶：〈論哈尼族梯田稻作的生態機制〉，《思想戰線》1994年第4期（1994年）。

農業「是良性的農業生態系統。之所以稱為『良性的』，這是因為，哈尼族梯田農業生態系統幾乎就是哀牢山區自然生態系統的翻版，它是那樣巧妙協調地與哀牢山區自然生態系統暗合一體、渾然天成，從而使傳統農業在山區發展到了極致。這種適於自然、利用自然、改造自然又符合自然規律要求所建構的有利於人們生存和發展的農業生態系統，是長期認識世界、改造世界的卓越成果。」[81]正因如此，該書才有了一附標題──「哈尼族的生態農業」。朱黎勇〈哈尼族梯田農耕文化與生態平衡〉認為哈尼梯田稻作農耕文化系統具有良性的生態平衡的功能或特徵，具體表現為：一是森林、水源、村落、梯田的有序建構；二是森林、人口與梯田的平衡發展；三是在生存與發展中求得新的平衡。[82]曹正學〈哈尼族梯田文化森林生態經濟的特點及發展思路〉對哈尼族梯田文化與森林生態經濟之間的關係進行了探討。[83]一些學者還通過對梯田稻作農業的微觀研究來揭示其蘊含的生態文化，如王清華對元陽縣全福莊村哈尼族梯田養魚情況進行調查，認為「哈尼族的梯田漁業是哈尼族對哀牢山自然環境長期適應的結果，是一種奇特的文化創造」。[84]

在廣西、貴州、湖南等地的侗族、壯族、瑤族、苗族中，廣泛存在著一種可稱為「林糧兼作型」的農業生產形態。這種生產形態充分體現出這些民族卓越的生態智慧，堪稱生態文化的典範。早在二十世紀八〇年代，著名社會學家費孝通通過實地調查，將林糧兼作型農業

81　王清華：〈梯田文化論〉（昆明市：雲南大學出版社，1999年），頁25-26。

82　朱黎勇：〈哈尼族梯田農耕文化與生態平衡〉，載李期博主編：《第四屆國際哈尼／阿卡文化學術討論會論文集》（昆明市：雲南民族出版社，2005年），頁38-43。

83　曹正學：〈哈尼族梯田文化森林生態經濟的特點及發展思路〉，載李期博主編：《第四屆國際哈尼／阿卡文化學術討論會論文集》，頁64-82。

84　王清華：〈哀牢山哈尼族婦女梯田養魚調查〉，《民族研究》2005年第4期（2005年）。

概括為：「以糧養林，以林蓄水，以水供田，以田植糧。從林糧矛盾變成林糧相濟。」[85]楊有耕曾對這種林糧兼作型農業的生產過程作了詳細調查。[86]梅軍在〈略述黔東南苗族傳統農林生產中的生態智慧〉一文中認為：「黔東南苗族人們在長期的生產生活實踐過程中探索出來的林糧兼作型農業，可以說是人類農業生產歷史上的一次重大變革。它不僅有效地解決了林糧爭地的問題，而且成功地實現了生態效益、經濟效益和社會效益的有機結合，從而探索出一條切合山地實際的可持續的發展之路。」[87]廖國強也認為，林糧兼作型農業是一種以林為主、立體開發、綜合利用、長短結合的生態經濟型農業。[88]

西北少數民族游牧生態文化也獨具一格。南文淵《高原藏族生態文化》探討了由於特定的自然環境形成的游牧生活特性，以及游牧方式體現出的游牧民族對自然環境的謹慎適應和合理利用。[89]南文淵〈藏族牧民游牧生活考察〉認為，青海高原藏族傳統的游牧生活注重草原生態、文化與畜牧經濟的協調，是一種人與自然共存的生活方式。[90]麻國慶〈草原生態與蒙古族的民間環境知識〉認為蒙古族的民間環境知識直接間接地對於草原生態的保護發揮了積極的作用。[91]馬戎、李鷗〈草原資源的利用與牧區社會發展〉認為，蒙古族輪牧制度

85 費孝通：〈四上瑤山〉，載《瑤族風情錄》（南寧市：廣西人民出版社，1991年版），頁3。

86 楊有耕：〈魁膽侗寨解放前的林業生產調查報告〉，《貴州民族研究》1982年第1期（1982年）。

87 梅軍：〈略述黔東南苗族傳統農林生產中的生態智慧〉，《貴州民族研究》2009年第1期（2009年）。

88 詳見廖國強、何明、袁國友：《中國少數民族生態文化研究》，頁29-34。

89 南文淵：《高原藏族生態文化》（蘭州市：甘肅民族出版社，2002年）。

90 南文淵：〈藏族牧民游牧生活考察〉，《青海民族研究》1999年第1期（1999年）。

91 麻國慶：〈草原生態與蒙古族的民間環境知識〉，《內蒙古社會科學》（漢文版）2001年第1期（2001年）。

（轉場制度）的目的是為了保護草場。[92]吉爾格勒〈游牧民族傳統文化與生態環境保護〉指出：「依據不同的畜群的習性、種類和特徵來決定移牧、輪牧和游牧，不僅保護草原地區脆弱的植被和稀少的水源等生態環境，同時又注意節約牧草、水源等自然資源。其中蒙古族有走『敖特爾』，即輪流更換牧場的方式來維護草原的生態平衡。四季游牧就是為了減少草原和草場的人為壓力的一種文化生態樣式，確保牧草和水源生生不息和永不枯竭」。[93]王立平、韓廣富〈蒙古族傳統生態文化觀探源〉也認為：「游牧最大的特點在於為生態的自我恢復提供有利條件，從而順從生態環境本身的規律來合理取捨。」[94]張建世〈藏族傳統的游牧方式〉對藏族的轉場制度、草場的使用和管理方式、游牧方式等作了深入考察。[95]

此外，中國許多少數民族生活領域中同樣蘊含著豐富的生態文化。廖國強認為，中國許多少數民族不僅注意選擇人與自然和諧共存的居住環境，而且注意營構村寨的生態體系，包括村寨的森林生態體系和生活水資源生態體系，同時通過種植和管護薪炭林使人類需求和自然需求同時得到滿足。[96]

（二）生態制度文化研究

在中國許多少數民族中，有許多以保護森林、保護水源、保護野

---

92 馬戎、李鷗：〈草原資源的利用與牧區社會發展〉，載潘乃谷、周星主編：《多民族地區：資源、貧困與發展》（天津市：天津人民出版社，1995年）。

93 吉爾格勒：〈游牧民族傳統文化與生態環境保護〉，《內蒙古廣播電視大學學報》2001年第4期（2001年）。

94 王立平、韓廣富：〈蒙古族傳統生態文化觀探源〉，《廣西民族大學學報》（哲學社會科學版）2010年第4期（2010年）。

95 張建世：〈藏族傳統的游牧方式〉，《中國藏學》1994年第4期（1994年）。

96 詳見廖國強〈生活領域中的生態文化〉，見何明、袁國友：《中國少數民族生態文化研究》。

生動物，調解人與自然的關係、維護生態平衡為目的的傳統習慣法和
鄉規民約。這些樸素的、本土化的生態保護法構成生態制度文化的重
要內容。古開弼《我國歷代保護自然生態與資源的民間規約及其形成
機制——以南方各少數民族的民間規約為例》概括了我國南方各少數
民族保護自然生態與資源的民間規約的主要類型：一、藏傳佛教的
「十善法」與藏區僧俗的自然生態與資源保護規約；二、傣族的祖訓
與寨規、猛規；三、羌族的禁山誓約與戶主「議話」；四、苗族的
「榔規」、「榔約」與「議榔詞」；五、侗族的「款約」與款首裁決；
六、水族的「封山議榔」和「毀林罰戲」；七、布依族的「榔團盟
約」與「文明公約」；八、壯族的「都老制」與「都老裁定」；九、瑤
族的「石牌」與「料令」；十、哈尼族的「分區育林」與「種子孫
樹」；十一、仫佬族的「會款禁約」與「冬頭裁定」；十二、布朗族的
「龍林」崇拜與盜樹罰種規約；十三、德昂族的崇山崇樹習俗與環境
保護慣例；十四、阿昌族的物權規約與「保寨錢」；十五、拉祜族的
寨規與「僧俗聯防」；十六、獨龍族的傳統生態農業與農林兼利；[97]十
七、白族民間的「族中公約」與「立樹懲戒」；十八、京族的「翁管
制度」與佘族的「罰酒禁林」。還闡述了與自然生態和資源保護有關
的民間規約的形成機制，主要包括原始宗教信仰的壓力機制、原始民
主意識的約束機制、傳統道德教化的示範機制、封建宗法社會的維持
機制等。[98]白興發〈少數民族傳統習慣法規範與生態保護〉認為，少
數民族制定有許多自然生態保護方面的習慣法規範，「這些植根於宗
教禁忌、神靈崇拜的規範，對民族自身的繁衍和生態環境的保護，產

---

97 這作為一種「規約」似乎有些勉強。

98 古開弼：〈我國歷代保護自然生態與資源的民間規約及其形成機制——以南方各少
　數民族的民間規約為例〉，《北京林業大學學報》（社會科學版）2005年第1期（2005
　年）。

生著積極的作用和影響」。[99]余貴忠〈少數民族習慣法在森林環境保護中的作用——以貴州苗族侗族風俗習慣為例〉認為，「苗族的『榔規』是森林的守護神」，「『侗款』是侗族環境保護和侗寨社會穩定的基石」。[100]王明東、顏紹梅〈雲南彝族水利山林習慣法及其功能〉對雲南彝族保護水利山林的習慣性及其功能進行研究。[101]此外，許多學者在其相關論著中都對生態制度文化有所論及。如喻見〈貴州少數民族地區生態文化與生態問題論析〉通過對苗族的「榔規」、侗族的「侗款」的分析，認為「貴州少數民族生態保護習慣性，內容豐富，條款具體，便於操作，而且獎罰分明，懲處嚴厲，量刑適當，違法必究，同時由於少數民族社會執法嚴格，保護生態環境就成為全民共同遵守的社會良風。」[102]寶貴貞〈少數民族生態倫理觀探源〉專門探討了少數民族鄉規民約、習慣法中傳承的生態觀。[103]李群育〈淺談納西族傳統的生態文化〉論及納西族中保護生態環境的社會禁律、習慣法和鄉規民約。[104]彭軍、蔡文君〈羌族民俗與羌族傳統生態文化〉記述了羌族保護森林資源的碑刻、鄉規民約等。[105]范宏貴的《少數民族習

99　白興發：〈少數民族傳統習慣法規範與生態保護〉，《青海民族學院學報》2005年第1期（2005年）。

100　余貴忠：〈少數民族習慣性在森林環境保護中的作用——以貴州苗族侗族風俗習慣為例〉，《貴州大學學報》（社會科學版）2006年第5期（2006年）。

101　王明東、顏紹梅：〈雲南彝族水利山林習慣法及其功能〉，《思想戰線》1998年第3期（1998年）。

102　喻見：〈貴州少數民族地區生態文化與生態問題論析〉，《貴州社會科學》2005年第3期（2005年）。

103　寶貴貞：〈少數民族生態倫理觀探源〉，《貴州民族研究》2002年第2期（2002年）。

104　李群育：〈淺談納西族傳統的生態文化〉，載張保華主編：《雲南文化資源研究與開發》（昆明市：雲南民族出版社，1994年）。

105　彭軍、蔡文君：〈羌族民俗與羌族傳統生態文化〉，《貴州民族研究》2010年第2期（2010年）。

慣法》[106]一書也記述了許多保護自然生態的習慣法。廖國強將少數民族保護森林資源的習慣法的主要內容概括為四個方面：一是禁止亂砍濫伐森林，二是保護動物，三是防火，四是建立護林執法體制。[107]這方面的研究成果很多，不一一列舉。

習慣法與禁忌密不可分，「這種不可分性表現為禁忌不但是習慣法的直接淵源，而且很多禁忌與習慣法合為一體，違反禁忌即被認為違反習慣法」。「早期法律是沿著從禁忌到習俗，再由習俗到法律的軌跡發生的。」[108]民族的禁忌習俗與自然環境密切相關。南文淵在《高原藏族生態文化》第六章「自然禁忌與自然保護法」中，指出自然禁忌對高原生態環境有著直接的保護意義；這些對自然的禁忌通過內化而成為藏族人日常生活中的行為規則，在長期歷史中最終使自然禁忌功能擴大成為藏區環境保護法規。[109]華銳・東智〈淺談藏族傳統禁忌文化對生態環境和精神文明建設的積極貢獻〉指出，藏族禁忌文化植根於藏族特有的自然環境中，對保護當地的自然環境，維護生態平衡，人與自然和諧發展具有積極的意義。[110]佟寶山〈西南少數民族傳統文化中的生態環保觀〉指出，西南少數民族保護自然生態的禁忌習俗主要有：禁忌砍伐樹木、破壞山川；禁忌捕殺動物；禁止污染水源。「這些不成文的。『環境保護法』似乎更有效力，更能為社會全體成員所遵循。」[111]白興發〈論少數民族禁忌文化與自然生態保護的關

---

106 范宏貴：《少數民族習慣法》（長春市：吉林教育出版社，1990年）。

107 詳見廖國強、何明、袁國友：《中國少數民族生態文化研究》，頁84-90。

108 張曉輝、盧保和：〈論哈尼族的習慣法及其文化價值〉，載徐中起、張錫盛、張曉輝主編：《少數民族習慣法研究》（昆明市：雲南大學出版社，1998年），頁191。

109 南文淵：《高原藏族生態文化》（蘭州市：甘肅民族出版社，2002年）。

110 華銳・東智：〈淺談藏族傳統禁忌文化對生態環境和精神文明建設的積極貢獻〉，《西北民族研究》2003年第1期（2003年）。

111 佟寶山：〈西南少數民族傳統文化中的生態環保觀〈，《遼寧大學學報》（哲學社會科學版）2007年第6期（2007年）。

係〉認為，少數民族的禁忌習俗與自然環境密切相關，對保護自然生態環境產生著積極的影響。[112]

人生禮俗是制度文化的重要組成部分。少數民族人生禮俗中蘊含著不少饒有趣味並發人深省的生態文化事象。廖國強從生育禮俗、婚戀禮俗、喪葬禮俗三個方面對此作了探討，指出少數民族中生孩種樹拜樹、節制生育、墳山墓地植樹種竹等習俗以及特有的植樹節和祭山林活動，均體現了這些民族以人與自然和諧為主旨的生態文化。[113]不少學者對葬法與生態的關係進行研究，如包和平、吉日嘎拉〈蒙古族天葬的文化內涵及生態意蘊〉指出，在蒙古族天葬儀式中滲透著古老蒙古民族社會文化的深刻內涵，並在其樸素的形式背後蘊含著極其合理的生態大智慧。這樣智慧自覺或不自覺地維護著人與自然、人與人之間的和諧，對脆弱的內蒙古生態環境起到了很好的保護作用。[114]楊海濤〈民間口傳文學中的人與自然——西南少數民族生態意識研究〉從民間口傳文學的視角探討喪葬祭儀靈魂歸宿觀念中的生態意識，他認為：「在西南民族的喪葬文化中，由祭師專門吟誦的『指路經』通過對祖居地那一幅高山森林、河流、牲畜、莊稼與人類和諧相處的綠色生態圈的描繪，客觀地起到了告誡人們要珍愛自然，規範人的行為，以達到人與自然和諧相處的作用。」[115]

112 白興發：〈論少數民族禁忌文化與自然生態保護的關係〉，《青海民族學院學報》（社會科學版）2002第4期（2002年）。
113 詳見廖國強、何明、袁國友《中國少數民族生態文化研究》，頁90-100。
114 包和平、吉日嘎拉：〈蒙古族天葬的文化內涵及生態意蘊〉，《中央民族大學學報》（哲學社會科學版）2009年第3期（2009年）。
115 楊海濤：〈民間口傳文學中的人與自然——西南少數民族生態意識研究〉，《民族藝術研究》2000年第6期（2000年）。

（三）生態觀念（精神）文化研究

近年來，中國少數民族宗教中蘊含的生態文化是學術界關注的熱點。袁國友通過對少數民族樹（林）崇拜、山神崇拜、龍崇拜和圖騰崇拜較為系統的梳理和考察，認為：「少數民族宗教信仰和崇拜體系中蘊含著豐富的生態觀念、生態意識和生態行為方式，通過考察中國各少數民族的宗教文化，可以透視中國各民族獨特而豐富的生態文化。」[116]南文淵〈古代藏族關於自然崇拜的觀念及其功能〉認為：「藏族通過崇拜自然的宗教，將自然環境（天、山、湖等）看作是神靈的載體，而神靈則依附於自然環境，它們互為一體。敬畏神靈，實際上是敬畏自然，保護自然，把自然環境、動物與植物作為神靈崇拜，表明這些自然物的珍貴，崇拜它們的目的是為了保護它們。」[117]馬宗保、楊文筆〈視角轉換與人文生態價值的時代再造──西北少數民俗文化中的生態價值〉認為：「藏族人的自然崇拜以宗教的信仰規定了自然生物的生命權和人對萬物的保護義務，成為藏區協調人與自然關係，保護生態環境的一種方式。」[118]陳亞豔〈藏族神山崇拜與自然保護〉從文化生態學的角度，認為藏族傳統文化中的山崇拜中包含著自然保護意識，這對構建人與自然平等和諧的自然觀只有一定啟發意義。[119]王立平、韓廣富〈蒙古族傳統生態文化觀探源〉指出，蒙古族薩滿教是以大自然崇拜為主要內容的原始宗教，「蒙古族薩滿教

116 袁國友：〈宗教中的生態文化〉，廖國強、何明、袁國友：《中國少數民族生態文化研究》，頁102。

117 南文淵：〈古代藏族關於自然崇拜的觀念及其功能〉，《青海民族研究》2001年第2期（2001年）。

118 馬宗保、楊文筆：〈視角轉換與人文生態價值的時代再造──西北少數民俗文化中的生態價值〉，《中南民族大學學報》（人文社會科學版）2007年第6期（2007年）。

119 陳亞豔：〈藏族神山崇拜與自然保護〉，《青海民族研究》2000年第4期（2000年）。

『萬物有靈』觀和自然觀是人與自然和諧統一的價值觀形成的思想基礎。」「其中蘊涵著深刻的生態觀念，對維持蒙古族賴以生存的草原的生態平衡起到了相當積極的作用，使蒙古人的自然保護的生態文化能夠傳承下來。」[120]楊紅〈涼山彝族生態文化的繼承與涼山彝區生態文化建設〉認為獨特的神山、鬼山森林文化是涼山彝族適應自然生態環境的一種文化方式。[121]高立力所著《西雙版納傣族傳統灌溉與環保研究》對西雙版納傣族「壟林」（寨神林）作了迄今為止可說是最完備、最權威的研究。他認為，「壟林」實質上反映了傣族人民純樸的自然生態觀，並將壟林的功能總結為七個方面：壟林是傣族傳統的自然保護區，是用之不竭的綠色水庫，是植物多樣性的儲存庫，是地方性小氣候的空調器，是農林病蟲害之天敵繁殖基地，是預防風火寒流的自然屏障，是傣族傳統農業生態系統良性迴圈的首要環節。[122]高先生還對傣族的水崇拜作了深入研究，認為水對於傣族不僅是生命之源，而且是精神之源、文化之源。[123]范祖錡〈雲南路南彝族習俗與宗教調查〉對路南彝族（撒尼人）密枝林作了較為詳細的調查。[124]彭兆榮、路芳〈阿細密枝山祭祀儀式之生態意蘊闡釋——以雲南省彌勒縣西一鎮紅萬村為例〈認為密枝山祭祀起到了很好的穩定和維持生態平衡的作用，通過這種特殊的祭祀儀式，建立起一種保護生存環境的制度，村民在遵守儀式的禁忌與規定過程中構建了人與大自然以及人與

---

120 王立平、韓廣富：〈蒙古族傳統生態文化觀探源〉，《廣西民族大學學報》（哲學社會科學版）2010年第4期（2010年）。

121 楊紅：〈涼山彝族生態文化的繼承與涼山彝區生態文化建設〉，《西南民族大學學報》（人文社科版）2005年第2期（2005年）。

122 詳見高立士《西雙版納傣族傳統灌溉與環保研究》，第二章〈純樸的生態觀〉。

123 詳見高立士《西雙版納傣族傳統灌溉與環保研究》，第一章〈傣族的水崇拜〉。

124 范祖錡：〈雲南路南彝族習俗與宗教調查〉，載《中國西南文化研究》（昆明市：雲南民族出版社，1996年）。

人之間和諧相處的人文生態空間。[125]彭文斌〈論羌族神林信仰的內涵〉指出了羌族神林的生態保護意義，即通過對神林的崇拜達到對崇拜對象的保護，認為這是「羌族神林信仰意義的轉移」。[126]王清華所著《梯田文化論》對哈尼族的自然崇拜、動植物崇拜有較詳細的論述，並關注到其所蘊含的生態文化意義，如他指出：「哈尼族對神樹林的崇拜、祭祀嚴加保護和對人們的種種限制，一方面使人心安定，生產生活順利進行；另一方面則有效地保護了森林和水資源，使梯田農業得以順利地發展。」[127]白玉寶〈論哈尼族梯田稻作的生態機制〉深刻地指出：「從生態和環保的角度看，被哈尼族視為眾神樂園的綿延群山和浩瀚林海，是哈尼族地區江河干支流的發源地。崇奉天地、敬畏自然的宗教信仰雖然是非科學的，但以這種宗教信仰為內在依據衍生出來的調整天人關係、地人關係的行為準則，其客觀效果卻是準科學的。這些行為準則為全體哈尼人所認同，從大範圍內非常有效地保護了本民族生存區域的原始植被完整無損，實際上就是保證了作為梯田文化血脈的水源。」[128]趙德文〈哈尼族竜林的基本文化內涵〉認為：「哈尼族的竜林是哈尼人民用神性傾注生命力量保護下來的良好的自然生態圈。」「對竜林的崇敬和倍加保護，形成了『自然本位』、『天人合一』的哈尼族古樸的哲學觀念。」[129]艾懷森、周鴻〈雲南高黎貢山神山森林及其在自然保護中的作用〉認為，高黎貢山十六個世

125 彭兆榮、路芳：〈阿細密枝山祭祀儀式之生態意蘊闡釋——以雲南省彌勒縣西一鎮紅萬村為例〉，《思想戰線》2009年第6期（2009年）。

126 彭文斌：〈論羌族神林信仰的內涵〉，《四川民族史志》1991年增刊《羌族研究》第1輯（1991年）。

127 王清華：《梯田文化論》，頁276。詳見該書第八章第一節〈自然崇拜與梯田祭祀〉和第二節〈動植物崇拜與梯田祭祀〉。

128 白玉寶：〈論哈尼族梯田稻作的生態機制〉，《思想戰線》1994年第4期（1994年）。

129 趙德文：〈哈尼族竜林的基本文化內涵〉，載劉順才，趙德文主編：《第五屆國際哈尼／阿卡文化學術討論會論文集》。

居民族的神山森林文化傳統，有利於這個地區生物多樣性保護，使當地四三〇三種植物、六六九種脊椎動物和一六九〇種昆蟲得到有效保護。[130]王金亮、古靜〈雲南民族文化中環境與生物多樣性保護意識探析〉對雲南少數民族崇拜土地、崇拜神山聖湖聖水和動植物的情況作了較系統的梳理。[131]楊海濤〈民間口傳文學中的人與自然——西南少數民族生態意識研究〉以西南少數民族創世史詩、神話、歌謠為例，探討樹神崇拜中的綠色生態意識。[132]閔文義等〈民族地區生態文化與社會生態經濟系統互動關係研究——對民族地區傳統多元宗教生態文化的形成特性的分析及啟示〉則從宏觀層面總結了少數民族宗教文化類型及其主要生態文化特點（見表一）。

表一　少數民族宗教文化類型及其主要生態文化特點[133]

宗教文化類型	主要信教民族	主要生態文化特點
原始宗教文化	佤、獨龍、基諾、黎、高山、布朗（部分）、怒（部分）、彝（部分）、景頗、哈尼、水、侗、仡佬、瑤、土家、佘、拉祜（部分）、壯（部分）、普米、仫佬、傈僳（部分）、布依、毛南、珞巴、赫哲、達斡爾、鄂倫春、鄂溫克、錫伯、滿	1.以圖騰崇拜的形式保護某種動物或植物；2.以自然崇拜保護所謂的神山、神林；3.信鬼神，不敢破壞生態，因怕遭到神的報復。

130 艾懷森、周鴻：〈雲南高黎貢山神山森林及其在自然保護中的作用〉，《生態學雜誌》2003年第2期（2003年）。

131 王金亮、古靜：〈雲南民族文化中環境與生物多樣性保護意識探析〉，《雲南師範大學學報》（哲學社會科學版）2009年第1期（2009年）。

132 楊海濤：〈民間口傳文學中的人與自然——西南少數民族生態意識研究〉，《民族藝術研究》2000年第6期（2000年）。

133 閔文義、戴正、才讓加：〈民族地區生態文化與社會生態經濟系統互動關係研究——對民族地區傳統多元宗教生態文化的形成特性的分析及啟示〉，《湖北民族學院學報》（哲學社會科學版）2005年第1期（2005年）。

宗教文化類型	主要信教民族	主要生態文化特點
佛教文化	藏、蒙古、土、滿、裕固、納西、傣、布朗、德昂、佤（部分）、侗（部分）、拉祜（部分）、白、壯、布依、佘（部分）	1.人和自然之間，是一種共生共榮、相互依存的關係；2.平等對待所有生命及他們的一切權利；3.崇尚節儉，抑制物欲；4.受本民族原始宗教生態文化影響。
伊斯蘭教文化	回、維吾爾、哈薩克、柯爾克孜、烏孜別克、塔塔爾、塔吉克、東鄉、保安、撒拉	1.要求人們尊重自然萬物；2.不畏懼自然，要求積極主動地適應自然；3.良好的生活習慣及消費理念。
道教文化	白（部分）、彝、壯、侗（部分）、瑤（部分）、苗、黎、仫佬（部分）、毛南（部分）、納西（部分）、羌	1.強調「道法自然」，天、地、人受自然法則支配；2.節制物欲，避免過度開發；3.「天道自然無為」，不過多干涉自然。
基督教文化	蒙古（部分）、朝鮮（部分）、羌（部分）彝（部分）、白（部分）、哈尼（部分）、景頗（部分）、傈傈、獨龍、怒、苗（部分）、瑤、壯、侗、黎、布依、土家（部分）、高山（部分）	1.早期以自然「去神聖化」為理論，強調對自然的征服；2.近代對其進行了反思，出現了「生態神學」；3.多種原因使其傳統生態理念對少數民族地區影響甚小。

少數民族生態倫理也是近年來學術界關注的問題。南文淵所著《藏族生態倫理》是國內第一部對某一特定民族生態倫理進行系統研究的專著，作者將藏族生態倫理的基本特徵總結為以下幾點：一、保護自然，珍惜一切生物生命是藏族生態文化和生態倫理的基本特徵；

二、通過自然崇拜和自然禁忌，建立了尊重和承認自然內在價值與權利的價值觀與行為規範；三、藏族生態倫理具有東方民族傳統文化的明顯特徵，即以綜合思維模式為基礎，體現了人與自然的和諧統一，主張整體和諧、同一和合、中和順從。四、宗教既是構建生態倫理的基礎和指導思想，又是一種得心應手的解說工具。[134]賈秀蘭《藏族生態倫理道德思想研究》將藏族生態倫理道德思想的基本內容概括為：藏傳佛教中的生態道德意識，如藏傳佛教中的眾生平等的思想、放生護生的思想等；藏族民間文化習俗中的生態道德意識，如藏族傳統文化習俗中的生態法則、生活禁忌等。藏族生態倫理道德思想體現出了保護自然、珍惜一切生命、尊重和承認自然的內在價值與權利的特徵。[135]寶貴貞〈少數民族生態倫理觀探源〉認為：「在人與自然關係問題上，許多少數民族傳統文化中蘊含著豐富而有益的生態倫理觀念，而且在歷史和現實中早已付諸實踐。」神話傳說、宗教信仰、鄉規民約和習慣法是少數民族生態倫理觀形成的主要來源。神話傳說比較集中地反映出少數民族的生態倫理觀，主要包括：天人一體的生態道德觀，人神獸共祖意識，人類源於自然的思想。[136]李育紅、楊永燕〈伊斯蘭教生態倫理思想及當代價值〉將伊斯蘭教生態倫理智慧的主要內容概括為：一、大自然是統一整體；二、接近自然而不崇拜自然；三、珍惜自然資源，維護生態平衡；四、愛護動植物。[137]白葆莉、馮昆思〈論少數民族生態倫理思想與和諧社會建設〉將少數民族生態倫理的基本觀點概括為：一、天人合一、平等共存的自然觀；

---

134 南文淵：《藏族生態倫理》（北京市：民族出版社，2007年），頁2-3。

135 賈秀蘭：〈藏族生態倫理道德思想研究〉，《西南民族大學學報》（人文社科版）2008年第4期（2008年）。

136 寶貴貞：〈少數民族生態倫理觀探源〉，《貴州民族研究》2002年第2期（2002年）。

137 李育紅、楊永燕：〈伊斯蘭教生態倫理思想及當代價值〉，《貴州民族研究》2008年第5期（2008年）。

二、地域差異、環境適應的和諧觀；三、典型敬畏、適度消費的發展
觀。[138]李韜〈西部少數民族傳統生態道德觀的考察及現代價值分析〉
認為，西部少數民族在與自然的長期衝突與調適中形成了獨特的民族
生態道德傳統，這種以「人與自然和諧發展」為要旨的傳統生態道德
不但具有多樣化的表現形式，而且有著豐富的內涵和鮮明的自身特
徵。[139]楊福泉〈略論納西族的生態倫理觀〈指出，納西族具有人與自
然是同父異母之兄弟的觀念，對自然界「欠債」和「還債」的觀念，
認為人得到大自然的恩惠應感激和回報，須善待大自然。[140]廖國強
〈樸素而深邃：南方少數民族生態倫理觀探析〉將南方少數民族生態
倫理觀概括為四個方面：一、自然之子──對自然的親情和夥伴意
識；二、有恩必報──對自然的知恩圖報意識；三、天人之約──對
自然的義務觀；四、推己及物──對自然的善惡觀。[141]易小燕〈水族
雙歌的生態倫理價值〉認為，水族雙歌蘊含著濃厚的生態倫理觀念。
一是意識到破壞自然環境會給人類帶來災難；肯定栽種樹木、防止水
土流失的行為；強調尊重自然、保護自然生態並進而實現人與自然的
和諧共生。二是主張關愛動物，認為動物具有思想和情感，人應該與
動物和諧共處；對於束縛動物自由、虐待動物的行為予以譴責。[142]這

---

138 白葆莉、馮昆思：〈論少數民族生態倫理思想與和諧社會建設〉，《大連大學學報》
　　2007年第2期（2007年）。

139 李韜：〈西部少數民族傳統生態道德觀的考察及現代價值分析〉，《唐都學刊》2003
　　年第2期（2003年）。

140 楊福泉：〈略論納西族的生態倫理觀〉，《雲南民族大學學報》（哲學社會科學版）
　　2008年第1期（2008年）。

141 廖國強：〈樸素而深邃：南方少數民族生態倫理觀探析〉，《廣西民族學院學報》
　　（哲學社會科學版）2006年第2期（2006年）。

142 易小燕：〈水族雙歌的生態倫理價值〉，《西南民族大學學報》（人文社科版）2008
　　年第10期（2008年）。

方面的論文還有周鴻等〈神山森林文化傳統的生態倫理學意義〉、[143]
羅義群〈論苗族的生態道德觀〉、[144]李本書〈善待自然：少數民族倫
理的生態意蘊〉[145]等。

　　不少學者還對少數民族的生態觀進行探討。郭家驥認為傣族具有
人與自然和諧共處的生態文化觀，其主要內容是：一、人是自然的產
物；二、人與自然是和諧共處的關係，其排列順序是：林、水、田、
糧、人；三、人類應該保護森林、水源和動物。[146]李群育〈淺談納西
族傳統的生態文化〉將納西族的生態觀總結為三個方面：一、人與自
然是相互依存、同存共榮的兄弟關係；二、人類不能傷害自然，否則
將受到懲罰；三、人與自然發生糾紛要及時調解，人類要約束傷害自
然的行為。[147]董淮平〈佤族傳統生態觀的當代解讀〉認為佤族傳統生
態觀表現為對於動植物的親情、對於大自然的感恩意識以及利用資源
的責任體系三個層次。[148]李克忠〈源自傳統的生態觀——哈尼族傳統
文化中的生態理念與生態保護〉對哈尼族傳統古歌、神話傳說故事、
建寨蓋房、梯田農耕活動、宗教、人生禮儀、食譜、服飾、茶藝中蘊
含的生態觀進行探討，認為哈尼族具有人、自然與神靈和諧的宗教生
態觀，「哈尼族的文化是充滿著生態科學細胞的，與自然和人類共生
共存的創型文化」。[149]

---

143 周鴻等：〈神山森林文化傳統的生態倫理學意義〉，《生態學雜誌》2002年第4期
　　（2002年）。
144 羅義群：〈論苗族的生態道德觀〉，《貴州社會科學》2009年第3期（2009年）。
145 李本書：〈善待自然：少數民族倫理的生態意蘊〉，《北京師範大學學報》（社會科
　　學版）2005年第4期（2005年）。
146 郭家驥主編：《生態文化與可持續發展》，頁272。
147 李群育：〈淺談納西族傳統的生態文化〉，載張保華主編：《雲南文化資源研究與開
　　發》，頁232-236。
148 董淮平：〈佤族傳統生態觀的當代解讀〉，《思想戰線》2006年第6期（2006年）。
149 李克忠：〈源自傳統的生態觀——哈尼族傳統文化中的生態觀念與生態保護〉，載劉
　　順才、趙德文主編：《第五屆國際哈尼／阿卡文化學術討論會論文集》，頁31。

　　除了對民族生態文化三個層面的研究外，一些學者還立足於現實，對新形勢下如何繼承和弘揚民族生態文化的問題進行探討。這方面的論文有：林慶〈雲南少數民族生態文化與生態文明建設〉、[150]楊紅《涼山彝族生態文化的繼承與涼山彝區生態文明建設〉、[151]張亞雄〈雲南少數民族生態文化的社會價值〉、[152]李學書〈雲南省少數民族生態文化的傳承與創新〉、[153]南文淵〈藏族生態文化的繼承與藏區生態文明建設〉；[154]等等。

　　以上概述遠未涵蓋民族生態文化研究之全部，而只是粗線條的梳理。儘管如此，我們仍能看到民族生態文化研究中存在的不足，主要有：一是「民族生態文化學」探討嚴重不足，未形成一門體系化的獨立學科；二是田野調查較薄弱，許多學者利用的是第二手的田野資料，實證性研究成果不多。三是研究狀況呈現不平衡性。學者們的研究主要集中於藏族、蒙古族、傣族、哈尼族、納西族等幾個民族，缺乏對少數民族生態文化的整體觀照。四是多學科綜合研究尚需加強，前沿性理論指導下的創新之作並不多見。

150　林慶：〈雲南少數民族生態文化與生態文明建設〉，《雲南民族大學學報》（哲學社會科學版）2008年第5期（2008年）。

151　楊紅：〈涼山彝族生態文明的繼承與涼山彝區生態文明建設〉，《西南民族大學學報》（人文社科版）2005年第2期（2005年）。

152　張亞雄：〈雲南少數民族生態文化的社會價值〉，《中共雲南省委黨校學報》2008年第6期（2008年）。

153　李學書：〈雲南省少數民族生態文化的傳承與創新〉，《經濟問題探索》2007年第8期（2007年）。

154　南文淵：〈藏族生態文化的繼承與藏區生態文明建設〉，《青海民族學院學報》（社會科學版）2000年第4期（2000年）。

五　民族生態文化研究的未來發展

二十世紀九〇年代以來，民族生態文化研究取得可喜成績，但也存在一些不足和問題。今後的民族生態文化研究應著力從以下三個方面加以推進。

（一）加強民族生態文化學的學科構建

民族生態文化研究是一項涉及多學科、多領域的綜合研究。然而在這一研究領域中尚未形成一系統成熟的民族生態文化學，從而造成此項研究一方面具有很強的開放性特徵，具體表現在：一是研究學科的多樣性，多學科的學者均涉足其中，許多學者是從民族生態學、文化生態學、生態人類學、人類生態學、民族植物學等學科切入，對民族生態文化加以研究的；二是研究視角的多樣性，不少學者從生態智慧、生態知識、生態意識、生態觀、生態倫理觀、資源利用和保護方式等不同視角對民族生態文化進行探討。另一方面具有鮮明的邊緣性特徵，即此項研究遊走在各個學科的邊緣地帶，常常被相關學科所遮蔽，處於「散」、「亂」、「隱」狀態。

因此，有必要整合相關學科的學術資源，構建一門專門以民族生態文化為研究對象的民族生態文化學。在構建該學科的過程中，可把握以下幾點：

其一，民族生態文化學是一門新興學科。它應有自己特定的研究對象、學科定位和學科內涵，並在整合相關學科學術資源的基礎上形成自己的理論方法和話語系統。通過構建自成體系的民族生態文化學，引領民族生態文化研究從自發走向自覺、從零散走向集中、從邊緣走向中心。

其二，民族生態文化學是一門綜合性交叉科學。從大的方面講，是「文」、「理」的交叉；具體而言，則是在民族學、生態學、生態人類學、文化學等學科的交叉點上「連結」出的一門學科。

其三，民族生態文化學是一門以民族生態文化為研究對象的學科。具體而言，就是對少數民族生態物質文化、生態制度文化、生態觀念（精神）文化三個層面及其相互關係的研究。當然，在研究過程中，一定要注重民族生態文化與民族文化整體之間的內在有機聯繫。

其四，民族生態文化學是生態文化學的分支學科。生態文化學是王玉德、張全明提出的學科概念，「生態文化學是從文化學角度研究生態的學科。它是生態學和文化學的分支學科和邊緣學科，也是涉及人類學、社會學、環境學、歷史學、地理學、生物學的交叉學科。」「生態文化學的宗旨在於協調生態與文化的關係。它要建立一套科學的理論，從質、量、能、向四個方面調整文化的發展，使文化與生態盡可能達到充分的和諧。」[155]儘管生態文化學作為一門獨立的學科尚不成熟，但從隸屬關係來看，如同民族生態文化是生態文化（作為歷史範疇的生態文化）的下屬概念，民族生態文化學也是生態文化學的一個分支學科。

（二）廣泛吸收和借鑒相關學科的理論和方法，開展跨學科的綜合研究

民族生態文化研究是一種跨學科的綜合研究，必須廣泛吸收和借鑒相關學科的理論和方法。除生態學外，該研究涉及的主要學科有：

---

155 王玉德、張全明等著：《中華五千年生態文化》（武漢市：華中師範大學出版社，1999年），卷上，頁3-7。

1 生態人類學

　　生態人類學是借用生態學知識，運用人類學的理論和方法，研究人類、文化與生態環境之間相互關係的學科，是二十世紀六〇年代出現的一門人類學分支學科。生態人類學的主要理論有環境決定論、環境可能論、文化生態學、文化唯物論、生態系統論、民族生態學、人類地理學、群體生態學、歷史生態學、政治生態學等。[156]此不一一詳述。

　　生態人類學的重要著作有：美國學者唐納德・L・哈迪斯蒂的《生態人類學》、[157]日本學者秋道智深等編著的《生態人類學》、[158]中國學者楊庭碩等著的《生態人類學導論》[159]等。此外，莊孔韶主編的《人類學通論》、朱炳祥的《社會人類學》、宋蜀華、白振聲主編的《民族學理論與方法》等著作中均有專門論述生態人類學的章節。[160]介紹性的重要論文有：羅康隆的〈生態人類學述略〉、[161]任國英的〈生態人類學的主要理論及其發展〉、[162]李霞的〈文化人類學的一門

156　詳見任國英：〈生態人類學的主要理論及其發展〉，《黑龍江民族叢刊》2004年第5期（2004年）。

157　〔美〕唐納德・L・哈迪斯蒂，郭凡、鄒和譯，：《生態人類學》（北京市：文物出版社，2002年）。

158　〔日〕秋道智深、市川光雄、大冢柳太朗編著，范廣融、尹紹亭譯：《生態人類學》（昆明市：雲南大學出版社，2006年）。

159　楊庭碩等：《生態人類學導論》（北京市：民族出版社，2007年）。

160　參見莊孔韶主編：《人類學通論》，第五章〈生態人類學〉；朱炳祥：《社會人類學》（武漢市：武漢大學出版社，2004年），第五章第四節〈生態人類學〉；宋蜀華、白振聲主編：《民族學理論與方法》（北京市：中央民族大學出版社，1998年），第八章第七節〈民族學視野下的生態人類學〉。

161　羅康隆：〈生態人類學述略〉，《吉首大學學報》2004年第3期（2004年）。

162　任國英：〈生態人類學的主要理論及其發展〉，《黑龍江民族叢刊》2004年第5期（2004年）。

分支學科：生態人類學〉、[163]蔡瓊、雷豔的〈生態人類學的理論源流及其後現代特徵〉；[164]等等。[165]

　　生態人類學與民族生態文化學二者間有密切的相互關聯性。首先，它們都將生態學作為自己的理論基礎；其次，它們都以文化與生態之間的調適、人類與自然之間的互動關係作為自己的研究旨趣，並且都將文化視為人類適應自然的生存方式；再次，它們都從較高的學理層面（文化學或人類學）認識生態觀，將生態觀作為考察人類文化的重要指導思想；最後，傳統的生態人類學主要以少數民族為考察對象，這一點又與民族生態文化學相似。因而不少生態人類學的研究成果從其研究的具體內容而言也可視為民族生態文化的研究成果。如尹紹亭關於刀耕火種的研究、高立士對傣族壟林和水的研究、麻國慶對蒙古族民間環境知識的研究、楊庭碩等人對本土生態知識以及水土資源的利用和維護的研究[166]等等。不僅如此，民族生態文化研究還可吸收和借鑒生態人類學的不少理論和方法。例如，哈里斯（M・Harris）的文化唯物論「把適應環境作為最重要的解釋機制，目的是通過追溯各種技術、居住模式、宗教信仰、禮儀等文化特徵同環境因素的聯繫來論證它們適應環境的唯物的合理性。」他運用文化唯物論對印度聖牛進行的研究成為經典案例。[167]印度鄉村中聖牛的情境在哈

---

163 李霞：〈文化人類學的一門分支學科：生態人類學〉，《民族研究》2000年第5期（2000年）。

164 蔡瓊、雷豔：〈生態人類學的理論源流及其後現代特徵〉，《黑龍江民族叢刊》2004年第5期（2004年）。

165 參閱瞿明安主編：《當代中國文化人類學》（昆明市：雲南人民出版社，2008年），第二十三章〈當代中國的生態人類學〉。

166 楊庭碩、呂永鋒：《人類的根基：生態人類學視野中的水土資源》（昆明市：雲南大學出版社，2004年）。

167 詳見任國英：〈生態人類學的主要理論及其發展〉，《黑龍江民族叢刊》2004年第5期（2004年）。

尼族村寨中也隨處可見：眾多豬在村寨中悠閒地逛來逛去。這實際上與哈尼梯田文化中「沖肥」這一技術環節有密切聯繫：山水可以將遊走的豬留下的豬糞及踩踏而成的肥料沖入村寨下方的梯田中。如果都是圈養，則需用人力將圈肥運至梯田中。

2　環境倫理學

　　由於解釋背景或詮釋立場的不同，中外學者會對環境倫理學作出不同的界定。主要有四種：（1）環境倫理學是一種關於動物個體的權利和福利的倫理學說；（2）環境倫理學是關於生命的內在價值或固有價值的倫理學說；（3）環境倫理學是一門關於生態系統整體的價值和意義的倫理學說；（4）環境倫理學必須是堅持社會正義的倫理學。環境倫理學的基本內涵主要有：第一，環境倫理學是由對環境問題的關注而引發的倫理思考；第二，主張改變和擴大倫理學的理論界域，將人與自然的關係也看成是一種道德關係，即把自然界（包括自然物）也作為道德關懷的對象；第三，強調人要承擔保護自然的責任和義務。西方環境倫理學的主要理論流派有：以皮特・辛格為代表的動物解放論；以湯姆・雷根為代表的動物權利論（自然權利論）；以阿爾貝特・史懷澤和保爾・泰勒為代表的生命平等論；以阿爾多・利奧波德為代表的大地倫理學；以霍爾姆斯・羅爾斯頓為代表的自然價值論；以阿倫・奈斯為代表的深生態學。[168]

　　二十世紀九〇年代以後，環境倫理學在中國取得長足發展，相關論著不斷湧現。在此背景下，不少學者將環境倫理學理論引入對中國傳統生態智慧或傳統生態倫理的研究中，取得豐碩成果。代表性的專

---

168 李培超：《倫理拓展主義的顛覆──西方環境倫理思潮研究》（長沙市：湖南師範大學出版社，2004年），頁28-29。詳見該書第二章和第三章。

著有佘正榮的《中國生態倫理傳統的詮釋與重建》、[169]任俊華、劉曉華的《環境倫理的文化闡釋——中國古代生態智慧探考》[170]等。至於相關研究論文更是層出不窮。

　　相較於中國傳統生態倫理的研究，少數民族生態倫理的研究則要薄弱得多。由於生態倫理本身就是少數民族生態文化的重要組成部分，因而少數民族生態倫理研究也是民族生態文化研究的重要方面。儘管中國許多少數民族沒有系統化、學理化的環境（生態）倫理學，卻有十分豐富的生態倫理思想，應充分吸收和借鑒環境倫理學的相關理論，對之進行深入系統的研究。這樣的研究具有多重意義。其一，可為豐富和拓展環境倫理學提供學術資源。如少數民族中人與自然是兄弟姐妹關係的觀念可為環境倫理學中自然擁有內在價值和權利主體資格提供一種學術支撐。其二，可為反思和批判環境倫理學中一些有重大爭議的論題提供有益的借鑒和啟示。如關於在處理人與自然關係上應秉持平等原則還是公平原則的問題。[171]其三，可為我們對少數民族生態倫理觀作深度挖掘提供理論支持。如關於自然的權利主體資格問題，如果我們用環境倫理學中的自然權利論對哈尼族民間故事《苦楽楽》、[172]納西族東巴經《休曲蘇埃》[173]等作解讀，就會發現，在這些民族的傳統觀念中，自然是享有權利主體資格的。

---

169 佘正榮：《中國生態倫理傳統的詮釋與重建》（北京市：人民出版社，2002年）。

170 任俊華、劉曉華：《環境倫理的文化闡釋——中國古代生態智慧探考》（長沙市：湖南師範大學出版社，2004年）。

171 中國許多少數民族在處理人與自然的關係上秉持的是一種「基於差異性的公平原則」。關於此問題，筆者將專文論述。

172 將在下面詳細論述。

173 參見田松：《神靈世界的餘韻——納西族：一個古老民族的變遷》（上海市：上海交通大學出版社，2008年），頁69-73；楊雲鵬：〈納西族先民的法意識芻議〉，載徐中起、張錫盛、張曉輝主編：《少數民族習慣法研究》（昆明市：雲南大學出版社，1998年）。

　　此外，民族生態文化研究涉及的學科還有：（1）民族植物學。[174]中國科學院昆明植物研究所裴盛基研究員是中國民族植物學研究的首倡者和領軍人物。他組織實施的傣族庭院植物研究、少數民族資源管理研究、輪歇農業研究等項目均與民族生態文化有密切關聯。（2）生態（環境）哲學。[175]生態（環境）哲學是「主張揚棄人與自然『主一客二分』和人統治自然的哲學」，[176]從而為我們反思近代以來形成的機械論和二元論以及人類中心主義等提供借鑒。（3）生態法學。[177]生態法學賦予自然法律主體資格，可為我們解讀少數民族的「人類與自然糾紛案」提供啟示。（4）生態文藝學（生態美學）。[178]以「人與自然的關係」為主題的生態文藝學（生態美學），可為我們解讀少數民族豐富多彩的關於人與自然關係的口傳文學提供啟示。（5）宗教生態學。「宗教生態學是從神學的角度解釋宗教信仰與生態保護之間的關係的一種宗教學理論。」[179]宗教信仰的生態保護功能已日益引起人們的重視。

（三）加強研究隊伍建設

　　目前，生態文化受到全社會的高度關注。二〇〇八年十月，經國

---

174 民族植物學理論可參見裴盛基、龍春林：《應用民族植物學》（昆明市：雲南民族出版社，1998年）；蓋利·J馬丁，裴盛基、賀善安編譯：《民族植物學手冊》（昆明市：雲南科技出版社，1998年）。綜述性論文可參見王錫華：〈我國的民族植物學研究〉，《濰坊教育學院學報》2006年第1期（2006年）。

175 可參見余謀昌：《生態哲學》（西安市：陝西人民教育出版社，2000年）。

176 余謀昌：〈環境哲學的使命：為生態文化提供哲學基礎〉，《深圳大學學報》2007年第3期（2007年）。

177 可參見馬驤：《生態法學》（西安市：陝西人民教育出版社，2000年）。

178 可參見魯樞元：《生態文藝學》（西安市：陝西人民教育出版社，2000年）。

179 高長江：〈宗教生態學的地方智慧——簡論中國民間信仰的生態意識〉，載余忠達主編：《生態文化與生態批評》第一輯（北京市：民族出版社，2010年），頁229。

務院批准，以弘揚生態文化、宣導綠色生活、共建生態文明為宗旨的全國性社會團體——中國生態文化協會在北京成立。二〇一〇年一月，杭州市生態文化協會成立。二〇一〇年十二月，浙江省生態文化協會成立。此外，福建省的三明學院成立了生態文化研究中心；國家林業局創辦了中國第一本大型生態文化專業期刊——《生態文化》。可借鑒這方面的做法，在少數民族聚居區（如雲南、廣西、內蒙古、西藏等）成立民族生態文化協會這樣的社會社團和民族生態文化研究中心這樣的研究機構，組織多學科背景的學者開展合作研究，以整合研究力量。政府及相關部門應站在民族地區生態文明建設的高度，重視民族生態文化研究。

第一章
哈尼族分佈區域與地理環境

　　哈尼族屬於國際性民族，主要分佈在中國雲南和東南亞的緬甸、泰國、寮國、越南諸國的北部山區。據不完全統計，全球哈尼族人口有二〇〇多萬人，其中，中國哈尼族一六三萬餘人（二〇一〇年第六次全國人口普查資料），主要分佈在雲南省紅河哈尼族彝族自治州的元陽、紅河、綠春、金平、建水、箇舊等縣市，普洱市墨江、江城、普洱、瀾滄、景東、鎮沅、思茅、孟連等縣市區，玉溪市的元江、新平、峨山、易門等縣，西雙版納傣族自治州的猛海、景洪、猛臘縣，楚雄彝族自治州的雙柏縣及昆明市的祿勸、武定等縣。國外的哈尼族約五十萬人，分佈在緬甸、泰國、寮國、越南四國的北部山區，其中緬甸撣邦高原東部景棟及邊境一帶約三十萬人，泰國北部清萊、清邁等地約十萬人，寮國北部南康河流域約七萬人，越南老街省和萊州省北部山區約三萬人。[1]至二〇一〇年十一月，紅河哈尼族彝族自治州哈尼族人口七十八點九七萬人，普洱市哈尼族人口四十五點四六萬人，玉溪市哈尼族人口十三點〇二萬人，西雙版納傣族自治州哈尼族人口二十一點五四萬人，其它地區二點〇一萬。[2]

　　在漫長的歷史進程中，由於哈尼族氏族或部落在相對封閉的哀牢山、無量山中生存發展，加之彼此又被山河阻隔，哈尼族內部形成若干繁雜的稱謂，其自稱和他稱有：哈尼、愛尼、雅尼、豪尼、和尼、

1　黃紹文：《箐口：中國哈尼族最後的蘑菇寨・前言》（昆明市：雲南人民出版社，2009年），頁1。

2　參見二〇一〇年第六次全國人口普查資料資料。

海尼、覺圍、覺交、碧約、阿卡、卡多、阿木、阿里卡多、阿古卡多、多卡、多塔、布都、布孔、補角、葉車、白宏、臘咪、昂倮、糯比、糯美、羅緬、期弟、各和、哈歐、卡別、阿鄔、果作、阿松、峨努、阿西魯馬、西摩洛等三十多種，其中，以自稱「哈尼」的人數最多。哈尼族的歷史名稱儘管有諸多不同的自稱和他稱，但「哈尼」這一稱謂在大部分哈尼族地區一直被沿用。因此，中華人民共和國成立後，中央人民政府根據本民族大多數人的意見，以自稱人數最多的「哈尼」為哈尼族統一名稱。

從自稱和他稱的角度看，自稱為哈尼的支系主要分佈在紅河、玉溪、普洱3個州市中的哈尼族聚居縣，其內部又分糯比、糯美、各和、臘咪、期弟、果作、葉車等若干他稱。他稱為臘咪的支系主要居住在紅河縣、綠春縣、墨江縣，少量居住在元陽縣俄紮鄉和金平縣的者米拉祜族鄉；他稱為葉車的支系居住在紅河縣的浪堤、大羊街、車古三個鄉；他稱為多尼和阿鄔的支系居住在元陽縣和金平縣；他稱期弟和果作的支系居住在綠春縣和金平縣；他稱為各和的支系居住在元陽縣、紅河縣和金平縣。自稱為白宏的支系主要居住在紅河縣、綠春縣、墨江縣、江城縣，少量居住在元陽縣黃草嶺鄉；自稱為阿松的支系居住在綠春縣、元陽縣、紅河縣；自稱為哈歐的支系居住在綠春縣；自稱為哈備支系的居住在金平縣的者米拉祜族鄉。自稱為碧約、西摩洛、卡多、卡畢等支系居住在綠春縣、墨江縣、江城縣；自稱雅尼（國外稱阿卡），內部又互稱尖頭阿卡和平頭阿卡，主要分佈在瀾滄、景洪、猛海、猛臘等縣以及國外的泰國、緬甸、寮國。糯比和糯美是居住在新平、元江、元陽、紅河、金平、建水等縣哈尼支系內部從地理方位的不同而互稱，一般是居住在東南方的被稱為糯比，居住在西北方的被稱為糯美。

表1-1　哈尼族支系分佈情表況表

州市	縣名	支系名稱		合計
		自稱	他稱	
紅河州	紅河縣	哈尼、白宏、碧約、阿松	糯比、糯美、奕車、臘咪	8
	元陽縣	哈尼、白宏、多尼、阿松	昂俹、糯比、糯美、阿鄔、各和	9
	綠春縣	哈尼、哈歐、阿松、碧約、西摩洛、卡多、卡畢、	期弟、臘咪、白宏、果作、白那	12
	金平縣	哈尼、阿松、多尼、哈備	糯比、糯美、各和、果作、臘咪	9
	建水縣	哈尼	糯美	1
玉溪	元江縣	哈尼、碧約、卡多、白宏	糯比、糯美、多塔、布都、布孔、阿松、西摩洛	8
	新平縣	卡多	糯比	2
普洱市	墨江縣	哈尼、白宏、豪尼、碧約、卡多、西摩洛、卡畢	布都（豪尼）、布孔（白宏）、期弟、臘咪、阿木、哦怒	11
	普洱縣	哈尼	豪尼、碧約、卡多	4
	江城縣	哈尼	白宏、碧約、卡多、西摩洛	5
	瀾滄縣	雅尼、阿卡	雅尼、阿克、尖頭阿卡、平頭阿卡、改新、吉坐、利車	9
西雙版納州	猛海縣	雅尼、阿卡	平頭阿卡、尖頭阿卡、阿克	5
	景洪市	雅尼、阿卡	尖頭阿卡、平頭阿卡	4
	猛臘縣	雅尼、阿卡	尖頭阿卡、平頭阿卡	4

州市	縣名	支系名稱		合計
		自稱	他稱	
國外	越南	哈尼	果作、臘咪、糯美	4
	寮國	哈尼、阿卡	吳求阿卡、吳我阿卡	4
	緬甸	阿卡	平頭阿卡、阿克、尖頭阿卡	4
	泰國	阿卡	平頭阿卡、吳參阿卡、吳標阿卡	4

一　哈尼族在不同歷史時期的分佈概況

哈尼族的早期活動，在漢文史籍中記載很少，本民族也沒有傳統文字可供探究。但從散見於漢文史籍中的零星材料和哈尼族民間的傳說中還能透視哈尼族文化源流的大致情況。

（一）春秋戰國至南北朝時期哈尼族分佈區域

「和夷」始見於《尚書・禹貢》一篇中，其記述古九洲之一的《梁洲》下說：「蔡、蒙旅平，和夷底績。」北宋蘇軾《東坡書傳》說：「和夷，西南夷名也。」南宋毛晃《禹貢指南》「和夷底績」下說：「和夷，西南夷。」清代胡渭《禹貢錐指》說：「和夷，洭水南之夷也。」清趙一清《水經注釋》卷三三《江水一》下注：「江水又東南徑南安縣西，……縣南有峨眉山，有蒙水即大渡水也。……」下釋：「一清按《漢志》蜀郡青衣縣，〈禹貢〉蒙山溪大渡水；東南至南安入哉。……哉乃洭之誤，即《禹貢》之和夷也……」。從《尚書》形成時間來看，早在公元前三世紀（戰國時），哈尼族的先民「和夷」已活動於今四川大渡河南岸及雅礱江以東的連三海、海子等沼澤

地帶以及發源於連三海的阿泥河（這是以哈尼族歷史名稱命名的河流，今稱安寧河—引者注）流域。[3]

漢晉南北朝時期，「和夷」未見史籍中記載。但史學家認為，從氐羌中分化出來的「西南夷」民的昆明族、叟族中當包括哈尼族先民在內。《華陽國志・南中志》說：「夷人大種曰昆，小種曰叟。」這裏的夷是泛指出自氐羌系統的各族。在「西南夷」中邛都（今四川省涼山彝族自治州內西昌地區—引者注）一帶的叟族人口最多。西漢武帝時，於邛都地區設越巂郡，意為跨越巂水以置郡。巂水以巂族居住於其周圍地帶而得名。「巂」音「髓」，與「叟」同聲，譯寫可以通用。巂族即叟族。至三國初年，越巂郡的巂族便譯寫作叟族，叟族與昆明族既共同出自氐羌而又普遍交錯雜居在一起，以後逐漸分化、融合，分別成為近代彝、哈尼、拉祜、傈僳、阿昌等兄弟民族的一部分。[4]

（二）唐宋至元明清時期哈尼族分佈區域

「和蠻」一名，出現於《新唐書・南蠻傳》、《資治通鑒・唐記》和《張曲江文集》中。唐高宗顯慶元年（六五六年），有和蠻大首領王羅祁與郎、昆、梨、盤四州大首領王伽沖和西洱河大首領楊棟附顯等，一同向唐皇朝貢方物。至唐開元時（七一三至七四一年），在張九齡為唐玄宗〈敕安南首領爨仁哲書〉所列舉銜名中，有和蠻大鬼主孟谷悮與安南首領爨仁哲、僚子首領阿迪、南寧州大鬼主爨崇道等九人並列。[5]因此，唐初之時，哈尼族的分佈區域分作兩大片：東部一

3　《哈尼族簡史》編寫組：《哈尼族簡史》（昆明市：雲南人民出版社，1985年），頁17-18。

4　尤中：《中國西南民族史》（昆明市：雲南人民出版社，1985年），頁59-60、265。

5　《哈尼族簡史》編寫組：《哈尼族簡史》（昆明市：雲南人民出版社，1985年），頁17-18。

片為孟谷倛統轄，其領地為今雲南省紅河州東部及文山州西部一帶。西部一片則由王羅祁統轄，其領地接近西洱河（洱海）地區。[6]

「和泥」一名是自唐朝以來各歷史名稱中最為常見的哈尼族稱謂，雖始見於元初，但在《元史‧地理志》追述唐南詔銀生府境（哀牢山、蒙樂山）之開南（景東）、威遠（景谷、鎮沅、普洱、墨江、元江）已有和泥散佈其間。《元史‧地理志》「威楚（今楚雄市）開南等路」下說：「州在路西南，其川分十二旬；昔，樸、和泥二蠻所居也。……諸葛孔明定益州，皆未嘗涉其境。至蒙氏（六四七至九三六年）興，立銀生府，後為金齒白蠻（夷）所陷；移府治於威楚，開南遂為生蠻所據。」〈威遠州〉下說：「州在開南州西南，其川有六；昔，樸、和泥二蠻所居。」明隆慶《雲南通志》卷四和萬曆《滇史》卷八記錄，由今景谷、鎮沅、墨江、普洱、思茅、元江、紅河、元陽、綠春、金平、江城以至越南、寮國邊境，這一帶近三萬平方千米地區，總名和泥，唐代已有和泥居住，均屬南詔銀生府所轄。[7]宋代大理國「三十七蠻部」中的和泥各部——因遠、思陀、溪處、落恐、強現、維摩、王弄。前四部全在滇南哀牢山區，後三部在滇東南六詔山區。[8]

今各地哈尼族在追溯其家族譜繫時均提及祖先「初末耶」（人名，流傳於哀牢山區）或「搓莫耶」（人名，流傳於西雙版納）。學術界認為「初末耶」或「搓莫耶」與歷史文獻記載的唐代烏蠻仲牟由的發音相似，是仲牟由的別音譯文，當為同一人，其眾多遺裔中，有

6　尤中：《中國西南民族史》（昆明市：雲南人民出版社，1985年），頁265。

7　《哈尼族簡史》編寫組：《哈尼族簡史》（昆明市：雲南人民出版社，1985年），頁12-13。

8　《哈尼族簡史》編寫組：《哈尼族簡史》（昆明市：雲南人民出版社，1985年），頁14。

絳、闊、閟畔、烏蒙、芒布等五個部落，自大渡河南境向東南遷徙，活動於今川西南涼山彝族自治州及滇東北昭通地區和黔西北畢節地區的烏蒙山區。這些地區俱在金沙江流域的兩側。閟畔、烏蒙、芒布這三個和泥部落，從唐代至明代千餘年間，曾是滇東北烏蒙山區的統治者。[9]

　　《元史・地理志四・建昌路》中《闊州》下載：「烏蒙所居，昔仲由蒙（即仲牟由）之裔孫名科者居此，因以名為部號；後，訛為闊，至三十七世孫樊羅內附。」闊州在建昌（今西昌）東南四〇〇裏，為今涼山彝族自治州東部的金陽縣（金沙江西岸）。《元史・地理志四・建昌路》中〈姜州〉下載：「姜者，蠻名也；烏蠻仲牟由之裔阿壇絳始居閟畔部，其孫阿羅仕大理國主高泰為宋元豐五年至元祐四年（一〇八二至一〇八九）。是時，會川（今會理縣）有城曰龍納，羅落蠻世居焉，阿羅挾高氏之勢攻拔之，遂以祖名曰絳部。（元）憲宗時（一二五一至一二六〇年），隨閟畔內附，因隸焉。一二七八年改為姜州。」此「姜州」為今雲南元謀縣北部金沙江北岸的姜驛。《大明一統志》卷七二《東川軍民府・建置沿革》說：「地名東川甸，烏蠻仲牟由之裔罵彈得之，改曰那劄那夷，屬南詔蒙世隆（八六〇至八七七年），置東川郡。後，烏蠻閟畔盛，自號閟畔部。」《大明一統志》卷七十《鎮雄府・建置沿革》說：「古為屈流大雄甸。昔，烏蠻之裔阿統與其子芒布居此地。其後昌盛，因祖名號芒布部。宋置西南番部大巡檢使。元至元中，置芒布路隸烏撒烏蒙宣慰。本朝改為芒布府，初隸雲南。洪武十六年（一三八三年），升為芒布軍民府，隸四川布政司。嘉靖（一五二二至一五六六年）中，討平土酋，改為鎮雄府，領長官司四」。畢節在元代有「和尼二十四寨」。今鎮雄縣在

9　《哈尼族簡史》編寫組：《哈尼族簡史》（昆明市：雲南人民出版社，1985年），頁28。

明初洪武時稱「和泥芒部府」，而且指明：「蠻部六：伴溪、七溪、烏撒、阿頭、易溪、易娘，屬和泥芒部府」。其中，伴溪、七溪二部是滇南哀牢山下段「思陀甸長官司」和「落恐甸長官司」境的兩個部落，將此二部置於滇東北，顯然有誤。據《元史‧地理志四‧烏撒、烏蒙宣慰司》「所轄六部：烏撒部、阿頭部、易溪部、易娘部、烏蒙部、閟畔部」，則應將《洪武實錄》記載屬「和泥蠻六部」中的「伴溪」、「七溪」二部，更正為烏蒙部、閟畔部。[10]

上述史料表明，元、明時，今涼山彝族自治州東部金陽縣尚有閟部，雲南元謀縣北部姜驛有絳部，滇東北會澤及東川有閟畔部，昭通有烏蒙部，鎮雄有芒布部。此五部均為「唐烏蠻仲牟由之裔」。

歷史上，大渡河曾名為「和水」或「涐水」，是由於其流域有「和夷」活動而得名。源出於大渡河西南連三海的安寧河，由北往南經涼山彝族自治州境內的冕寧、西昌、德昌等縣與鹽邊縣西北匯入雅礱江後注入金沙江。此安寧河，明代尚稱阿泥河，就是因為歷史上長期居住阿泥（哈尼）族而得名。涼山州東部金陽縣清初名叫阿泥。這些河名、地名反映了大渡河及其南境涼山州內曾有哈尼族先民「和夷」、「阿泥」居住過。而且居於大渡河畔的「和夷」，「其土青黎，其田下上，其賦下中三錯」（《尚書‧禹貢》）的定居稻作農耕生活。又據《山海經‧海內經》說：「西南黑水之間，有都廣之野，屬稷葬焉。爰有膏菽、膏稻、膏稷，百穀自生，冬夏播琴（殖）。」黑水就是大渡河西南的雅礱江和金沙江。西南黑水之間的「都廣之野」，當是在大渡河南、雅礱江以東金沙江以西今四川涼山彝族自治州境內的這片廣大地區。[11]

---

10 《哈尼族簡史》編寫組：《哈尼族簡史》（昆明市：雲南人民出版社，1985年），頁34-37。

11 《哈尼族簡史》編寫組：《哈尼族簡史》（昆明市：雲南人民出版社，1985年），頁112。

　　哈尼族先民雖然在四川西南安寧河流域的西昌一帶形成了哈尼族文化源地，但由於魏、晉、南北朝時期的地方割劇，以西昌為中心的「都廣之野」為西南與中原必爭之地。由於民族紛爭等原因，哈尼族先民被迫往西南、南、東南遷徙。如上所述唐高宗顯慶元年（六五六年）至唐開元時（七一三至七四一年），和蠻（哈尼先民）大首領王羅祁與西洱河（今大理）大首領楊棟附顯等以及和蠻大鬼主孟谷悮與安南首領爨仁哲、南寧州大鬼主爨崇道等九人先後向唐朝貢方物。由此說明，唐顯慶元年，西南遷徙的哈尼族先民已到了今楚雄州南部的南華、楚雄、雙柏和普洱市北部地方的景東、鎮沅等地。哈尼族先民往東南遷徙的一支至唐開元時已來到滇南六詔山區（今文山、硯山一帶），向南遷徙的哈尼族先民由元謀直下途經安寧、易門、新平、通海、建水、箇舊、石屏等地後進入紅河（元江）南岸的哀牢山區。

　　唐開元二十六年（七三八年），南詔首領皮羅閣在唐朝的支持下統一洱海地區後，被唐朝廷封為「雲南王」。由此南詔向東部和南部擴展其統治範圍，先後將哈尼族居住地區納入南詔統治範圍之內，並在東部設置通海都督府進行統治，在西部設開南節度（今景東縣）進行統治。當時，哀牢山區形成因遠、思陀、溪處、落恐和六詔山區維摩、強現、王弄七部和泥，連同雲南高原上其它部落，合稱雲南「三十七部蠻」。宋代大理國之初，段氏加恩三十七部，大行封賞，和泥各部仍在受封之列。哀牢山區各部和尼，從十世紀中葉進入封建領主社會，到十一世紀中葉，生產有進一步發展。其中因遠部最為強大，由山巔因遠平壩甘莊城移治禮社江（元江）畔築羅槃城，稱為「羅槃國」，最高領主稱「羅槃主」。其幅員近三萬平方千米，包括哀牢山東麓今元江縣、新平縣西部、墨江縣、鎮沅縣、普洱縣、思茅市、江城縣以及景谷縣東部等廣大地區，南與越南、寮國接壤。思陀、落恐、溪處三部在今紅河縣內，也包括今元陽、綠春、金平部分地區，幅員

近二萬平方千米，西部和北部與羅槃國和納樓部為鄰，南接通越南。據《大明一統志》卷八七〈車裏軍民宣慰使司〉：「蠻名車裏，倭泥、貉黨、蒲剌、黑角諸蠻雜居。自古不通中國，元世祖命將兀良吉解伐交趾，經其所部悉降之。」說明倭泥（哈尼族先民）至元代以前已分佈在今西雙版納一帶。宋寶祐六年（一二五八年），西雙版納一帶的「白夷」與「倭泥」一起被元兵「平服」。到一二七五年，元兵進攻「和泥」政治中心羅槃城，元朝雲南省平章政事賽典赤率兵親臨城下，迫使羅槃主出降。其所屬的墨江、思茅、普洱等和泥各部也迫於形勢不得不歸附元朝。一二七六年，元兵繼續向羅槃城以南的思陀、落恐、溪處各部進攻，和泥奮起反抗，終因力量懸殊，也不得不歸附。於是，元朝在羅槃設元江萬戶府，思陀設置和泥路，落恐及溪處分別設置正副萬戶府等統治機構。後又逐廢元江、落恐、溪處萬戶府和思陀和泥路，另設元江軍民總管府隸雲南行省，統轄各部和泥；後改元江軍民總管府為元江路，以加強對和泥人民的統治。[12]但元朝統治期間，和泥人民不甘受其民族壓迫，幾經聯合當地白衣等民族反元均被鎮壓。因此，部分和泥人口也南遷到緬甸、寮國北部邊境。由此，哈尼族的分佈區域向南擴張。

明朝在元朝統治的基礎上，從政治、軍事、經濟各方面採取了一系列的積極措施。哀牢山區和泥社會得到了前所未有的發展。政治上明王朝向和泥各部正式授官，經濟、文化上與中原王朝往來更為密切。從江南應天府跟隨明朝大將軍沐英的龍咀，由於在紅河防堵交趾兵和開闢紅河南岸納更荒山有功被封為當地第一任土官，允其從納樓獨立出來，世領今元陽、綠春、金平等部分地區。由此，自明朝以

---

12 《哈尼族簡史》編寫組：《哈尼族簡史》（昆明市：雲南人民出版社，1985年），頁47-49。

來，今哈尼族的分佈格局已形成。只是六詔山區的和泥各土司於清康熙年間經吳三桂鎮壓後，和泥人所剩不多，有的為了生存融入當地居民中，有的向西遷入哀牢山區。因此，今六詔山區（今文山州境內）已不存在哈尼族。[13]

（三）中華人民共和國成立至今的哈尼族分佈區域

　　起源於雅礱江、大渡河流域的哈尼族，在經歷了近千年的遷徙生活後，至清末民初，已全部定居於滇南哀牢山區和無量山區的紅河流域和瀾滄江流域，與彝語支的其它民族和百越系統的傣族形成大分散、小聚居的分佈格局。因此，要想畫出一幅區域界限很鮮明的哈尼族分佈圖是十分困難的。但是，由於雲南自然條件、民族分佈、語言族屬、宗教信仰、生產方式、生活習俗方面的不同，不僅從形式上影響各民族的物質文化活動，而且從內涵、功能以及心理等方面深刻地影響各民族的精神文化生活，使不同的民族分佈區呈現不同的文化樣態。因此，將歷史上形成的哈尼族分佈相對集中區域作為哈尼族文化區，研究其文化的發展演變具有重要的現實意義。

　　文化區是指具有某種文化特徵的人群在空間上的分佈區域。語言和宗教是其劃分的重要指標。但是，一方面歷史上哈尼族分佈就形成小聚居大分散的分佈格局，加之山川河流的自然阻隔，使用的語言也不完全相同，又無傳統文字，客觀上加深了語言的相異性。另一方面哈尼族也未形成統一規範的宗教信仰。因此，按語言和宗教劃分哈尼族文化區也十分困難。在參照這兩個方面指標的基礎上，應將生產方式、經濟形態、居住形式、風俗以及對自然環境適應作為劃分哈尼族

---

13 黃紹文：《諾瑪阿美到哀牢山——哈尼族文化地理研究》（昆明市：雲南民族出版社，2007年），頁33-38。

文化區和亞文化區的指標。[14]

　　根據上述歷史時期至二十世紀五〇年代初期的分佈狀況來看，哈尼族已聚居在滇南元江──紅河、把邊江──李仙江、瀾滄江流域的哀牢山和無量山之間廣闊區域，並在墨江、元江、紅河、元陽、綠春、金平等地形成明顯的哈尼族分佈核心區。以此核心區為據點，北至景東──玉溪一線，東至玉溪──河口一線，西至景東──孟連一線，南接中越（南）、中老（撾）、中緬（甸）邊境，形成一塊無規則的多邊形哈尼族文化區域。其地理座標大致為東經 99°30′－104°，北緯 21°－24°30′。這一區域內主要有二十三個縣（市），其中，根據二〇一〇年第六次全國人口普查資料顯示，哈尼族人口九〇〇〇人以上的有二十個縣（市），即紅河縣二三一九一九人、墨江哈尼族自治縣二二二一七四人、元陽縣二〇六三三六人、綠春縣一九六〇四〇人、金平苗族瑤族傣族自治縣九三三三〇人、元江哈尼族彝族傣族自治縣八九五一〇人、景洪市八三七〇四人、猛臘縣六八三七三人、猛海縣六三三三七五人、江城哈尼族彝族自治縣五七四七三人、瀾滄拉祜族自治縣四九七一五人、普洱哈尼族彝族自治縣四五九九八人、箇舊市二八五五五人、思茅區二七三九三人、鎮沅彝族哈尼族拉祜族自治縣人二五三九四、建水縣一四四三一人、新平彝族傣族自治縣一二六〇〇人、景東彝族自治縣一二四七七人、峨山縣一二〇五四人、孟連縣九五八五人。其它縣（市、區）有哈尼族零星分佈，其中，玉溪紅塔區七四八六人、蒙自市六〇六〇人、石屏縣四七〇九人、雙柏縣三七七〇人、昆明官渡區三七〇二人、景谷縣三四八三人、易門縣三三八四人、通海縣一九五八人、晉寧縣一六三三人、河口縣一五七五人、祿

14 黃紹文：《諾瑪阿美到哀牢山──哈尼族文化地理研究》（昆明市：雲南人民出版社，2007年），頁49。

勸縣一一七八人、武定縣七五一人、華寧縣五二八人，其它縣有哈尼族零星分佈。[15]

顯然，上述哈尼族文化區的核心地區是在該文化區多邊形幾何中心部位，是哈尼族文化特徵表現最為明顯或最為典型的地方。自核心區向周圍邊緣區，其文化特徵的典型性隨距核心區的距離增加而逐漸減弱，遵循了文化區與距離衰減規律，至邊緣區外文化特徵逐漸消失。文化消失的地方理應就是該文化區的邊界。但是，文化邊緣區減弱和消失的進程是漸進的、長時間的。因此，邊界是不明顯的，往往具有一定寬度的過渡帶。如今祿勸、雙柏、易門等地有零星的哈尼族，說明哈尼族文化區在北部邊緣形成很寬的過渡帶，也揭示出哈尼族文化由北向南遷徙的軌跡。

由於歷史上的民族壓迫和戰爭等原因，西雙版納一帶的哈尼族在元朝前後已大量從猛海縣打洛鎮等地出境，在緬甸東部景棟及邊境一帶形成哈尼族聚居區，由此向南，部分哈尼族來到泰國北部清萊、清邁等地。元朝時，由於元政府對哈尼族核心區「羅槃國」的鎮壓，許多哈尼族向南逃難到緬甸和寮國北部邊境。因此，哈尼族在地理分佈上形成跨境而居的民族，其文化區固然已超出國界。但由於國界區劃，哈尼族文化區南部邊緣形成鮮明的文化區界。在泰國北部清萊等地又形成哈尼族文化區飛地。隨著中國與東南亞國家政治、經濟、文化的交流和發展，特別是中國——東盟自由貿易區的建立，哈尼族文化區將成為通往東南亞的「橋頭堡」，人為的文化分界將會逐漸淡化。目前，以學術為紐帶的國際哈尼族文化交流在不斷加強和聯繫。

---

15 〈哈尼族人口及分佈簡況〉，載《哈尼族研究》2011年第3期（2011年）。

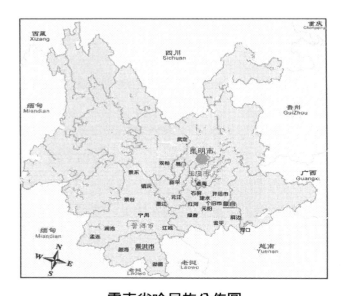

雲南省哈尼族分佈圖

Distribution Map of the Yunnan Hani People

（四）哈尼族文化主要核心區簡况[16]

1 紅河縣哈尼族及支系

　　紅河縣居住著漢、哈尼、彝、傣、瑤等民族，其中，哈尼族人口有二十三點一九萬餘人（二〇一〇年），占全縣總人口百分之七十八點二二，主要分佈在甲寅、石頭寨、阿紮河、洛恩、寶華、樂育、架車、浪堤、大羊街、車古、垤瑪、三村等十二個鄉。哈尼族村落共有六六五個自然村（包括哈尼與彝族雜居的五個，哈尼與漢族雜居的二個），其中一〇〇戶以上的有一二七個自然村，甲寅村有七四〇戶，三四一二人，為境內最大的哈尼族村落。境內哈尼族有哈尼、白宏、葉車、阿松、碧約、臘咪、糯比和糯美等不同自稱或他稱。同一稱謂

---

16 紅河、元陽、綠春、金平、墨江、元江各縣簡況均為筆者實地調查資料。

或支系一般居住在一定的區域，如葉車支系集中在浪堤、大羊街、車古三個鄉，白宏、阿松、碧約集中在墨江、元江交界的垤瑪和三村兩個鄉，臘咪支系在架車、洛恩鄉。

2 墨江縣哈尼族支系

墨江縣是全國惟一的哈尼族自治縣，位於雲南省南部，地處東經 101°08′—102°04′，北緯 22°51′—23°59′，北回歸線穿越縣城而過，被譽為「太陽轉身的地方」。縣境內居住著哈尼、漢、彝、傣、拉祜、布朗、瑤、回、普米、白、壯等十四個民族，其中，哈尼族人口二十二點二一萬人（二〇一〇年），占全縣總人口數的百分之六十一點六三。墨江縣的哈尼族支系主要有白宏（他稱布孔）、豪尼（他稱布都）、碧約、卡多、西摩洛（哦努）、期弟、臘咪、阿木、卡畢等自稱和他稱支系。

3 元陽縣哈尼族及支系

元陽縣居住著漢、哈尼、彝、苗、瑤、傣、壯等民族，其中，哈尼族人口二十點六三萬餘人（二〇一〇年），占全縣總人口的百分之五十二，主要分佈在新街、勝村、嘎娘、上新城、小新街、逢春嶺、大坪、牛角寨、沙拉拖、馬街、攀枝花、黃茅嶺、黃草嶺、俄紮等十四個鄉鎮。哈尼族村落共有五二九個自然村（包括哈尼和彝族雜居的十三個，哈尼和漢族雜居的二十個，哈尼和苗族雜居的三個，哈尼和瑤族雜居的一個，哈尼與彝族、漢族雜居的十一個，哈尼與苗族、漢族雜居的二個），其中一〇〇戶以上的一四三個自然村，新街鎮麻栗寨村有四七九戶，二四六八人，為境內最大的哈尼族村落。境內哈尼族有糯比（羅碧）、糯美（羅緬）、阿鄔、各和（郭宏）、多尼（墮尼）、白宏、阿松、昂倮等不同自稱或他稱的支系。同一稱謂或支系

一般居住在一定的區域，如糯比和糯美支系集中在嘎娘、上新城、小新街、逢春嶺、大坪五個鄉，昂倮支系集中在新街、攀枝花、黃茅嶺三個鄉鎮；各和支系集中在黃草嶺、俄紮、牛角寨、沙拉拖、馬街五個鄉，阿鄔支系散居在小新街鄉大魯沙岩子腳和新魯沙、逢春嶺鄉岩子腳、大坪鄉蘆山等村寨；多尼、白宏、阿松支系雜居在黃草嶺、俄紮二鄉。

4 綠春縣哈尼族及支系

綠春縣居住著漢、哈尼、彝、瑤、傣、拉祜等民族，其中，哈尼族人口十九點六萬餘人（二〇一〇年），占全縣總人口的百分之八十七點八，全縣九個鄉鎮均有哈尼族分佈。哈尼族村落共有七〇二個自然村（包括哈尼與彝族雜居的三個，哈尼與拉祜族雜居的三個，哈尼與瑤族雜居的一個，哈尼與彝族、漢族雜居的一個，哈尼與彝族、傣族雜居的一個），其中一〇〇戶以上的自然村落五十九個，大興鎮大寨村有二七九戶，一六二二人，為境內最大的哈尼族村落。境內哈尼族有哈尼、哈歐、臘咪、期弟、阿松、果作、碧約、卡多、卡畢、西摩洛、白宏、白那十二種不同自稱和他稱支系，其中自稱哈尼的居多，全縣九個鄉鎮均有分佈；自稱哈歐支系主要分佈在大興鎮的岔弄、老邊、馬宗和三猛鄉的桐珠、哈德等村委會；期弟支系主要分佈在大水溝鄉的牛倮底馬村委會和大水溝村委會；阿松支系主要居於牛孔鄉平掌村委會；果作支系分佈在平河鄉的車裏、新寨、東哈、則東四個村委會；碧約支系主要分佈在牛孔鄉的摸東村委會和半坡鄉的哈的村委會；卡多和卡畢支系主要分佈在大黑山鄉的老白寨村委會；西摩洛支系主要分佈在大黑山鄉的嘎處和老白寨村委會；白宏支系主要分佈在大水溝鄉大果馬村委會；臘咪支系分佈在三猛鄉的巴德和臘姑村委會；白那支系分佈在戈奎鄉。

5 金平縣哈尼族及支系

金平苗族瑤族傣族自治縣居住著漢、哈尼、彝、苗、瑤、傣、壯、拉祜、布郎等民族，其中，哈尼族人口九點三三萬餘人（二〇一〇年），占全縣總人口的百分之二十六點二，主要分佈在阿得博、沙衣坡、大寨、金河鎮、十里村、馬鞍底、老集寨、者米、老猛、營盤、金水河等鄉鎮。哈尼族村落共二五四個自然村（包括哈尼與彝族雜居的四個，哈尼與漢族雜居的十五個，哈尼與瑤族雜居的一個），其中一〇〇戶以村落有五十五個，金河鎮大龍塘村委會大龍塘村五一〇戶，二一〇三人，為境內最大的哈尼族村落。境內哈尼族有糯美（羅緬）、糯比（羅碧）、多尼、果作、阿松、各和（郭宏）六種自稱和他稱支系。糯美、糯比支系主要分佈在阿得博、沙衣坡、大寨、金河鎮、十里村、馬鞍底等鄉；多尼、阿松支系分佈在老集寨鄉；果作支系分佈在者米鄉；各和支系分佈在者米、老集寨、老猛、營盤、金水河等鄉鎮。

6 元江縣哈尼族及支系

元江哈尼族彝族傣族自治縣主要居住著漢、哈尼、彝、傣、白、苗等民族，其中，哈尼族有八點九五萬多人（二〇一〇年），占全縣人口的百分之四十一點七。其地處元江中游而得名，位於東經 101°39′－102°22′，北緯23°19′－23°55′ 之間，距省會昆明市二五〇千米，距玉溪市一五〇千米，是昆洛（昆明－打洛）、昆磨（昆明－磨憨）高等級公路的中轉站，是雲南通往東南亞國際通道的交通樞紐。元江縣的哈尼族主要分佈在元江西南岸的那諾、羊街、咪哩、羊岔街、因遠等鄉鎮，主要支系有哈尼、糯比、糯美、多塔、碧約、布都、梭比、阿松、白宏（布孔），大部分自稱為哈尼，他稱糯比、糯

美的分佈在那諾鄉、羊街鄉和因遠鎮的都癸村委會。自稱為哈尼，他稱多塔、碧約的分佈在羊岔街和咪哩鄉。自稱或他稱為布都、梭比、阿梭、白宏的分佈在因遠鎮。

二　哈尼族分佈區域的地理環境

中國的地勢，西高東低，呈三級階梯下降。西部第一階梯由平均海拔為四〇〇〇至五〇〇〇米的青藏高原組成；第二階梯自北而南由內蒙古高原、準噶爾盆地、塔里木盆地、黃土高原、雲貴高原組成，平均海拔一〇〇〇至二〇〇〇米；第三階梯由中國東部的平原和低山、丘陵組成，海拔在五〇〇米以下。雲貴高原正處於青藏高原和東部平原、丘陵之間的過渡地帶，平均海拔二〇〇〇米。雲貴高原是中國梯田的主要分佈區，特別在雲南南部的哀牢山區最為典型。這仍然與其自然地理特徵有直接的聯繫。雲南總體地勢是北高南低，也呈三級階梯式下降：滇西北海拔四〇〇〇米以上地區屬青藏高原東南緣，以高山峽谷為主的地貌，為第一級階梯；平均海拔二〇〇〇米，為第二級階梯，是雲南高原的主體；雲南南部、東南部及西南部的邊緣地帶，以中低山和寬谷盆地為主，屬第三級階梯。滇西北地方山川緊逼，地勢高聳，向南山川逐漸拉開距離，地勢逐漸下降，中山及河谷、盆地相間分佈，從最高的滇西北至最低的雲南南部形成一種掃帚形地貌的垂直佈局。在雲南內部，百分之八十的國土為山地，百分之十四為高原，壩子面積僅占百分之六。大小山脈布滿其間，壩子、河谷散佈於群山之中，構成區域性的立體垂直地形。

立體多樣的地形地貌格局為雲南立體多樣的氣候、植被、土壤、水文格局奠定了基礎。從南至北，從北緯 21°8′－29°15′，由低到高，海拔由七十六至六七四〇米，約八個緯度範圍，九一〇千米長的地帶

內，出現了熱帶、南亞熱帶、中亞熱帶、北亞熱帶、暖溫帶、溫帶、寒帶七個氣候帶，土壤、植被也同樣出現相應的變化規律，相當於從海南島至黑龍江大興安嶺北部的自然地帶均在雲南出現，成為中國自然帶變化的縮影。[17]

1 哈尼族分佈區域地貌

　　哀牢山和無量山均屬於橫斷山系縱谷區的下段，是雲嶺山脈的重要分支。哀牢山脈為橫斷山脈南段雲嶺南延的東部分支，其最高海拔三〇〇〇餘米，隔元江與滇東高原相鄰，自大理白族自治州南澗縣境向東南延伸，自墨江、元江之間入紅河州境內後盤踞在紅河、元陽、綠春、金平等縣境內，沿元江蜿蜒伸展到越南北部紅河與沱江之間。山脈主體部分由變質岩係組成，片麻岩、片岩、石英岩、大理岩等分佈面積大，山脈兩側為中生代紅色砂葉岩、泥岩等。哀牢山山脈受元江及其支流阿墨江、把邊江、藤條江等切割，山脈又分出若干條分支，在其中下段，元江及其支流經過地區有一些斷陷盆地基礎上發育的寬谷盆地，如元江壩、南沙壩、猛拉壩、騎馬壩等。哀牢山區總的地貌特徵是：山高穀深，地勢起伏大，「V」型地貌發育充分，山脈脈狀分佈明顯，主幹山脈與水系幹流平行相間分佈。

　　無量山分佈於把邊江以西，瀾滄江以東，它北窄南寬，山勢比哀牢山低，比較緩和，組織成山體的岩石主要為中生代紅色砂葉岩，局部地區有火成岩侵入體穿插。山脈南部在河流分割破壞較輕的地區，高原面有所保存，階梯狀向西下降的一些盆地，如普洱、思茅、小猛養、景洪等。無量山區總的地貌特徵是：北高南低，地勢相對和緩，掃帚形分佈狀，大小壩子分佈其間。

---

17 童紹玉：〈雲南稻作民族文化生態〉，《經濟地理》，2002年第1期（2002年）。

表1-2　哀牢山脈的主要山峰

位置	名稱	海拔（米）	走向	特徵
金平縣	西隆山	3074.3	西北－東南	全州最高峰原始森林覆蓋
金平縣	大冷山	2506	西北－東南	原始森林覆蓋
金平縣	分水嶺	2340	西北－東南	國家級自然保護區
元陽縣	東觀音山	2962	西北－東南	省級自然保護區
元陽縣	西觀音山	2745.8	近西－東	省級自然保護區
紅河縣	阿波黎山	2580.2	西北－東南	森林覆蓋
紅河縣	阿姆山	2534	西北－東南	省級自然保護區
綠春縣	黃連山	2637	西北－東南	國家級自然保護區

連綿起伏的哀牢山支脈：元陽東觀音山主峰白岩子

Bai-aizi, Main Mount of the Yuanyang Eastern Buddha Mountain,

Branch of the Ailao Mountain

（二）哈尼族分佈區域氣候

　　哈尼族文化區大部分地處北回歸線以南，屬於亞熱帶高原季風氣候區，但由於受地勢的影響，又形成氣候類型多樣的立體氣候，孕育了「一山分四季，十里不同天」的山地垂直氣候特徵，從低海拔到高海拔分佈著北熱帶、南亞熱帶、中亞熱帶、北亞熱帶、暖溫帶、中溫帶、寒溫帶等七種氣候類型。氣候類型的立體分佈導致其氣候要素也呈立體分佈不均。哈尼族所處的哀牢山區及紅河南岸雖然緯度低，太陽高度角大，按理應獲得的太陽日照時數多，但因地處印度洋北部暖濕氣流的迎風坡，雨多霧濃，年日照總時數比紅河北岸緯度稍高的壩區明顯偏少，打破了日照時數隨緯度增高而遞減的規律。

　　氣溫和降水除了季節分配不平衡外，也反映出立體差異性。由於哀牢山脈平均海拔高度在二〇〇〇米以上，成為一道天然的氣候屏障，既阻擋了北方冷空氣的南侵，又對來自熱帶海洋上的東南季風暖濕氣流和西南季風暖濕氣流起抬升作用，引起水、熱條件的再分配。元江—紅河河谷、藤條江河谷和把邊江—李仙江河谷等地年溫差小，日溫差大，年溫差在 8℃ 至 13℃ 之間，但紅河谷南沙等地的日溫差夏季最高氣溫可達四十度以上。海拔一八〇〇米以上的高山區夏季多雨，高溫不足，最熱平均氣溫也只在 22℃ 至 28℃ 之間。

　　降水季節分佈也不平衡，乾濕季節明顯，從頭年十一月到次年四月，北回歸線兩側上空受青藏高原和印度半島北部乾燥氣流的西風帶控制，形成晴天多，日照多，風乾物燥的乾季。五月到十月，隨著西風帶的北移，帶來太平洋北部灣的東南季風和印度洋孟加拉灣的西南季風暖濕氣流，在哀牢山下段地形的抬升作用下，雨日多，降水集中，形成雨季。除了一些乾熱河谷外，大部分山區年平均降水量達一五〇〇毫米左右，其中哀牢山下段的金平縣分水嶺平均年降水量達三

四七一毫米，最多年份高達四三三八毫米，居全省第一。元江流域乾
熱河谷少雨區，包括元江壩子、紅河猛龍、迤薩、元陽南沙、箇舊黃
草壩、蠻耗等地區，因地處背風坡，暖濕氣流受到金平縣分水嶺、元
陽縣東、西觀音山的阻截，「焚風」和「谷風」效應顯著，成為區內
少雨區，平均年降水量只有八〇九點二毫米。[18]

（三）哈尼族分佈區域的河流水系

哈尼族文化區的河流水系從東向西主要有元江－紅河水系、把邊
江－李仙江水系和瀾滄江水系。這三大河流水系自西北向東南橫穿過
哈尼族文化區的東部、中部和西部，與其大小支流形成水網密佈的河
流格局，為哈尼族傳統生態文化的形成提供了重要的水利資源。

元江－紅河發源於大理州魏山縣小珠街，其幹流自西北向東南經
紅河、石屏、元陽、建水、箇舊、金平、蒙自、河口八個市縣，由河
口縣向東南入越南後稱紅河，在紅河哈尼族彝族自治州內幹流長二四
〇點六千米，高差二五一點六米，集水面積一一四九六平方千米，最
大流量四九七〇立方米／秒，最小流量二十立方米／秒，年平均流量
二九二立方米／秒，平均年徑流量九十二點六九億立方米。其源於哈
尼族地區的主要支流有小河底河、猛龍河、排沙河、龍岔河、楊係
河、芒鐵河、逢春嶺河、麻子河、大寨河、新橋河、龍博河等，整條
水系成羽狀分佈。

---

18 紅河哈尼族彝族自治州編纂委員會編：《紅河州志》（北京市：生活‧讀書‧新知三
    聯書店出版社，1997年），卷1，頁147-148。

養育哈尼族的母親河：紅河

Honghe, the Mother River

　　藤條江屬紅河支流，發源於紅河縣架車鄉，經紅河縣洛恩、綠春縣戈奎、元陽縣沙拉托、黃茅嶺、金平縣老猛、老集寨、猛拉等鄉，至金平縣金水河鎮那發出境入越南匯入李仙江下游黑水河後入紅河。橫穿紅河哈尼族地區幹流長一七三點二千米，高差一四六〇米，集水面積四二〇〇平方千米，最大流量三三八立方米／秒，最小徑流〇點三立方米／秒，年平均流量二十二點七立方米／秒，平均年徑流量七點一八億立方米。其主要支流有烏拉河、茨通壩河、蕎菜坪河、金子河、金水河等，整條水系成羽狀分佈。

　　把邊江─李仙江發源於大理州南澗縣寶華，中游稱把邊江，南經景東、鎮源、墨江、普洱縣，在江城縣三鍋樁附近與阿墨江交匯後始稱李仙江，沿江城縣與綠春縣交界向東南流，經小黑江入越南後稱黑水河。其流經紅河州哈尼族文化區西南部八十三點二千米，高差一五九點八米，集水面積三三二五平方千米，最大流量六七七〇立方米／秒，最小流量二十四點八立方米／秒，年平均流量四十點九立方米秒，平均年徑流量一三二點九九億立方米。源於紅河州哈尼族地區的

主要支流有小黑江、月茅江、牛孔河等，整條水系成樹型狀分佈。[19]

瀾滄江發源於青海省唐古喇山東北部，向南流經雲南省維西、蘭坪、雲龍、大理、保山、昌寧、南澗一線進入鳳慶、雲縣、雙江、景谷、鎮沅、墨江、普洱、思茅、瀾滄、猛海、景洪、猛臘、耿馬等二十一個縣市，於猛臘縣出境入寮國稱湄公河。流經雲南境內的幹流長一一七〇千米，流域平均降雨量一三四二點四毫米，流域面積八點九萬平方千米。較大支流有黑江（威遠江）、補遠江（羅梭江）、小黑江、流沙河等。[20]

上述四大水系是哈尼族地區重要的水利資源，也是已開發和待開發的大中型水能資源分佈區。

（四）哈尼族分佈區域植被與土壤

元江（紅河）南岸的哈尼族地區是紅河哈尼族彝族自治州境內森林植被保護最為良好的地區，至二〇〇八年，紅河縣森林覆蓋率百分之五十、元陽縣森林覆蓋率百分之四十三、綠春縣森林覆蓋率百分之六十、金平縣森林覆蓋率百分之五十三點一。前述哀牢山區的主要山脈或山峰均覆蓋著莽莽的原始森林，是哈尼族梯田文化的「血脈」水源，是哈尼族地區「山有多高，水有多高」的自然綠色水庫。其中，無量山、哀牢山及其支脈的金平縣分水嶺和綠春縣黃蓮山為國家級自然保護區，江城縣牛絡河、紅河縣阿姆山、元陽縣東西觀音山等山脈是省級自然保護區。這些保護區分佈著最為完整的熱帶季節雨林、山地雨林、濕性季風常綠闊葉林、山地苔蘚常綠闊葉林等植被類型，垂直分帶明顯，大部分處於原始老林狀態。

---

19 紅河哈尼族彝族自治州編纂委員會編：《紅河州志》（北京市：生活・讀書・新知三聯書店出版社，1997年），卷1，頁156-159。

20 王聲躍主編：《雲南地理》（昆明市，雲南民族出版社，2002年），頁112-113。

　　黃連山自然保護區以保護南亞熱帶濕性季風常綠闊葉林為主的森林植被類型；主要以譚清蘇鐵、東京龍腦香、多毛坡壘、長蕊木蘭等為主的一二八種國家重點保護珍稀瀕危植物；保護以黑長臂猿、白頰長臂猿、灰葉猴、蜂猴、倭蜂猴、印支虎、馬來熊等為主的七十四種國家重點保護珍稀瀕危動物。保護區共有保護植物一五二種，其中國家一級保護植物四種；國家二級保護植物一二四種，雲南省省級保護植物二十四種。有國家級保護動物七十四種，其中國家一級保護動物十五種，二級保護動物五十九種。[21]

　　金平分水嶺－五臺山自然保護區的主要植被類型為山地雨林、濕性季風常綠闊葉林、山地苔蘚常綠闊葉林、山頂苔蘚矮林等，保護區內有四十二種植物是分水嶺特有物種，有二十九種為國家和雲南省重點保護植物，其中國家一級保護植物一種，國家二級保護植物十種，國家三級保護植物七種。保護區有二十七種國內外保護的珍稀瀕危哺乳類，其中八種為國家一級保護野生動物，十九種國家二級重點保護野生動物，保護區內高度瀕危的黑冠長臂猿、馬來熊和印支虎最為重要。[22]

　　從總體上看，紅河州哈尼族文化區植被呈立體分佈狀，北坡和南坡的植被類型又有差異。以元陽縣為例，暖濕氣流的迎風坡（南坡），海拔八〇〇米以下為季節雨林，海拔八〇〇至一四〇〇米為暖性松林，一三〇〇至一八〇〇米為落葉常綠闊葉林，一八〇〇至二五〇〇米為山地常綠闊葉苔蘚林，二五〇〇米以上為山頂苔蘚矮曲林。西南季風的背風坡（北坡），海拔八〇〇米以下的元江谷地為稀樹草

---

21 許建初主編：《雲南綠春黃連山自然保護區》（昆明市：雲南科技出版社，2003年），頁1-2。

22 許建初主編：《雲南金平分水嶺自然保護區綜合科學考察報告集》（昆明市：雲南科技出版社，2002年），頁13-15。

坡，八〇〇至一四〇〇米地區為暖性松林，一三〇〇至一八〇〇米地區為落葉常綠闊葉林，一八〇〇至二五〇〇米地區為山地常綠闊葉苔蘚林，二五〇〇米以上地區為山頂苔蘚矮曲林。

　　由於紅河南岸哈尼族地區的氣候和植被的立體分佈，土壤類型也成垂直分佈，為哈尼族地區形成立體多樣的生態農業提供了重要的土地資源。海拔九〇〇米以下的元江河谷濕地、藤條江河谷、李仙江河谷有磚紅壤分佈，並分黃色磚紅壤、褐色磚紅壤二個亞類；海拔九〇〇至一八〇〇米中半山區是紅壤，並分山地紅壤、黃紅壤、棕紅壤三個亞類；海拔一六〇〇至一九〇〇米的迎風坡面為黃壤；海拔一八〇〇至二五〇〇米的上半山區為黃棕壤；海拔二五〇〇米以上的高山區為棕壤。此外，水稻土是本區梯田農業的重要土壤類型。[23]

　　綜上所述，哈尼族分佈區的自然環境，地形複雜，氣候垂直變化明顯，總體氣候特徵是：春暖乾旱，夏無酷暑多雨，秋涼少雨，冬無嚴寒，乾濕季分明，雨熱同季，有利於水稻生長。哈尼族地區具有明顯的水迴圈生態文化，一方面在江河水網密佈的河谷地區，由於終年高溫，水分蒸發升入高空熱氣團至高山區森林上空，凝聚為綿綿霧雨；另一方面，哈尼族所處的哀牢山下段地處東南季風和西南季風的迎風坡，來自太平洋及南海北部灣的暖濕氣流，沿哀牢山走勢深入內陸，在地形抬升的作用下，至高山區森林上空，形成綿綿地形雨，滋潤著哀牢山和無量山區的原始森林，在林海山間彙集無數水潭和溪流，形成「山有多高，水有多高」，到處是「泉水叮咚響」的獨特地理景觀。聚居於哀牢山區的哈尼族就是利用這種自然條件，從海拔二〇〇〇米左右地區起修築數萬條溝渠（僅元陽縣大小溝渠六〇〇〇餘

---

23 紅河哈尼族彝族自治州編纂委員會編：《紅河州志》（北京市：生活・讀書・新知三聯書店出版社，1997年），卷1，頁169。

條），將溪水泉流引至海拔一四〇〇至一八〇〇米的村落分佈地帶，在其周邊緩坡、山梁開墾出層層梯田，往山腳河谷地帶依次延伸，形成獨特的梯田生態文化景觀。

哈尼族森林保護區中自然水庫

Natural Reservoir in the Forest Reserve

三　哈尼族傳統土地利用生態文化區

上述哈尼族文化區域，由於區內自然地理、民族關係等因素，區內又形成東西不同的傳統經濟文化類型，也就是不同類型的傳統土地利用生態文化區。

從唐代南詔後期開始，隨著傣族政治、經濟、軍事力量的崛起，南詔銀生節度（治景東）以南地區不斷被百越諸部所控制，傣族先民不斷向北遷徙。南詔銀生節度不得不從今景東縣北移到今楚雄。大理國時期，雖然傣族勢力日益增強，但段氏勢力一直未能進入景東一

帶。由此，哈尼族文化區域內除東西自然地理差異外，民族關係也發生了明顯的變化。以把邊江為界，西部的傣族勢力增強，哈尼族勢力卻逐漸減弱，最終處於被統治地位。而東部仍然以哈尼族勢力為主，並不斷吸收壩區農業的稻作文化，在山區發展了獨特的梯田稻作文化。由此哈尼族傳統生計方式或傳統經濟文化類型在東西產生了顯著差異，形成不同生計方式的生態文化區。

（一）紅河流域梯田農耕生態文化區

該文化區的自然地理標誌是哀牢山和元江——紅河。以梯田分佈作為該區文化生態景觀的地理標誌，其分佈區域大致為元江縣南部、墨江、紅河、元陽、金平、綠春、江城以及寧洱縣東部把邊江沿岸地區。區域自然地理特徵是，哀牢山自西北向東南斜貫滇中南部，狹長的山脈一直延伸到越南北部山區，成為雲南東西地貌類型和氣候類型的地理分界線。發源於大理巍山縣的元江——紅河，受哀牢山勢走向的影響，自西北向東南出境入越南後，流向南海，又成為滇東高原與滇西南山地的地理分界線，也是雲貴高原梯田生態文化景觀重要的地理界線。哀牢山的主體在禮社江——元江——紅河以西、以南，其西又受把邊江及其支流阿墨江的切割，地勢北高南低、中高東西低的狹長山脈。山體內部受東西兩江支流的深切，形成地形破碎，V形地貌發育充分，地勢起伏大，其主峰三一六六米與河口縣紅河與南溪河匯會處七十六米相比較，其海拔相差三○○○餘米，大多河谷與山體各群峰相差海拔二○○○餘米以上。由此孕育了「一山分四季，十里不同天」的山地垂直氣候特徵，從低海拔到高海拔分佈著北熱帶、南亞熱帶、中亞熱帶、北亞熱帶、暖溫帶、中溫帶、寒帶等氣候類型，發育著相當於二十個緯度帶的土壤類型，生長著不同類型的植被景觀。其上段有哀牢山國家級自然保護區，下段有屏邊大圍山國家級自然保

護區、金平分水嶺國家級自然保護區、綠春黃連山國家級自然保護區以及紅河縣阿姆山、元陽縣東西觀音山等省級自然保護區，由此形成「山有多高，水有多高」的獨特的地理環境，加之西北東南走向的地勢，來自南海北部灣的暖濕氣流容易深入，形成豐富的地形雨。

上述這些自然條件為該區域內形成梯田生態文化景觀提供了重要的自然地理基礎。該區域的歷史文化特徵是，自唐代南詔至中華人民共和國成立前夕，在今元江、墨江、紅河三縣形成哈尼族氏族部落制或土司制度文化三角核心區，以此向東至元陽、金平，南至綠春、江城，西至把邊江始終是哈尼族土司統治的轄區。由於區內山高穀深，地形複雜，明代以來的軍屯、民屯的漢族移民也很少介入，一定程度上保持了哈尼族文化的純潔性。區內哈尼族內部支系繁多，有和尼、哈尼、碧約、卡多、豪尼、白宏、峨努等三十餘種不同自稱和他稱，導致民族內部語言、服飾、居住形式等民族文化的差異性。但他們均以梯田生計為傳統生態經濟生活的主要方式，圍繞梯田農耕活動產生祭祀、節日、自然崇拜、古歌、古禮等一系列傳統生態文化。而梯田又主要分佈在紅河流域的元江縣南部、墨江、紅河、元陽、金平、綠春和江城等縣，元江──紅河往西至把邊江梯田分佈逐漸減少。因此，可將該區稱為紅河流域梯田農耕生態文化區。後面的章節將對梯田生態文化系統作詳細論述。

（二）瀾滄江流域陸稻農耕生態文化區

該文化區的自然地理標誌是無量山和瀾滄江。哈尼族在該區域的分佈大致為：鎮沅縣南部、景谷縣東部、寧洱、思茅、瀾滄、景洪、猛海、猛臘等縣市以及緬甸東部景棟一帶和寮國北部邊境哈尼族阿卡支系分佈的廣大山區。該區域的地勢特徵是，無量山自北向南走勢，到普洱縣地勢逐漸緩和，變成海拔一○○○米以下的高原面，一直延

伸到緬甸和寮國東部和北部邊境。東西兩側又被把邊江和瀾滄江的切割後，形成北高南低、中高東西低的扇形狀高原地帶。自景谷——寧洱——思茅——景洪分佈著大大小小的壩子，為該區的壩區水田稻作文化提供了良好的自然條件。但是，如上所述，自宋代大理國以來，由於該區被傣族勢力所控制，大小壩子顯然是傣族首選的聚居點。因此，以哈尼族為主體的彝語支各民族由北向南長途遷徙到此後，由於其勢力較為弱小，不得不向森林茂密的半山區尋求生存之地，並以山地刀耕火種的原始農耕併兼營採集狩獵為其主要生計方式。自明代起，該區域的大小壩子又是封建王朝移民軍屯、民屯的理想之地。由此，弱勢的哈尼族很難下壩區發展水稻農耕，客觀上鞏固和發展了山區刀耕火種式的傳統陸稻農耕文化。加之該區的哈尼族分佈在瀾滄江流域的寧洱、瀾滄、景洪、猛海、猛臘等縣以及湄公河流域的緬甸、寮國的北部山區。因此，可將該區域的哈尼族文化稱為瀾滄江流域陸稻農耕生態文化區。其特點是，哈尼族在該區域內沒有形成核心區，居住較為分散，與其它民族形成小聚居大分散居住格局。但刀耕火種的農耕經濟活動為其生計的主要方式，並以陸稻種植為主；由此以圍繞陸稻農耕祭祀、節日及原始宗教為其傳統生態文化。該區的哈尼族內部較為單一，除了自稱卡多、峨努、豪尼、白宏、碧約等少數人口分佈在鎮沅、寧洱等縣，大部分人口自稱雅尼或阿卡。至中華人民共和國成立前夕，除北部鎮沅等地哈尼族進入封建地主經濟外，南部的西雙版納及瀾滄等地大部分哈尼族由於受傣族封建領主制的統治下，普遍採用原始刀耕火種的農耕方式。該區內的其它山地民族也是以刀耕火種農耕為傳統主要生計方式，因此在本研究中不作為哈尼族傳統典型農耕生態文化分析。

綜上所述，哈尼族文化在雲南各民族中具有其鮮明的民族性和文

化特徵，在雲南地理空間佔據一定的位置，使其成為雲南整體文化的重要組成部分。特別是哈尼族傳統生態文化，在雲南乃至中華民族的整體文化中越來越顯示出鮮明的民族文化特色。因此，要對哈尼族傳統生態文化進行深入、全面的研究，必須將其置於一定的區域背景，以文化整體觀為指導，認真梳理哈尼族在調適生態與文化的關係、尋求人與自然和諧共存的漫漫歷史過程中逐步形成的生態智慧和生態知識。在下面的章節中我們將從生態物質文化、生態制度文化、生態觀念（精神）文化等方面對哈尼族傳統生態文化作系統而全面的分析研究。

第二章
哈尼族服飾中蘊含的生態文化

　　服飾是人類特有的文化結晶，是民族歷史的「活化石」。色彩斑斕的哈尼族服飾不僅顯示著豐富的個性和迷人的色彩，而且以其獨特的方式展示著本民族的歷史文化，他們用一針一線繡出了不用文字記述的神話，再把這些神話故事編成一部部「象形文字」符號穿戴在人們的身上。這就是本章要分析研究的哈尼族傳統服飾生態文化。哈尼族就是用這種精美的傳統工藝，記載著民族千年的歷史，展示了人類的勤勞和智慧，寄託著人們美好的願望，在每一幅圖案和每一種佩飾的背後都有一個個鮮活而神奇的故事。所以說，哈尼族穿在身上的是由一幅幅精美圖案組合而成的古老文化藝術，戴在身上的是一個個傳奇的神話故事。

一　哈尼族服飾尚黑的生態文化

　　哈尼族由於支系繁多，不同支系的差別也體現在不同服裝款式上，這就構成了絢麗多姿的服飾文化。但總的特徵是其服飾以黑色為基調，無論男女老少均為黑色或青藍色為主。同時以藍、綠、灰色布料作裝飾，再配以紅、黃、藍、綠、白、紫色的棉線或絲線繡花作點綴。全體男子一種款式，女子在人生不同年齡段有不同的款式，這也是女子人生角色轉換的標誌。

　　哈尼族服飾以黑色或青藍色作為基調色。在氐羌族群中的彝、納西、傈僳、拉祜等彝語支民族，黑色具有尊貴、高雅、正統的含義，

哈尼族作為彝語支民族的一員,同樣也崇尚黑色,他們以黑色為美、為莊重、為聖潔,將黑色視為吉祥色、生命色和保護色。

關於哈尼族以黑色為基調的服飾審美意識有許多種說法。但歸納起來主要有這樣幾種,[1]都體現了哈尼族在遷徙途中融入大山森林的黑綠色基調後避免了族群災難的主題。一說是哈尼族南遷到「色偶」(地名,據說是今大理洱海邊)時,非常羨慕白鷳鳥的渾身潔白和無憂無慮的生活,於是,就摹仿白鷳鳥穿一身潔白的服裝,男子以白布包頭,女子戴白頭巾。後因戰爭而繼續南逃時,白衣白帽太顯眼,不得不逃進深山老林,就在那裏發現了成天活躍在林中的喜鵲,於是,又摹仿喜鵲穿一身黑白相間的服裝,即內穿白襯衣,外套黑領褂,下穿黑褲子,頭纏黑布包頭。但這種黑白相間的服飾仍然顯眼,「納然」(外族)再次追來,哈尼只好再度南遷,最終逃進森林茂密的哀牢山中,開始過上安居樂業的日子,人們最終發現白色和黑白相間的服飾都不理想,黑色能融入到深山密林中與之渾然一體,於是將衣褲全染成黑色。二說是哈尼族古時喜歡淺色的服飾基調,並繡上各種自然花卉,非常漂亮,但是古時哈尼族居住的地方強盜橫行,年輕美麗的姑娘常遭淩辱。有一次,有一位寡婦大媽領著她的兩位漂亮的姑娘上山挖野菜來充饑,不料遇上了一夥強盜,準備搶走兩位姑娘。姑娘拼命逃避,跑進深山老林後無意中被野生藍靛葉把她倆的衣服染黑了,黑色衣服與黑壓壓的大山森林混成一體,結果強盜進山搜查時沒有發現她們便走了,姑娘幸免一難。三說是古時候,神鬼與人居住在不同的色彩世界裏,神的地域是紅色的,鬼的地域是雜色的,人的地域是黑色的。人和鬼原來是同胞兄弟,他們最先和諧共處,互相幫助。後來

---

1 黃紹文:《穿戴神話——哈尼族服飾藝術解讀》(昆明市:雲南美術出版社,2010年),頁9-11。

不知什麼原因產生矛盾，天天吵著鬧分家的事，天神知道後，便扯下黑幕將他們分開，同情哈尼族的天神將遮身的黑幕送給哈尼人披在身上，以防鬼怪糾纏。四說是哈尼族古時靠採集野果生活的，有一天，一對兄妹在森林裏採集野果，突然，遇上了一隻大老虎向他們猛撲過來，二人拼命地逃，逃到一處懸崖邊，懸崖下面是一條大河，兄妹二人為避免被老虎吃掉，跳進了大河，順河漂得很遠很遠，卻無法上岸，突然，他們抓住了一棵岸邊的草，爬上了岸，兄妹二人就成了哈尼人的始祖，他們記住這棵草，也叫後人永遠不要忘記這棵草，這棵草就是制藍靛的大青葉，哈尼族從此無論遷到何處，也都要攜帶其種子，並在選寨址建村立寨時，要考慮大青葉適宜生長的地方。

這些故事的主題都是反映黑色使哈尼族免除了災難，黑色成為哈尼族生命的保護色，因而哈尼族崇尚黑色。哈尼族雖然沒有傳統的文字，但其服飾以黑色為基調在零星的漢文史料中有所記載。（明景泰）《雲南圖經志書》載：「倭泥、類蒲蠻，男子綰髻於頂，白布纏頭，婦人盤頭露頂，以花布為誇頭，衣黑布桶裙。」（清乾隆）《景東直隸廳志》載：「窩泥，男服皂衣，女束髮，青布纏頭，別用寬布帕覆之，衣用長桶，有領袖不襟，穿衣自首套下，內著褲，領綴海貝，用作短小筒串飾項。」（清道光）《普洱府志》載：「黑窩泥，普洱、思茅、他郎暫有之，性惰和緩，服色尚黑。」[2]這些史料說明，哈尼族古時的著裝與現代的著裝相比有很大變化，但黑色是從古到今的服飾基調。民族服飾不斷變遷的今天，哈尼族在任何時候的祭祀活動，主持人都必須著黑色衣服，平時著漢裝的人，到了正規禮儀的場合就得著黑色服裝，否則視為不嚴肅、不莊重、不吉利。

2　轉引自李寧：〈流不盡的萬般神韻──解讀哈尼族服飾文化〉，載《哈尼族文化論叢・第二輯》（昆明市：雲南民族出版社，2002年），頁317-318。

穿著黑衣黑褲召喚神靈

Summoning the Holy Spirits in Black

穿著黑衣黑褲安撫神靈

Pacifying the Holy Spirits in Black

穿著樹皮衣摸擬原始狩獵

Immitating Primitive Hunting in Tree Bark Clothing

穿著樹葉衣狂舞

Dancing in Tree Bark Clothing

二　哈尼族服飾工序中蘊含的生態文化

　　哈尼族服飾的工序圍繞自給自足的梯田農耕經濟進行，從棉花的栽種、紡織、靛染、剪裁以及服飾的禮儀和審美意識無一不留下梯田烙印，同時，也體現了哈尼族服飾工序中的生態文化內涵。男耕女織是哈尼族社會性別的主要分工，「男人犁田不能晚於十月末，女人織布不要遲於正月末」的諺語是哈尼族梯田農耕和紡織程序的經驗總結。紡織是哈尼族傳統手工業的主要生產方式，完成一系列的生產工序無一不體現生產技術。哈尼族少女從小就得跟著母親學習種棉、收棉、曬棉、軋棉花、搓棉條、撚線、紡紗、繞線、煮線、上漿、漂洗、纏線架、排經緯網、織布、染布等一系列傳統紡織技術工序，這也是哈尼族婦女世代傳承的傳統技藝。因此，紡織和製衣成為衡量哈尼族女子心靈手巧和治家本領的重要尺度，也是她們身價的一種體現。故哈尼族有「不會織布就當不了真女子」的說法。

（一）種棉與傳說

　　從服飾的生態原料來看，哈尼族傳統服飾原材料皆源於自己種植的棉花。棉花種植是哈尼族傳統的生產方式之一，家家戶戶都要種植棉花，品種為一年生草本棉，產量低，但抗病力和適應性強。哈尼族生活的亞熱帶季風區，氣候溫暖，極適合喜溫暖、適宜砂壤土的草棉生長。哈尼族一般選擇海拔一三〇〇米以下的河谷壩子開荒成專門的棉地，這種棉地土層厚，土地肥沃，陽光充足，地勢相對平緩而乾燥。為了管理方便，有的棉花被栽種在寬厚的田埂上和田邊地角的空地上。棉花種植方式為撒播，薅除一兩次雜草，施少量農家肥，他們在農曆三月播種，農曆九月收穫。哈尼族家庭所種植的棉花是為了自用而不成商品，故自種的棉花一般只夠作全家人穿衣用，每戶人家至

少要種植一畝左右，才夠一家人的穿衣蓋被及日用所需，人口多的家庭則多種一些。二十世紀八〇年代後，隨著外地棉花、棉布的大量調入，哈尼族地區自種棉花逐漸減少。

哈尼族種植棉花歷史悠久，從選地、砍地、燒地、挖地、整地、撒播、管理等一系列生產技術均以神聖化的口傳方式傳承著，也體現了哈尼族種棉悠久歷史。哈尼族〈種棉花〉[3]的古歌這樣唱：

> 最先使用棉被的是太陽神的女兒白姒，
> 最先使用棉衣的是月亮神的女兒羅姒，
> 羅姒和白姒在天宮後山玩耍時，
> 看見一棵從未見過的奇特樹，
> 樹上結滿了一顆顆果子，
> 果子熟透後又開出雪白的花來，
> 柔軟的白花甜甜地睡在果殼裏，
> 如同襁褓中熟睡的嬰兒。
> 羅姒和白姒把白花摘回來，
> 覺得像白雲輕飄一樣柔軟，
> 又像火烤一樣暖和，
> 兩個姑娘就把它叫做棉花。
> 羅姒和白姒兩個姑娘來到人間，
> 看見世人身上無遮衣，
> 把柔軟的棉花做成了衣被，
> 送給了受寒的世人取暖，
> 同時從天宮後山摘回的棉籽送到哈尼住的地方。

3　李揚、李濤主編：《哈尼族口傳文化譯注全集·第三卷》（昆明市：雲南民族出版社，2009年），頁436-437。

棉花栽在什麼地方好？
要在高大山脈阻擋的河谷平地，
這裏四面的寒風刮不進來，
河谷壩子的氣候悶熱得像蒸籠，
是栽棉花的好地方。
遠古的先祖最先栽棉的是俄尼姑娘，
俄尼姑娘挖翻大蓬大蓬的蘆葦地，
把棉籽撒進土地上，
綠綠茵茵的棉苗就長出來了。
撒棉籽要在溫暖的三月，
撒下的棉籽滿一輪，[4]
棉芽像蛆蟲一樣從土裏鑽出來，
棉苗長出一拃高，
操持家務的俄尼姑娘，
起早貪黑背著晌午飯下棉地，
棉地薅除三道雜草後，
苗棵長得像酸湯杆一樣粗壯，
綻開的花蕾像地桃花一樣美。
到了炎熱的七月夏季，
大朵的棉花炸開了，
像是滿天飄浮的白雲，
俄尼姑娘背著寬大的背籮下棉地，
在棉地裏摘花像是站在白雲間的仙女，
摘滿了一籮堆尖的棉花，

4　「輪」：哈尼族的計時單位，一輪為十三日。

回到寨腳的大樹下歇一歇，

一寨的老小都圍攏過來，

年輕人走來摸摸看看，

不知道叫什麼花名，

老人走來看一看，

說是長在河谷地區的「攀枝花」……

寬厚的田埂上可種植棉花

Planting Cotton on the Ridge of the Field

（二）紡織

　　紡織既能體現哈尼族婦女的治家本領，也是展示哈尼族婦女勤勞和智慧的象徵。哈尼族姑娘一般從十二三歲開始學習紡織和刺繡工藝。哈尼族紡織工藝包括紮棉花、彈棉花、搓綿條、紡線、繞線、上漿、洗晾、拉線、排經、穿篦、梳線、織布等工序。秋收時節，哈尼族婦女把棉花摘回家中，選擇秋高氣爽的晴天，將收穫的棉花鋪曬在

屋頂曬臺上，她們一邊曬棉花一邊用軋花機將棉籽除淨，然後請彈棉花師來彈棉，屆時鄰里或親朋好友的女子們都會主動前來幫忙，將彈鬆的棉花以高粱花稈搓成手指大小的棉條就可紡紗線。紡線是年輕姑娘的拿手好戲，他們三五成群不約而同地在某個家中的耳房及陽臺上或院子裏紡線，以此展示個人優美的身姿和麻利的手腳，笑聲和織布聲此起彼伏。此時也是小夥子們窺視小姑娘「窈窕淑女，君子好逑」的大好時光，小夥子們也不時良機在離姑娘們不遠的陽臺上，不斷地發出夜晚約會的信號，如果他們相互看重了，到時自然有約會，白天姑娘們紡紗的優美動作是他們夜晚綿綿私語的話題。紡紗機是一圓形轉輪安裝在木支架上，轉輪中軸安裝手搖柄，支架的左端固定棉線條，左手不斷將棉條接頭，右手搖手柄，將棉線套在轉輪外圈，然後棉紗理順繞成一絮絮線團，放進大鐵鍋中煮線染米湯漿，再取出紗線搓揉、漂洗、曬乾理順後纏繞在特製木架上，即可上機織布。

哈尼族織布一般在「十月年」過後至春節前這一段冬季農閒時間裏進行，故有「男人犁田不能晚於十月末，女人織布不要遲於正月末」、「婦女閒時針線活要快做，莫等換衣才忙針線活」的諺語，充分道出了哈尼族男耕女織的社會分工及其梯田農耕程序。織布機是以四根直立木樁和六根橫木所構成的直角木框架，直立木的上方兩根橫木、兩根縱木，下方兩根橫木上固定四根木樁，靠後位搭上一縱木板作織者座登，固定在上方橫木的棕繩下垂懸掛拉線穿篦板和腳踏板，前方木樁與篦板之間排經線，梭子排緯線。哈尼族婦女織布必須手腳並用，先將紗線排於織布機軸架上作經線，然後織者兩手橫穿梭子，成緯線，雙腳踩足下踏板，使經線分開後，緯線方可穿過，包括引線、排經、送緯、卷取、緯紗補給等過程。這樣織出來的棉布稱為「小土布」，白色，布匹一般寬〇點二四至〇點三米，長一點八至十米。然後將織好的土布放進染缸裏，以靛青染黑後方可縫製衣服。

種棉、紡紗、織布的過程在哈尼族民歌〈四季生產調〉中作了精彩的描繪：

撒棉籽要找好棉地，
阿哥左手拿著鳥尾樣的彎刀，
右手拿著黃竹扒鉤，
砍翻九塊烏山草做棉地，
燒了烏山草又要挖翻地，
阿哥挖好九塊棉花地，
阿妹種下九筒棉花籽。
撒下棉籽滿一輪，
地下四方長出棉根，
地上棉枝長出四片葉，
哥妹同種棉花長得旺，
枝頭枝腳結出白雲般的花。
收回棉花忙曬棉，
曬好棉花忙紮花，
麻栗樹做的紮花機，
黃竹片做的彈花弓，
金竹箆做的彈花弦，
苦竹箭做棉花棍
彈完棉花忙搓棉，
搓好棉條忙紡線，
繞上黃栗樹的紡織機。
十個婦女理一織機的線，
沒有理不順的棉線，

十個男人同犁田，

沒有犁不完的梯田。

橫坐織機的少女似騎馬，

織布橫穿的梭子在舞蹈，

腳下踏板發出吱呀聲，

織出的土布像白雲帶，

染好的土布像烏鴉翅……[5]

彈棉花

Fluffing Cotton

5　《哈尼族四季生產調》（昆明市：雲南民族出版社，1989年），頁128-132。

繞線

Thread Coiling

織布

Cloth Weaving

（三）板藍根栽培與靛染

　　哈尼族栽培板藍根的歷史悠久，並有一定的規模。從十四世紀中葉明王朝統治雲南起，大量的中原漢人移民充實到雲南各地，同時帶來先進的農具和技術，促進了當地農業生產的發展，因此在哈尼族地

區也出現了「土田多美，稼穡易豐」的繁榮景象，並以善種稻穀、靛草及飼養「花豬」[6]著稱，於是有了「阿泥」「少種禾苗多種靛」的描述，這是清乾隆《開化府志》卷十中劉世長的詩句，強調了哈尼先民既從事梯田農耕的同時又善於栽種板藍根的歷史。這就是哈尼族自古以來男耕女織社會的真實寫照。

從上述哈尼族善黑及其種棉、紡織的傳說來看，哈尼族是善於總結生產技術的民族。無論從民族學或民間文學的視角看，民間口傳的文學作品所描繪的往往是其經歷的生存環境和生活生產活動。大量的研究成果表明，民間文學作品有歷史迂迴的「折光」，具有真實、全面反應人類生活狀況，深刻表現人類思想感情，記載人類歷史，總結勞動經驗等功能。在哈尼族卡別支系中流傳這樣一首織布與染布的民歌：

> 蜘蛛是卡別人學織布的師傅，
> 蜘蛛用細細的腳爬出樹洞，
> 樹枝和葉子是蜘蛛的織架，
> 蜘蛛天天都在紡織，
> 卡別人的先祖阿奶，
> 學著蜘蛛的樣子學會了織布。
> 先祖阿奶從山坡上採來野棉花，
> 把白生生輕輕飄飄的棉花撕開，
> 裝滿了一個個的篾籮。
> 先祖阿奶躲在蜘蛛網下細細觀察，
> 聰明的先祖阿奶，

---

6 「花豬」：也稱「葫蘆豬」，是哈尼族善養的傳統豬種，其個體矮小，耳短身長，成年豬體重也不過三十千克。

在家門前立起了織布架，

學著蜘蛛的樣子，

把手中的棉花搓成線，

織出了細細密密的布。

織出的白布怎麼染，

箐雞告訴先祖阿奶說，

彩虹阿媽的顏色多，

抓住尾巴飛上天，

彩虹阿媽會將最美好的顏色給人間。

先祖阿奶得到了五彩的顏色，

回到山寨遇到了大雨，

五彩的染料化成水，

將箐雞染得很漂亮，

只有黑色藏在腿套裏，

帶回來染布做衣裳，

從此哈尼世代穿黑衣。[7]

　　哈尼族使用的靛染植物是菘藍，俗稱板藍根。菘藍（Isatis tinctoria var. indigotica），十字花科，二年生草本植物，全株帶粉綠色，葉程長橢圓形，全緣或有微鋸此，抱莖，基部有寬圓形垂耳，春夏開花，色粉藍，排成圓錐花序，花梗細長而下垂，果為長橢圓形，扁平，邊緣呈翅狀，頂端鈍圓或截形，葉稱大青葉，根稱板藍根，均可入藥，其藥效清熱、涼血、解毒。

7　轉引自黃雁：《北回歸線上的哈尼人》（昆明市：雲南人民出版社，2009年），頁115-116。

　　哈尼族稱板藍根為「苗」（miaoq），意為染，其葉稱「苗半」，其根稱「苗區」。哀牢山區海拔一二〇〇至二〇〇〇米的林下均適宜栽培板藍根。哈尼族習慣用老根發出的嫩莖割來栽插，家庭婦女都喜歡在村邊林下、菜園地邊、私有林等地栽培板藍根。每年農曆五至六月份栽培，第二年秋季可收割，也是製作靛藍油的最佳時期。每當端陽節雨季來臨之後，哈尼族婦女割來老莖發出的嫩莖栽插，採割時留下十至二十釐米長的老根莖作發芽，割下來的莖葉運回家中又把嫩莖葉剪下作板藍根苗，留下老莖葉制靛油，製作靛油時忌遇家庭成員的生日，因此，她們上山採割板藍根也是選擇日子。在二十世紀八〇年代前，在哈尼族村寨周邊設有許多石灰抿糊的靛塘，但現在留下來的不多了，原因是現代工業染布料的大量進入，人們圖方便都到市場上購買，這樣板藍根的栽培量逐漸減少，靛塘也就減少了。

　　一般來講，哈尼族家庭加工製作一次靛油，需要板藍根莖鮮葉三背（約一〇〇千克），鮮葉以清水浸泡腐爛後配料需要十千克石灰粉，拌成的石灰混合水，鮮葉與石灰粉一般為三比一的比例。婦女們把割回來的板藍根莖葉在塘中放水浸泡，熱天浸泡五至六晝夜，冷天則浸泡八至九晝夜，讓其自然浸泡發酵後，撈出莖葉雜質，池塘裏倒進一定比例的石灰水後用大括梳反覆攪拌靛水一小時，這時會產生許多泡沫，從泡沫的顏色可以看出這塘藍靛品質的優劣，好的則泡沫呈紫藍色，差的則呈灰藍色。水面泛起大量泡沫後停止攪拌，在靛塘裏留置一天左右，使其充分沉澱，再撇去上層的水，塘底留下的靛油水又用木桶打起來倒進支在塘壩上邊的大篾籮裏，籮口隔篩子，以免雜質進入，過一兩天後在籮底撈起沉澱下來的靛油存放於瓦盆中，置於家中遮雨陰涼的地方備用，一年四季不會幹結。成品靛油色紫藍為上品，色綠為中品，色灰為下品。

　　哈尼族的每個家庭都要設置一個染布用的染缸，小小染缸象徵一

個家庭的完美，也是反應婚姻家庭的社會關係。如果染缸裏隨時保持青藍的靛水，說明家庭的美好和有勤勞智慧的婦女在持家。有的地區哈尼族姑娘出嫁時娘家用一包三四千克左右的靛油作陪嫁物，婆家要給新娘準備好染缸，因為公婆的衣服與兒媳的衣服不能同用一個染缸裏染色。染缸裏的水是用草木灰過濾的水，再適量加入芭蕉樹汁液以防退色，然後放一定量的靛油溶解混合，一般來講，一立方米的染缸水需要二斤靛油混合，並加入一兩左右的白酒消毒，再採回一把水冬瓜（檀木）鮮枝綠葉放入缸中浸泡，促進缸水變藍，待塘水變為藍色即可將白布放入塘中浸染，一次可染自組的長約二十七米、寬三十釐米的一捲土布，足夠做二套婦女服飾。白佈在靛塘中白天浸泡，晚撈取晾乾，第二天繼續浸泡後撈取晾乾，這樣反覆浸泡三四天即可染透之後用清水漂洗一下，曬乾即可縫製衣褲。紅河縣的哈尼族喜歡把自織的白土布染成藏青色，元陽、綠春、金平等縣的哈尼族喜歡在靛染的基礎上，再用水冬瓜皮煮出來的汁液染一次後變為黑藍色。染缸除了染白布外，平時要染黑退色的衣服，保持衣服完好一新。靛油除自用外，到市場上可賣六至八元一公斤，瑤族、傣族也需要靛油，但他們不栽種板藍根，只好向哈尼族購買。靛油也可製作工業染料。

　　哈尼族除了以菘蘭作傳統生物彩染外，也用水多瓜（檀木）樹皮等植物作染料，其方法是用大鐵鍋煮透植物染料，然後將布匹和衣服放入鍋中用微火慢慢煮染，並不斷翻滾布料，布料冷卻後用清水漂洗晾乾，彩染即告結束。從總體上看，二十世紀八〇年代初期後，哈尼族地區大量調入化學工業浸染的布料後，板藍根栽培是大幅度下降了。但是，二十一世紀初期中國大地上發生了一場「非典」，板藍根藥材市場價格猛漲。加之以板藍根莖葉提取的綠色染料藍靛油成為國際國內的健康生物染料，用藍靛為原料的植物化工和洗滌化妝品也在國際國內市場上十分走俏。因此，在市場的驅動下，元陽、金平等地

哈尼族聚居縣將板藍根作為一項生物商品加以開發，在海拔一四〇〇米以上的半山區作為一項生物商品的開發內容，二〇〇七年兩縣板藍根種植面積約十萬畝。

　　哈尼族板藍根栽培及加工靛染具有悠久的歷史，技術與工藝獨特，文化內涵深刻。由於該植物在林下生長，與保護森林相得益彰，體現了哈尼族服飾工藝的生態文化。土布染色工藝，色彩均勻，不易褪色，深受哈尼人的喜愛，具有鮮明的民族特色，作為哈尼族重要的非物質文化遺產，應該進行產業化開發，以便發揚光大。

藍靛草：染布植物

Indigo Grass

制靛青油

Making Indigo Oil

石灰與靛青水攪合使其沉澱靛油

Precipitating Indigo Oil by Stirring Lime and Indigo Water

撈取靛油汁

Taking out Indigo Oil from the Mixture

靛青染布

Dyeing Cotton Cloth with Indigo

三　哈尼族服飾類型中蘊含的生態文化

哈尼族生活的哀牢山區，山高穀深，交通閉塞，形成大聚居、小分散的居住格局。由於生存區域氣候的差異性和封閉性，以保暖為功能的衣著也形成適應其不同地理環境的服飾類型，這也是哈尼族服裝款式多姿多彩的主要因素。每一個支系形成一種衣著類型，也就是一定地域的同一支系形成統一的服飾審美，充分體現了自然地理環境對其生存區域服飾類型的影響及其以自然山川為主題的審美意識。同時，就一個地域的一個支系而言，兒童、青少年、成年人、老年人的男女服裝具有不同式樣，普通族人和宗教祭師又有相互區別的特徵，不同的場合分為人生禮服、節日盛裝、日常家居、勞動便裝等。既體現了哈尼族傳統服飾不同社會角色的標識，又反映出不同人群、日常生活需要的文化意蘊。

（一）兒童頭飾與動植物飾物

哈尼族孩子一二歲時，無論男女孩都穿著自織自染的土布縫製的背帶開襠褲，在小褲腰左右兩側釘上一條布帶連成半圓形，穿著時布

帶上端套在脖脛上即可，男女孩褲的區別在於女孩的褲腳處適當作繡飾。哈尼族母親給孩童做的帽子特別漂亮。由於兒童時期尚未形成自我的審美意識，作為母親要根據本民族的童裝的基本款式，按照母親的審美，給自己的孩子加以裝飾，此時也是考察母親是否心靈手巧，反映母親審美情趣的時候了。特別是首次做母親，從少女時代跨入為人妻、為人母的思想變化及母愛情感全部傾注在這一頂帽子上，反映了青春氣息尚未消失的少婦審美意識，展示了少女時代的精美手藝。

　　哈尼族童裝的特點總的來說是簡潔明快，符合兒童的心理。服飾中繡制的圖紋不分男女，而且以自然山川為主，配以動物的羽毛、嘴、牙齒、爪、貝殼以及銀幣、銀泡作裝飾，所以從衣著上看，哈尼族在三歲以前的兒童基本上無性別之分，以護身保暖為本，所體現的審美情趣就像一朵含苞欲放的花蕾。但有的兒童帽頗具民族特色，如小布帽、八仙小花帽、貓頭鷹帽等。在紅河縣甲寅鄉流傳的八仙小花帽做得很精緻，由於甲寅後山上每到春季開滿了馬櫻花，在圓帽的頂部和四周，繡有馬櫻花，象徵幸福生活，帽頂鑲釘寶塔狀銀飾，帽邊沿釘上銀菩薩、玉八仙、小銀鏈等飾物，象徵著吉祥如意，平安長大。整件帽飾作品將刺繡、挑花、鑲嵌等工藝結合在一起，配以銀和玉的珍貴飾品，顯得華麗富貴，在方寸之間寄託了母親對孩子的一片深情和美好生活的祝願。元陽、金平縣糯比、糯美支系中的小布帽以一塊長方形的黑布為底板，其上以絲線繡上反映自然山水的重疊小三角形、正方形、水波紋等，色彩以紅、黃、藍、白、紫為主，然後圍成圓筒狀，帽頂綴飾彩色絨球，帽沿下垂銀玲、銀幣，寄託了母親對孩子的一片深情，祈求神靈保祐孩子吉祥平安。哈尼族綴縷繫鈴童帽，是用黑色的土布縫成帽形，帽檐一圈用紅色絲線繡有貓頭鷹眼的圖案，帽頂綴銀鈴、縷穗以及避邪的小布包。有的以幾塊小黑布拼接成形似貓頭鷹，稱「合補吳叢」，意為貓頭鷹帽，在腦門頭上繡上一

隻小蝴蝶或小蜜蜂或螃蟹，邊沿釘上狗牙、海貝、鷹嘴等作避邪物，據說孩子頭上有這些炯炯有神的眼睛，夜行的鬼魅就不敢來作祟了。

銀玲帽

Cap Decorated with Silver Bells

花布帽

Cap Embroidered with Flowers

貓頭鷹帽

Owl-shaped Cap

（二）男子服飾

　　從整體上看，哈尼族男子服裝款式大體一致，只有老幼差異。由於哈尼族男子是梯田農耕經濟生產活動的頂樑柱，他們承擔著犁田、耙田、挖田、壘田埂等農耕技術以及運輸建房用的木料等重體力活。這些繁重的體力勞動決定了男子的衣著款式必須為寬鬆的長袖衣、大褲襠長褲。這種衣著款式極適宜山區勞動運作。

　　哈尼族成年男子的頭飾，絕大多數以自組自染的黑色土布做成包頭，有的支系也用紫色的皺紗和本族自己織成的白色土布做包頭，有的在包頭上插彩色羽毛進行裝飾，比如西雙版納的阿卡男子。皺紗的白布包頭現在已很少使用。男子的包頭有長有短，長的六米多，短的也是二米左右，一般以四米為宜。有的包頭的一端，以織布留下的紗線搓撚成無數細條，做成一束纓花，打包時將這一端扣住右耳上，使

纓花垂於耳邊，顯得大方。打包頭時只能從左到右的順時針方向纏繞，在額頭上方繞成層層相疊的人字形，給人以莊重之感。

哈尼族男子服飾主要有無領斜襟右衽和短領對襟衣兩種款式，無論男女上裝，在衣服下擺的左右兩側都要開衩，留出「V」形剪口，使後擺整塊部分如同燕尾，若將哈尼族服飾從頭到尾擺放在一起，形同春燕展翅。這種古典模式的「衣尾」，是中原華夏民族中曾經流行的服飾特徵，經歷代王朝在政治、經濟、文化方面的改革創新之後，「衣尾」習俗在漢民族中已消失，相反，被稱之為蠻荒高原的「西南夷」中卻保留了下來。《後漢書・南蠻西南夷列傳》載：「哀牢夷者，……種人皆刻畫其身，象龍文，衣皆著尾。」《華陽國志》也載：「（哀牢夷）衣後著十尾。」這些文化習俗歷經兩千多年之後，依然在「西南夷」之一的哈尼族服飾中保留下來，也反映了哈尼人的懷祖意識。相傳哈尼的祖先住在石洞裏時，最先縫製衣服的人把衣褲連起來，從頭套到腳，好是好看了，只是上山打獵時不方便，無意中下身的連衣褲子被山上的刺棵劃破了，正好從中間分成了兩半，人們將就把衣服和褲子剪斷，下身的褲子就成了兩塊圍腰，上衣成右開襟……這就成了哈尼族衣服的基本款式。

哈尼族男子服裝比較單純，樸素大方，款式大體一致。男子上衣無領斜襟右衽在右胸前和右腋下方釘布條做紐扣，為五十歲以上男子上衣，下穿大襠褲、大褲腳。這種衣服式樣，胸部保暖性較好，為歲數大的男性所喜愛。短領對襟衣俗稱普通衣，釘上若干對稱的布扣子，但其數量必須為單數，左右對稱的兩排布紐扣，一般為九對，衣服兩肋下方開衩，左右兩邊打四個包，上小下大，也要左右對稱。為十至四十歲男子喜愛的上衣。家庭經濟好的年輕男子穿對襟衣，往往喜歡兩排鈕子釘亮閃閃的銀扣子，看上去端莊大方，樸實利索。男子的傳統褲子，褲腰、褲腳較寬大，褲襠較低，兩褲腳間夾角很大，稱

「扭襠褲」，穿時以布條作係腰褲帶或褲腰要打折再係腰帶。褲子一般不分正反面，可交換著穿。這種褲子穿起來寬鬆，通風性能好，穿著舒適，也便於在上山下地的陡坡活動。哈尼男子服飾上緊下寬的特徵，便於上山狩獵活動和下田間勞作。

哈尼族男子還喜歡穿領褂，也稱坎肩，用自織自染的黑色土布縫製，對襟，無袖，勒腰，多為夾層，分有領和無領兩種，均可在領褂周邊用彩色絲線繡飾。有的將前襟釘上兩排對稱銀紐，銀光閃亮，華貴大方，為男子盛服。但大部分男子穿的領褂很少作裝飾，使用布紐，穿著時套在白襯衣上面。這是哈尼族在遷徙途中為了躲避戰亂而摹仿喜鵲羽毛的服飾打扮。

過去哈尼族男子喜歡穿木屐、棕鞋、草鞋。木屐哈尼語叫「賽木」（seiqmoq），關於木屐的來歷是這樣講，古時候有一位名叫仰資的哈尼先祖，帶領一路由北向南遷徙的人馬，來到水土肥美的元江壩子安寨定居，過著五穀豐收、人丁興旺、六畜滿廄的生活。不久被異族人發現富裕的哈尼家園，異族人以聯姻方式進駐了哈尼家園，並不斷遷入異族人，隨著人口的增加，兩族人發生了矛盾，哈尼先祖在逃難時不斷被異族追趕，於是先祖仰資想出了一個辦法，讓大家砍來小樹，給每人做成一對形似高蹺的「賽木」，其腳砍成豬蹄形和鹿子形，天黑之後，先祖仰資讓大家騎著「賽木」逃命，等到第二天異族人趕來時哈尼人無影無蹤，並沒有留下遷徙路線的腳印，異族人一路只見大大小小的豬蹄印和馬鹿蹄印，只好回頭了，哈尼人因此擺脫了敵人的追趕，保住了族人的生命。從此，哈尼人對「賽木」產生了特殊的感情，為了紀念代代相傳，並不斷改進成今天哈尼人喜穿的形似小板凳的木屐。實際上這裏傳遞著人與動物和諧相處的信息。

哈尼族的木屐，一般是用木質較輕巧的木頭製作。基本式樣如同一個小小的木凳子，有前後兩道平行的鞋跟，因而又有板凳鞋的雅

號。其做法是根據自己腳的大小，取兩塊厚六釐米、寬十釐米左右的長形木頭，要腳踩的一面平整，另一面鋸出兩道坎來作鞋路，砍去腳尖和腳後跟中間部分的木頭，形成一個凳子狀。在後鞋跟兩內側和前鞋跟腳拇趾和食趾夾縫位置分別鑽出小孔，繫上棕絲或布條繩即成。哈尼男子野外勞作都赤足，在家喜穿木屐，長途行走穿棕鞋或草鞋。

老年男子服飾

Clothing Worn by the Male Aged

（三）女子服飾與支系標識

哈尼族不同地域支系服飾類型和特點就是體現在女子的著裝上，根據不同海拔地帶的氣候差異和衣著面料厚薄的選擇表現出不同支系居住區域的差異性。哈尼族各支系的女子服裝，從款式到服裝面料、色彩選擇上有很大的差異，不同年齡層次的婦女穿戴也有明顯的區別。一個女子是否成年、結婚、生育等，從她的穿戴上可以一目了然。

　　哈尼族神話《兄妹傳人》[8]這樣講：相傳在遙遠的年代，茫茫大地上，沒有山，沒有河，到處是綠色的森林和青青的草地，草地上有著一個又一個的龍潭。那時，天是白的，太陽和星星是黃的，天上五彩斑斕的雲彩，天地間的人們不分你我民族，日子過得和睦而幸福。有一天，人們在龍潭裏捕到了一條大鯉魚，人們將其美餐，喜得發狂，唱呀、跳呀，狂歡了一夜。第二天，下起了狂風暴雨，掀起一層又一層的惡浪，洪水淹沒了大地，人們命運難逃，只剩下一對兄妹倆躲進葫蘆裏辛免遇難。最後為了繁殖人類，兄妹倆經天神莫咪的恩賜，終成眷屬，妹妹懷孕後生下了一個葫蘆，又經天神的指點，天天給葫蘆澆水，沐浴陽光，葫蘆一天天長大後，從裏面跳出了一對又一對男女，孩子們經陽光沐浴後一天天長大，總得有個名字叫，於是給第一對孩子取名為「昂特」（hhavqteiq：意為野豬），第二對取名「哈某」（haqmeel：意為老熊），第三對取名「哈郎」（haqlaq：意為老虎），第四對取名「哈日」（haqssiiq：意為豹子）。根據孩子們的習性，「昂特」定為卡多人的祖先，他們見了美麗的天空和綠色的森林，喜歡得滿山跑，遍山的樹葉貼在他們身上，五彩斑斕的野花黏在他們的頭上。從此，卡多婦女的衣服用各種顏色的布料拼成的圖案，頭上還要綴飾各種顏色彩帶子。

　　「哈某」定為布都（豪尼）人的祖先，他們見了美麗的天空和綠色的森林，喜歡得滿山鑽，山上的青藤繞上了他們的頭，箐溝裏的野芭蕉樹皮包住了他們小腿。從此，布都婦女的小腿上要打上綁腿布，頭上要戴布包頭帕。

　　「哈郎」定為碧約人的祖先，他們見了美麗的天空和綠色的森林，也高興得滿山跑，身上裹滿了芭蕉葉，頭上披著「猴子背巾葉」。從此，碧約婦女穿上白色的土布披衣，頭巾一直垂到後腿部。

8　《哈尼族神話傳說集成》（北京市：中國民間文藝出版社，1990年），頁60-64。

「哈日」定為西摩洛人的祖先，他們見了美麗的天空和綠色的森林，喜歡得滿山跑，頭上纏上了山芋葉，胸前黏滿了銅錢葉子。從此，西麼洛婦女頭上要戴三角帽，胸前掛滿銀錢幣。

這是哈尼族部分支系來歷的神話傳說，也是生於大山之中自然之子的哈尼族對生命旅程的一種詮釋和理解，即生命源於自然，回歸自然，並從自然中獲得高雅的藝術之美。充分反映了多姿多彩的服飾審美源於自然生態的文化主題。

碧約服飾：哈尼族碧約人居於墨江縣聯珠、龍壩、雅邑、壩溜、那哈、通關等鄉鎮以及綠春縣牛孔、半坡和江城縣嘉禾、國慶等地區。居於綠春縣哈尼族碧約婦女上衣青色無領斜襟右衽長袖衣，兩側腰部開叉，右上胸釘一對布紐扣，右腋下釘一對布紐扣，衣襟後擺覆蓋臀部，前擺只及腹中部，外露內衣，斜襟邊沿以花邊裝飾。下著黑色筒裙，長及腳腕。頭戴以梅花銀泡釘滿三角形的小布帽，帽頂係一條彩穗帶，與獨辮紮在一起垂於後背。居於墨江縣哈尼族碧約女子靛青色布包頭，長髮挽於頭頂，以木梳卡住，用一塊青色布從額頭高挽的髮髻朝後傾斜，挽成板瓦狀，並拖垂到下腰，包頭下垂一端的棉線穗帶垂於背部；耳垂穿戴苤菜花銀飾。外穿白色土布右開襟短袖長尾衣，襟口以彩線繡有山川河流、花鳥蟲魚的蜜蜂、蝴蝶圖紋，並鑲綴鯽魚、野果等銀飾，後擺尾部和袖口邊緣紅、白相間的花紋；內穿靛青色右開襟長袖衣，以銀幣為紐扣。左腰垂掛向日葵花形刺繡飄帶，末端用彩色絨線裝飾。腰前係一塊色彩鮮豔的刺繡圍腰，一直拖墜到小腿。下穿黑色百褶長裙，長及前腿部。居於江城縣哈尼族碧約女子服飾未婚婦女編髮辮，戴六角鑲銀泡布帽，頂部嵌一顆大銀泡，並以紅綠絲線點綴大銀泡的邊緣。已婚婦女梳髮髻，戴木梳，髮辮挽向前額成瓦楞形，包頭從前領覆蓋髮髻，垂至腰際；穿藏青色右開襟連衣長筒裙，長及膝下，膝下包白布腿套。

綠春縣碧約女子服飾
Clothing Worn by Biyue Women
in Luchun County

墨江縣碧約女子服飾
Clothing Worn by Biyue Women in
Mojiang County

　　卡多服飾：哈尼族卡多人居於墨江縣聯珠、龍壩、雅邑、壩溜、那哈、通關、把邊等鄉鎮以及綠春縣大黑山鄉、江城縣寶藏鄉、新平縣建興鄉等地哈尼族卡多婦女以自組自染的靛青色或藍色布纏頭成圓盤式鑲邊包頭，在額頭交叉繞成「8」字形，帽頂向額頭兩邊分配紅、黃、藍、綠、紫、白色的彩穗帶至雙耳邊沿，耳垂戴銀環飾，上衣內穿長袖襯衣，外衣為黑色或藍色布的斜襟右衽衣長袖，衽襟處從右上胸到右下角腰間，釘呈S狀的兩排銀泡，胸前偏下居中鑲嵌放射狀八角花一朵，左腰間垂掛兩條或四條刺繡飄帶，多為三角形、菱形、X形等花草圖紋，衣服長及腿部，右上胸釘一對布紐扣，右腋下釘一對布紐扣。腰前披掛的圍腰，多繡有星星、花草、穗子等花紋，後腰又掛兩條繡有三角形、菱形、花草圖案的飄帶，均為卡多婦女最

精美的藝術品。下著黑色筒裙，長及腳後跟，較為簡潔。係腰帶兩端
繡圖案垂於後面一塊圍腰上。居於新平縣哈尼族卡多女子服飾戴青色
圓盤式包頭，前高后低，青年姑娘喜歡鑲有銀泡絨花的布條和紅色絲
線沿額上端交叉相繞；穿靛藍色右衽上衣，胸襟以白紗布鑲邊，呈
「廠」字形，黑白相間處嵌有一排銀泡或芝麻鈴，兩袖中部環鑲白底
的繡有各種圖案的數塊布條；圍腰由幾塊布拼制而成，繡有動植物圖
案；腰帶由各種彩線織成，並係一串繡滿各色花樣的數十塊布片；下
著黑筒裙，長及腳後跟，花裙帶沿臀部自然下垂。

　　西摩洛服飾：哈尼族西摩洛人居於墨江縣聯珠、龍壩、雅邑、泗
南、龍潭、文武等鄉鎮，綠春縣大黑山鄉和江城縣曲水鄉、嘉禾鄉等
地哈尼族西摩洛婦女頭戴黑布包頭，包頭向前額凸出，少女戴銀泡
帽，帽頂紅布呈四角狀，脖子配戴月牙形銀項圈。上衣自組自染土布
面料的黑色短領斜

墨江縣卡多女子服飾

Clothing Worn by Kaduo Women in Mojiang County

　　襟右衽長袖衣，長及膝部，衣裙連為一體，筒裙也長及膝部。領口釘二十二枚雙排銀泡，六枚三對銀紐扣，相應配對六朵鮮紅的攀枝花。胸首碼滿上百枚小銀泡，衣腳四周繡棠棣花、萬字花、八角花、大樹葉等。腰帶繡滿月亮花、狗牙花，與筒裙配帶。白布綁腿。

　　居於墨江縣西摩洛婦女頭戴銀泡鑲嵌黑布圓口帽，帽頂紅布帕向頂端收攏成角，帽前額部分鑲嵌縱五顆橫五行的銀泡，色彩活潑而華貴之美。脖脛上常戴一條銀項圈，兩耳豆粒大小的銀墜飾。上著黑色右衽斜襟服，長及膝部，沒有紐扣，很少刺繡，但在黑布底料的胸前右側和右肩至右衣腳，鑲嵌四列幾何銀泡，平整美觀，胸前銀泡橫豎有序，呈長方形。腰間緊束條寬頻刺繡，圖案為河道、星狀、八角花、菱形。衣角右下側繡有一塊三角形、四邊形、八角花，並用三顆一組的銀泡鑲嵌在圖形之間，顯得銀光閃耀。右側腰間垂掛兩條刺繡飄帶，末端墜以紅、白、藍絲線做成花束簇飾。下身穿齊膝短裙，有腳套護腿。

綠春縣西摩洛女子服飾

Clothing Worn by Ximoluo Women in Luchun County

豪尼服飾：哈尼族豪尼人居於墨江縣的哈尼族豪尼婦女包頭，以青、綠、藍三色搭配而成，並鑲綴銀泡和銀制芝麻玲，繡飾在額頭前的精美圖案愈加表現出豪尼婦女的美麗和嫻熟。上衣著靛青色右衽長衣，以銀幣為紐，多為寬鬆，腰間緊束彩帶，少女多為白色刺繡腰帶，表現出少女的青春和純潔，已婚婦女多為青色和藍色刺繡腰帶。下著齊膝的半短褲，小腿緊束靛青色和藍色的腳套，如同長征時期的女紅軍，走起路來英姿瀟灑。豪尼婦女腰腹間的彩帶裏常係著一塊長方形刺繡圍腰，遮住下半身及膝蓋。在上衣靠右衽銀幣紐扣上，常掛一串由魚、羊奶果、針線筒、挖耳、尖針等銀飾。

墨江縣豪尼女子服飾

Clothing Worn by Haoni Women in Mojiang County

（四）阿卡服飾——跨越國界的完美藝術

哈尼族支系阿卡人目前聚居在瀾滄江—湄公河流域，包括中國西雙版納傣族自治州、普洱市的瀾滄縣和孟連縣以及國外的緬甸、泰國和老撾的絕大多數哈尼族均為阿卡支系，總人口約六十八萬。這是王建華先生在二〇〇八年十一月在中國綠春縣召開的第六屆國際哈尼／

阿卡文化學術討論會上所提供的〈從譜系看哈尼族和阿卡人的形成〉一文中提及的資料，他認為，根據二〇〇〇年中國第五次人口普查，西雙版納州的哈尼族人口為一八六〇六七人，瀾滄縣的哈尼族人口為四五八〇二，加上散居在孟連縣等地的阿卡人在中國境內的人口約為二十四萬人。二〇〇二年王建華先生在老撾北部考察時，根據豐沙裏和南塔省政府官員給他提供的資料是：豐沙裏省的阿卡三六〇〇〇人，南塔省的阿卡二八〇〇〇人，烏隆賽省和波跤省的阿卡六〇〇〇人，加起來老撾境內的阿卡人大約就是七萬。又根據緬甸景棟阿卡文化專家阿策・偉朗古先生的估計，目前居住在緬甸撣邦東部的阿卡人口可能達到三十萬。泰國阿卡人口權威人士秋丁瑪・莫連古女士估計，泰國的阿卡人八萬。故生活在東南亞各國的阿卡人口四十五萬餘人。[9]

　　這些自稱阿卡人的內部根據家譜制也有繁雜的分支稱謂，但是，根據婦女的服飾類型，阿卡內部的互稱主要有尖頭阿卡和平頭阿卡兩大支。但無論以家譜宗支或婦女服飾分支，從國內到國外各支系間的語言、生活習俗的差異性都很小，而且居住區域相對集中，從整體看其服飾大體屬於長衣短裙型。在西雙版納哈尼族阿卡人中有這樣一個美麗的傳說，很久以前，雅尼（阿卡）和傣族本是親兄弟，傣族是哥哥，雅尼是弟弟。後來兄弟倆長大分家時，嫂嫂和弟媳一起分配共同織出來的布匹，在分衣裳布時，嫂嫂一再謙讓，把長的一匹布分給了弟媳；又來分裙子布匹時，弟媳就一再謙讓，把長的一匹分給了嫂嫂，短的留給了自己。從此，雅尼婦女做出來的衣裳是上衣寬大，下著短裙，而傣族婦女的衣服上衣總是緊身，下著長長的筒裙。

9　王建華、黃榮生：〈從譜系看哈尼族和阿卡人的形成〉，載白克仰、黃紹文主編：《第六屆國際哈尼／阿卡文化學術討論會論文集》（昆明市：雲南人民出版社，2010年），頁11。

　　傳說反映了阿卡人婦女服飾的特徵，西雙版州景洪、猛海、猛臘、瀾滄以及到國外的阿卡人一般居住在海拔一三〇〇米以下亞熱帶地區，她們以自織自染的黑色和青色土布作面料，上身多以無領對襟鑲銀泡、彩色布拼鑲貼飾和彩線挑繡的胸衣兩部分組成。上衣無扣，穿著時兩襟敞開，與繡飾的胸衣配套著穿。對襟上衣袖子以紅、藍、黑、白、綠等色布拼鑲為大小不等、長短不一的環條花紋裝飾衣袖。衣服後擺長及臀部，至左右兩端及背部下端正中處，留有「V」形剪口，使後擺整體形如燕尾。下身穿自織靛染黑色土布的百褶裙，長及膝部，腿部裏以黑土布為底，用紅、白、黃、綠、藍等彩色布拼接，上下兩端邊沿著意挑花及銀泡似的圖紋綁腿。頭戴藏青色銀飾圓帽，帽上綴有用絲線或彩色雞毛編結成的穗子，帽子四周鑲有許多珠串，帽繩從身後拉至下額拴在脖前，帽繩打結的地方弔著一串長長的彩纓或各色珠子穿成的花串子。整體的服飾集挑花、刺繡、貼花、鑲嵌、拼縫、滾邊等工藝形式為一體，以吸熱性強、保暖效果好的黑色自織面料，同時輔以藏青色、灰色、藍色和白色，並用紫、黃、綠、紅、白色等進行點綴裝飾加工。主要裝飾原料有各種花邊、彩色布條、五彩絲線、銀飾品、鋁製品、錢幣、飛禽羽毛、昆蟲、料珠、陸穀米、挑花刺繡品等裝飾鑲嵌，形成色彩斑斕，生動有趣的服飾文化，成為跨越國界的完美藝術。

　　從分支裝束來看，尖頭阿卡幼女的頭飾，在圓頂小帽上不繡任何圖案，裝飾品也不直接繡制在帽上，而是以精心繡制布條和彩染色彩的泡竹片上，按照帽子大小編製成彩色竹片圈，在竹圈上點綴銀幣、銀泡、海貝、塑膠彩珠串，套在小布帽上裝飾，再用羽毛點綴，把少女裝扮成鮮豔奪目，如同林中覓食的雉雞。當姑娘到十七歲的妙齡，從幼女頭飾改為少女頭飾，姑娘會主動邀約同村同齡的夥伴，自由舉行「改帽」儀式，以便進入青年男女社交的行列，可選擇自己心愛的

小夥子。姑娘到了十八歲，在「嘎湯帕」節（十月年）前準備好正式改平頭為尖頭帽所需的頭飾品，在「嘎湯帕」節日前的一天晚上，同村同齡的姑娘們相互邀約，選擇一戶房屋寬敞的人家，在姑娘家人和嬸嫂婦女們的主持下，舉行隆重的改帽「加冕」儀式，把幼童少兒時代的平頂帽摘下來，給妙齡青春的姑娘莊嚴地戴上精心準備好的尖頂帽，接著姑娘還要戴上精心繡制的胸罩。儀式結束後，親朋好友前來慶賀，祝賀姑娘已成人，這也是姑娘婚禮的前奏。

尖頭阿卡婦女的頭飾，主要以高約十二釐米的泡竹片材料做裝飾品框架，再用篾片製作成橢圓圈裝飾筒套作小帽內側，把橢圓圈的一端成弧形的露於裝飾筒外二三釐米，呈尖頭帽，在尖頭帽上用銀幣、銀泡串、海貝、塑膠彩珠串以鑲嵌、點綴法裝飾。由於尖頭阿卡頭飾繁雜，打扮費時，所以，現在只作節日慶典、婚喪嫁娶等重大活動時穿戴，平時很少裝扮。

平頭阿卡婦女的包頭用自織自染的黑布疊繞而成，形狀呈平頂圓錐，包頭上用一條或二條寬約三釐米繡制精美圖案，並排列和鑲嵌銀泡、銀幣、塑珠串等裝飾成彩帶條交叉繫於包頭上，既可防止疊制包頭的散落，又是包頭的裝飾，其上再點綴羽毛、銀鏈等，顯得富貴而華麗。

西雙版納一帶的哈尼族支系阿卡人在寨門上還以雕刻、繪畫形式裝飾各種圖案，瀾滄境內有一部分阿卡人，在老人過世時，在棺木上邊哭邊唱邊用木炭塗寫很多看不懂的符號。在瀾滄、孟連一帶的阿卡人，還喜歡在竹筷上和上山勞動、打獵時用於裝鹽巴、辣椒麵的竹筒上也刻畫一些圖案裝飾。但是，哈尼族阿卡人在使用圖案類型最多、繡製圖案最漂亮、最有象徵文化涵義的還是婦女們的服飾圖案。這些圖案，不僅美觀，而且更重要的是具有傳承和記錄民族歷史文化的功能。

　　趙余聰先生認為，哈尼族阿卡支系婦女服飾中主要圖案有二十六種，[10] 涉及山川河流、動物名稱、草木花卉、祖先遷徙等方面的內容。

　　這些婦女傳統服飾刺繡圖案中，「芽葉」、「阿克胸加」、「阿克賽普」、「阿喀邁訥」、「奪沃」、「卡飄戈達沃懂」、「卡帕戈」、「阿耶桌」圖案是在婦女上衣、胸罩、護腿、挎包及其它裝飾品上不可缺少的基本圖案。具備這些基本圖案以後，才可以根據個人審美需要刺繡各種圖案。但是在繡制各種服飾圖案時，不能只僅僅考慮圖案的美麗和色彩的搭配，如果僅僅考慮圖案的漂亮的話，可能會繡成「盲繡圖」，這種圖案就不能要了。

西雙版納阿卡女子頭飾

Headwear Worn by Akha Women in Xishuangbanna

　　阿卡人婦女衣著由頭飾、衣飾、短裙、胸飾、腰飾飄帶、腳飾組成完整的服飾藝術，無論哪一部分妝飾，都有繡飾圖案，都是阿卡婦

10 趙余聰主編：《瀾滄哈尼族》（昆明市：雲南民族出版社，2009年），頁190-192。

女精心創制的傑作，每一部分的裝飾，都展現著精湛的手工藝，精美的圖案和鮮豔的色彩，從頭到腳的每一部分，都體現了其深層的文化內涵。一套完整的傳統服裝，根據製作的精細和裝飾品的數量品質確定其價值，每套完整的服裝成本是數千元乃至數萬元。

西雙版納阿卡女子服飾

Clothing Worn by Akha Women in Xishuangbanna

四　源於自然審美的服飾圖案與象徵文化

（一）女子頭飾與人生角色的標識

頭飾是人身最顯眼的部位，是哈尼族婦女服飾中一道亮麗的風景線，也是女子在不同年齡段中人生角色的標識。頭飾，包含髮型、帽子、耳墜、項圈。髮型在不同年齡段也有不同的髮式，五歲以前無論

男女孩，都理成滑頭，男孩的額頭上方留一小叢髮，女孩的頭頂留一小叢髮，意為靈魂藏身的地方。五歲以後女孩的髮型就不刮滑頭了，開始留長髮，到少女時一般梳獨辮子垂於腦後背，元陽、金平的糯比、糯美支系的姑娘在長頭髮中辮入黑棉線成一條粗大的假辮子，盤旋在帽沿上，結婚生兒育女之後，變成兩條粗大的假辮子，盤旋在頭頂，其上蓋帽。許多地方的哈尼姑娘，青春年少之時，額前的劉海和鬢髮有特別的修飾，剪得整齊，梳得平滑，一旦結婚成家，生兒育女之後，便把髮辮盤於頭上，用包頭或頭帕蓋住。哈尼族婦女無論大小都戴帽，分不同年齡款式的帽，兒童戴小布帽，青少年戴通頂布帽或銀泡帽，中老年戴頭帕，不同支系的布帽和銀泡帽又不相同。哈尼族姑娘的布帽各支系各有特點，如阿卡（雅尼）人，女孩三歲前由於生理體弱，抗病力小，父母擔心各種鬼魂作祟，在幼兒的帽頂上加兩簇紅色羽毛，除了美觀以外，能起到避邪的作用。傳說天界為紅色，人界為黑色，紅色會通天，受天神護祐。到了十二三歲，女孩萌發了愛美之心，她們在帽沿邊上加釘一圈銀幣，在額頭的帽沿加嵌鏡面，閃光耀眼，引人注目。又如碧約姑娘的帽子，是用青布做成的六角帽，順著帽檐，用大銀泡釘成多塊三角形，中間相隔一定距離，形成上下交錯的形狀，正對額頭上釘一枚大銀幣，顯得樸素大方。卡多姑娘用黑紅毛線與頭髮摻合，編成辮子纏於頭頂，四周垂下數十條毛線形成流蘇，輕快活潑。結婚之後改戴圓盤帽，由數十米長的黑布以頭為圓心纏繞，層層疊疊繞成一個大圓盤，大的直徑約六十釐米，重達二千克，戴上後很難左顧右盼，只好低眉順眼地行走，以此顯示成熟女性穩重的姿態。葉車姑娘戴白布帽，用一塊長六十釐米、寬三十釐米左右的漂白布，將寬面對折後，把其中的一頭縫合，形成一個尖頂撮箕狀的長形帽，末端用彩線鎖邊，戴在頭上飄逸潔白。銀泡帽，俗稱公雞帽，是居住在紅河縣的哈尼姑娘喜愛的帽子，戴在少女頭上其形狀

如站立的公雞，因而有公雞帽美稱。帽子上邊有規律地釘滿細小的梅花銀泡，兩頭的接縫處釘上梅花大銀泡。姑娘們喜歡用一條彩色毛巾包蓋頭髮，在髮辮下面打個結，將銀泡帽戴在上邊，顯得婷婷玉立，充滿青春活力。

哈尼族婦女一旦結婚生育之後，就要改變頭飾。戴銀泡帽的要改戴成方帕，哈尼語稱「吳叢」。頭帕有多種形式，戴的方法不同，形狀也不同，有的稍加裝飾，有的沒有任何裝飾。一般頭帕用一塊六十釐米見方的黑布做成。使用的方法有多種多樣，大部分是把頭帕兩角對折後，形成大三角形，將三角形底邊正對額頭，兩邊的角向後腦方向折攏來，並互相扣穩，形成一個三角形，戴在頭腦後有一個尖尖的角。也有的折成板瓦狀，覆蓋於頭頂上。

哈尼族婦女到了中老年就打包頭和包巾布，用自製的黑土布，折成八九釐米寬、三米左右長的布條帶，或縫成一米左右的正方形夾層方巾，把兩頭對角折起來，一頭對角用金線鑲上正方形的方格，另一頭用紅色絲線或毛線製成纓子做花邊，從對折線起折成十釐左右寬的條帶。然後根據各自頭的大小，整齊地纏繞成圓形，將髮辮拖到頭頂盤好，把包頭或包巾戴在頭上。戴包巾時，一半纓子塞進包縫中，一半纓子垂到耳根。

哈尼族婦女的衣著，無論何種類型，其樣式、色彩、質料、花紋等都隨著年齡的增長產生不同的審美要求。哈尼族女子的一生，至少有三次較大的服飾變更，也是其人生角色轉換的重要標識。

兒童時期，尚未形成自我的審美心理，根據父母的願望，在其童裝的基本款式上加以打扮。一般來看，哈尼族童裝的特點是簡潔明快，符合兒童心理。鮮豔的繡飾花紋主要體現在頭飾上，佩飾較少，主要以動物的羽毛、狗牙、鷹嘴或銀幣作裝飾，給人的審美趣味就像一朵含苞待放的花蕾。

　　青春期的少女已具有自己獨立的審美意識和審美情趣。從生理和心理均處於愛美之心最強烈階段，這種愛美的欲望也就是體現在人身的衣著飾物的配戴上。哈尼族女子的髮型和頭飾，有許多隱秘的文化內涵，知情人從服飾穿戴中就能辨認她是少女、未婚、已婚、已婚未生育、已婚生育等人生重要階段。因此，髮型和頭飾成為一個女子不同人生階段的重要標識。少年時期頭髮較短，有些部位的頭髮不能留長。進入青春期後留長髮，獨辮垂於腦後，總體特徵是，青年女子的頭飾最鮮豔，飾物最多，以銀飾為主，主要的銀質佩飾及造形圖案有小圓泡、大圓泡、梅花牌、螺獅、魚、青蛙、螃蟹、菱形扣、方形牌、銀鈴、銀鏈梳子、銀手鐲、星星、月亮、銀鏈腰帶、芝麻鈴等。哈尼族的父母會盡其所有，盡可能讓其子女穿戴，各種銀飾在適當的部位，使得姑娘華麗富貴、光彩奪目，充滿少女的青春氣息。青年時期的女裝還突出地表現在面料的選擇上，除了基調的黑、青色布料外，還以灰、藍、紅、紫、黃等色彩裝點，並且根據自己的愛好，自己動手製作，充分展示自己的手藝和審美情趣。

　　哈尼族婦女的服裝和頭飾複雜多樣，也是最具文化特色。與男子服飾相比，既有地區和支系的差別，又有不同年齡階段的變異，顯得更加豐富多彩。一個女子的一生，是布滿人生禮儀的一身，從頭到腳都展現出人生的倫理和社會道德。一般來說未成年時是一種裝束，成年到結婚未生育時又是一種裝束。這段時期為哈尼族女子愛美之心最強烈、穿戴最盛的時期。生育之後，一般都要改變裝束，穿戴和飾物逐步素雅起來，原有的色彩豔麗的服裝穿舊之後，不再重新製作了，標誌著一個女子青春時代的終結。

　　哈尼族女子結婚生育後，為人妻、為人母，這是哈尼族女子人生角色的重大轉變。從生理和心理的重大變化使其對衣著的審美要求也要發生重大變化。有的支系一旦婚後生育，要把髮辮藏於頭帕下不外

露；有的支系有較大區別，姑娘時戴通頂半橢圓帽或銀泡公雞帽，婚後生育改戴頭帕和包頭巾；有的以改戴帽子作為成人禮之束；有的支系女子婚後生育後在後腰部加束一塊「批秋」遮住臀部，一來表示已婚生育，二來以示對長者的尊重。這種心理變化的社會倫理因素主要有二：一是來自社會生活習慣勢力；二是自身心理的變更。哈尼族女子婚後，其髮飾、頭飾和服飾就必須按已婚婦女的傳統約束來打扮。一般來說，生育之前，仍可保留一段姑娘時代的衣著特徵。但一旦懷孕，其裝束打扮成少婦的衣著，生育之後就成為「某某的阿媽」，在社會上人們再也不直呼其名，也是受人尊重的表現。進入中年階段，姑娘時期的許多首飾不宜再戴，而較為豔麗的服裝，也不再重新製作，改穿以藍黑色為主的樸素服裝，給人以莊重、樸素、實惠之感。

（二）服飾審美的自然元素

　　按哈尼族的自然宗教觀，人從呱呱墜地的那一刻起，就得了神靈的呵護，人的一生就是在自然神靈的庇祐下快樂成長。在哈尼族眼中，自然界的日月星晨、山川河流、草木花卉都充滿了神秘的智慧。把它們的身影戴在人身不離的服裝上，這不僅僅是些裝扮漂亮的元素，而是天神賜予人類的福星，是祖祖輩輩戴在身上驅邪除魔的護身符！因此，服飾上的每一幅精美圖案，都再現著哈尼人對自己美好生活的描繪，凝聚著對自己民族歷史文化的理解。雖然哈尼族歷史上未形成與自己語言相對應的傳統文字，但是，那一幅幅鮮活的刺繡圖揭示的就是最基本的文化象徵，他們是用這些極具意義的符號來表達對自然物的崇拜。

　　色彩是宇宙自然界的化妝品，春之淡綠，夏之濃翠，秋之流金，冬之素裹，這是自然界四季分色的演變。但是，那些自然分色之外的色彩，熾熱紅色的朝霞，純潔無暇的白雲，富麗金黃的秋色，高遠深

邃的藍色，青翠欲滴的綠色，都能喚起人們的感情，讓人浮想聯翩，
感受大自然瑰麗與多彩。然而，在這些七彩斑斕的世界裏，哈尼族認
為惟有黑色才能表達和彰顯神秘、高貴、聖潔的美感和個性。黑色的
服飾能搭配出變化多端的豔麗色彩，能夠襯托銀光閃閃的日月星晨，
因此，偏愛哈尼的天神就把夜幕扯下給人作衣裝的同時，也把宇宙間
最有感情色彩的太陽、月亮、星星、彩虹的星球影子帶下來給人作裝
扮。也正是這些日月星球的身影，震懾了鬼怪對哈尼人的作祟，保護
了人間的安寧。因此，今天的哈尼人做衣服繡飾，佩戴飾物都要將這
些元素表達出來，戴在胸前的銀幣象徵日月，黑色底板上點點滴滴的
銀泡象徵夜空中的閃閃耀眼的繁星，服飾邊沿的五彩繡飾象徵天邊的
彩虹！

這是被稱為自然之子的哈尼人對其黑色生命力的詮釋。黑色的夜
空是博大而精深的，直到今天，哈尼族的理念中天和地是最大，天為
上界，地為下界，天地之間，日月之行，斗換星移，如出其中；星瀚
燦爛，雲變萬千，如出其裏，黑色成為萬能的包容的色彩。哈尼族的
服飾以夜幕剪裁而成，它比任何一種顏色都能更好地包容斑斕躁動的
色彩世界，使人的外在變得沉靜穩重。這是作為山之驕子的古老民族
的性格寫照。

哈尼族尚黑還取決於其生存的自然地理和梯田農耕的社會經濟。
梯田是哈尼族的命根子，水是梯田農耕經濟的血脈，沒有森林就沒有
水源。在哈尼族看來，人 —— 樹 —— 水是一個輪迴迴圈的生命系統。
哈尼族的神話傳說《砍大樹王》、《遮天大樹王》、《都瑪簡收》等講的
都是這樣一個主題：人喝了泉水後變成了一棵大樹王。實際上大樹王
就是森林的象徵，有了森林就有了生命泉水，也就保障了梯田的血
脈。從現實的物質生產來看，森林能直接提供梯田命脈的水源外，也
給哈尼人提供了豐富的採集和狩獵資源，使其成為哈尼人物質生產生
活的極大依賴性，因而與大山森林融為一體的黑色成為民族生命色。

綠春縣臘咪女子腰帶繡圖：太陽與星星

the Sun-and-the-Stars Embroidered on the Waistband Worn by Lami
Women in Luchun County

綠春縣臘咪女子袖子的花草蝴蝶圖

Flowers-and-Butterflies Embroidered on the Sleeves Worn by Lami
Women in Luchun County

(三) 祈福求吉的日月圖案

哈尼族對於茫茫宇宙天體的構成和運行現象充滿著神秘感，他們認為天有九層，地有九層，每層都有不同的神靈主宰著自然界的生命；地上有多少人，天上就有多少顆星星，地上的人死去一個，天上的星星就要隕落一顆。因此，每當在繁星閃爍的夜晚出現劃破夜空的隕石，人們就吐沫，忌諱隕石下落。哈尼族對神秘莫測的宇宙星空的樸素認識體現在一些神話傳說中。如《查牛補天地》這樣講：

> 古時候，天神造出了天和地，造出了太陽和月亮。可是，太陽亮光灰灰濛濛的照不出十米遠，月亮的光也是霧霧濛濛的照不出四米遠。太陽神約羅使勁發熱也曬不熟莊稼，月亮神約白掙白了臉也照不明黑夜的小路。天造成歪歪倒倒，地造成搖搖晃晃。於是，天神煙沙招來七十七個工匠和十二位官人來補日月天地。用金料補太陽，用銀料補月亮，用銅料鑄天梁，用鐵料造地柱，但都沒有補好。於是最大的天神梅煙說，補天地日月用查牛（土壤牛，即土牛）。哪裏去找土牛？天神梅煙說，龍宮裏養著一條土牛，它原來是條白牛，但由於沒人管，吃飽喝足後天天在爛泥塘裏打滾就變成了黑黃黑黃的土牛。天神奧瑪派其姑娘奧白和奧嬌殺翻了土牛，用土牛鮮紅的血抹上天空，抹出滿天的彩霞，天空穿上了彩衣彩褲；土牛噴出的三股熱氣做天地間的霧露，從此，天熱，地也熱；土牛的三滴眼淚做七月的雨水，天地就不乾旱了；土牛的右眼做成了暖熱的太陽，左眼做成明亮的月亮，從此日月照光輝，萬物茁壯成長，夜晚有了月亮照路，鬼怪不敢來作祟。土牛左邊的門牙做啟明星，右邊的門牙做北斗星，七十七顆做滿天的星斗；土牛的大腸做

銀河係，小腸做江河，直腸做大路，岔腸做小路；脊骨做天地梁，肋骨做撐天地的椽子，尾巴做掃帚星……[11]

　　上述的神話傳說表明，在哈尼族的眼裏，日月星晨是天神賜予的福祉，是幸福、吉祥的象徵。因此，在哈尼族的服飾中，它們成為最基本的裝飾圖案，無論哪一個支系的何種款式衣裝，都有它們身影。紅河縣哈尼族少女的雞冠帽，就是用銀泡裝飾的效果，先用硬布剪成雞冠帽形狀，再用一二〇〇多顆小銀泡鑲釘而成，戴在頭上與黑色樸素的服飾相配，銀光閃閃，十分耀眼。墨江碧約姑娘的小帽，先用黑色土布縫成有六個角的帽子，帽檐四周用小銀泡裝飾，帽頂中間是一顆大銀泡，大銀泡中垂下一束紅纓穗，十分醒目。西雙版納阿卡婦女的胸衣上有兩塊銀牌，一塊代表日，一塊代表月，象徵婦女的雙乳，飾胸功能具體而明確。哈尼族各和、昂倮支系婦女頭飾的帽箍，帽檐處大都用銀泡鑲釘成三角形圖案，外包巾的各角也用銀泡裝飾。綠春縣城的哈尼族婦女坎肩是雙層黑土布，整個坎肩無任何裝飾，只在領口上釘一菱形大銀扣，顯得樸素大方。元陽縣昂倮支系少女形似龜甲的銀泡衣，整件衣服用銀泡嵌釘成滿天星，胸前釘一枚代表太陽的大銀幣。綠春、墨江等地白宏支系婦女，胸前部位鑲釘六排銀泡，正中一枚是代表太陽的梅花形大銀牌。哈尼人把日月戴在身上外，把它們創作成各種民歌，其中家喻戶曉的就是〈巴拉拉度鬥〉（月亮歌）。

11　雲南省民間文學集成辦公室編：《哈尼族神話傳說集成》（北京市：中國民間文藝出版社，1990年），頁16-24。

綠春縣果作女子袖子象徵自然七彩圖
Colorful Sleeves Symbolizing the Nature Worn by Guozuo Women in
Luchun County

（四）幾何美的山水圖案

　　抬頭見著山，低頭還是見著山，山川河流是哈尼族美麗的家園。對於哈尼族的內心世界來說，山和水都是無比的重要。有的哈尼族支系直接以山取名，綠春縣哈尼族果作支系的「果作（gaoqjao）」是「住在山上的人」的意思。山上有樹，有樹就有水，崇拜樹神和水神其本質上是完全同等的；因為哈尼族的生存環境是一部由森林（水源）——村落（生命）——梯田組合成的生命交響曲。因此哈尼族就特別重視「阿保歐濱」[12]這樣的神話情結，即簡收姑娘（人）變成了一棵參天大樹（森林）。有了森林就有了生命泉水，哈尼族的梯田就成了生命的樂章。因此，在哈尼族婦女的眼裏，連綿不斷的山川和飄帶如銀的河流是相依相伴的，總是一幅幅永遠繡不完的圖畫，是一個

---

12 「阿保歐濱」，地名，位於元陽縣與綠春縣交界的自然分山嶺。傳說中的「都瑪簡收」姑娘走到此山頭上喝水時變成了一棵遮天大樹。因此，每年正月末或二月初，綠春縣大興鎮的十多個村寨聯合起來以牛、豬、雞為犧牲舉行隆重的祭山神儀式。

永遠也改變不了的服飾文化的主題。在她們手下的服飾圖案，層層疊疊的山峰時而是紅色、時而是綠色、時而又是金色，山角形的紋路，沿著衣襟、袖口、衣腳、褲腳周邊延伸，與此相伴隨的是連綿起伏的波浪紋，朝著同一方向水流的樣子，這些「河流」同樣也是時而是綠色、時而是紅色，這與自然河水的變化是相吻合的。城裏的姑娘到了六七歲就進入學校學習語文、數學、繪畫、聲樂等各種文化知識。而哈尼族的小姑娘到了六七歲就跟著姐姐學刺繡，先用媽媽裁衣剪下來的碎布頭，一雙稚嫩的小手捏著細細的針頭，沿著媽媽給她在布頭上做好了的紋路，繡著有規則的長方形、三角形等幾何圖，這是哈尼人初學刺繡的基本圖案。由於哈尼小姑娘從小見慣了媽媽姐姐們做的這一類針線活，自己學起來一點也不陌生，隨著小手腕的飛舞，把一塊塊山峰的輪廓再現出來，然後用不同彩色線填滿空間，凸現出色彩飽滿的圖案。

哈尼族因居住不同，服飾的穿著款式和圖案紋樣也不盡相同。用服飾款式和紋樣來識別哈尼族的不同支系雖然不像語言學識別那樣嚴密和科學性，但是服飾特徵依然是識別哈尼人各支系的重要依據。人們通過對不同服裝款式及其紋樣的分析，能夠指出哈尼族不同支系各自的服飾特徵。如元陽縣和金平縣哈尼族糯比、糯美婦女服飾，一身黑色的靛染衣褲，只在圍腰、衣襟後擺底邊、袖口、帽緣等繡藍色鎖邊、滾邊、山形、波紋形、三角形、「回」字形、蕨菜形、菱形等花紋，顯得莊重典雅、樸素大方。元陽哈尼族各和支系少女服飾圖紋以紅、藍、綠、白等線繡成槍托形、八角花形、凹字形、波浪形、心形等鮮豔花紋。西雙版納阿卡婦女上衣，整個背部是用紅、白、黃、綠等彩色絲線挑花，圖案有方形、菱形、回紋、三角紋、五角紋、格子紋、條紋、水波紋、鋸齒紋等圖案，整個袖子是用紅、黃、藍、白等色布鑲拼成條狀，袖口繡回形紋，綁腿用色布鑲拼並在色布之間繡水

波紋，使得整套衣服形成色彩斑斕、繁花似錦的效果；新平哈尼族服飾，用彩色絲線挑花刺繡在衣袖、腰帶、圍腰、前襟、頭帶上，圖案花紋大都是菱形、鋸齒、條形、花紋、波浪紋。

元陽縣糯比女子坎肩衣襟幾何山水圖

Sleeveless Jacket with Geometric Patterns on the Lapel Worn by Nuobi Women in Yuanyang County

（五）圖騰崇拜的動物圖案

元陽縣哈尼族昂倮支系的少女盛裝龜甲衣，前胸用小銀泡疏密得當地鑲釘成吉祥圖案，正中的大圓牌上鑄有魚、蛙、螃蟹、白鵬鳥等圖案。由於這些動物與哈尼族生命傳說有關，故稱其為「生命起源圖」。魚紋狀圖案較多地應用於銀鏈上，掛在婦女的前胸。這些都是象徵水族創世神話的信仰，把創世歷史戴在服飾上。傳說哈尼族在遷徙中，為了躲避戰亂，仿照白鵬鳥衣著，將白鵬鳥繡在衣服上和挎包上成為吉祥美好的象徵，白鵬鳥由此成為今天哈尼人的吉祥鳥。

　　西雙版納哈尼族阿卡支系的服飾以各種精美的圖案裝飾外，她們在上衣袖口和護腿上貼繡顏色的排列順序是：上衣自袖口往肩部依次排列上去，護腿也是從下端至上端的順序依次排列，其顏色的排列順序為：綠色、黑色、白色、紅色、黃色、灰色。這種排列順序是每一支阿卡人必須遵守的刺繡原則，其中可能蘊含著哈尼族遷徙文化的許多意義。如，在衣服袖口、褲腳口、飄帶（腰飾）兩端的彩布條，其顏色拼接排列的順序相同，這五種顏色搭配和排列順序，是否代表著祖先們曾經有過五次定居？或在遷徙中曾渡過五條大河？還是哈尼族內部曾分化為五大支路線遷徙？所有這些的懸念由於沒有相應的文字記載，只能留給後人一個個的設想，成為一道道難以破譯的命題。

　　歷史上，哈尼族沒有與本民族語言相應的傳統文字，更沒有任何文字記錄的文學著作，但是他們擁有不計其數的口傳文學。從哈尼族的歷史發展來看，圖紋刺繡不僅僅表現了哈尼族的服飾藝術文化特徵，還扮演了另外一個重要的文化載體，它把表現許多哈尼族神話傳說、故事的主題，繡製成服飾紋樣或佩飾符號，它們主要有魚、螃蟹、青蛙、田螺、白鷳鳥、燕子、牛等。這些動物大量出現在哈尼人的口頭文學裏面，而且它們都與人的生命和水有關係。魚、螃蟹和青蛙都生活在水裏，白鷳鳥是哈尼人心目中的神鳥。雖然哈尼各支系的服裝上的表達形式有可能是不盡相同，但是這些圖案一直是哈尼服飾中最本質的象徵文化。水族創世成為哈尼族生命主題的神話。其中最有代表性的是《神的誕生》、《青蛙造天地》等。前者講的是，遠古時無天無地，茫茫霧海混沌一片，大海裏只有一條大金魚活著，它每過一百年翻動一次身子，翻了七十七次身子就睡醒過來，把右鰭一扇，把上面霧氣給掃乾淨，露出了藍藍的天空；把左鰭往下一扇，露出黃生生的土地，於是有了天地。又不知過了多少年，金魚娘把魚鱗張開，一片片的魚鱗射出萬道金光，從脖子裏抖出兩個大神，就是太陽

神約羅和月亮神約白；它一抖魚鱗，從脊背上兩個大神，它們就天神俄瑪和地神密瑪，從細腰裏抖出來的兩個大神是人神，男神叫煙蝶，女神叫蝶瑪，但它們都回到天上去了……後者講的是，古時候無天無地，只有漫無邊際的海洋，動植物相互蠶食，彼此生去了生態平衡。龍王想挽救這場滅頂之災，派青蛙去造天地。青蛙告別了龍王，浮出水面，吐出來的骨頭變石頭，拉出來的屎變成土覆蓋了大半水面。青蛙懷孕後生下一對巨人兄妹，把造天地的事業交給了兄妹倆。兄妹倆按照青蛙的指教造出了天地間的萬物，世上有了人煙，但龍王不許他們變成人，於是兄妹倆不甘心，每到下雨時，就在水塘邊「呱呱呱」地叫個不停，表示對生活在水裏龍王的永世不滿。

　　哈尼族的服飾也反映著祖先遷徙的烙印。如元陽縣哈尼族昂倮支系婦女壽服的頭飾，也叫壽帽，記錄了哈尼族祖先幾千年的遷徙史，整個帽邊用彩色絲線繡有寶塔形的圖案，代表著哈尼祖先的遷徙發展史，是為了讓亡魂能沿此路線回到祖宗聖地。在壽服帽上象徵三種能人「最、批、技」寶塔式圖案，即哈尼族社會中的官、莫批、工匠三種能人，寶塔的尖頂象徵官人，中間的十字架圖像徵主持宗教祭祀活動的莫批，最下面的十字架圖是象徵工匠技術人員，密密麻麻的底層是平民百姓。有的支系帽頂的圓形圖案象徵天國，兩邊有梯子可達，帽後的纓穗長帶象徵天界、人間、地下三個層次。因此，心靈手巧的哈尼族婦女們，把祖先的教誨牢記心中，並把它繡在帽子上，使得亡魂順利到達祖先起源地，成為一部部象形文字記錄的「史記」。

元陽縣昂傈女子壽帽

Cap for the Dead Worn by Angluo Women in Yuanyang County

元陽縣昂傈少女戴在胸前的「生命起源圖」

Ornament with Life Origin Patterns on Worn by Angluo
Girls in Yuanyang County

（六）象徵吉祥佩飾的動植物元素

　　佩飾是哈尼族服飾的重要組成部分，主要佩飾有挎包、項圈、手鐲、耳環、銀鏈、銀梳、銀幣、銀鈴、銀泡、銀針筒等，佩飾不僅多種多樣，質地也各異。銀泡綴飾是哈尼族服飾一個引人注目的焦點，除普遍使用的銀飾品外，海貝、羽毛、料珠、毛線、纓穗、骨針、綠殼蟲等也用來作裝飾。在黑色的底布上鑲釘銀泡花紋圖案，顯得華麗而樸實，如同滿天的繁星。

　　西雙版納猛海縣、猛臘縣等哈尼族阿卡支系女子頭飾，其裝飾效果是塑膠珠、銀泡、銀幣、銀須、銀鏈，先用黑色土布縫成帽形，再用三塊硬布縫成鑲滿料珠、銀幣、銀須的瓦片狀，上橫一塊，左右各垂一塊，戴在阿卡婦女頭上顯得富貴大方。葉車女子的銀質胸飾，銀鏈之間每隔一段綴飾數條銀魚、銀幣，最下方綴飾銀須，有掏耳勺、小刀、小叉等對象。腰飾上綴飾有銀螺獅、銀魚、梅花牌、銀鏈、纓穗、小銀泡等，具有信仰意義。阿卡婦女挎包，以黑色為基調，用紅、黃、綠、白等顏色的絲線挑花成方形、菱形、回形、三角形、條形等圖案，並在圖案的角處鑲釘銀泡、草珠、海貝、纓穗等，形成五彩斑斕的裝飾性挎包。阿卡姑娘的頭飾，奇異多彩，紅色羽毛、綠殼蟲、白骨針、銀泡等均裝飾於頭部，紅羽毛是天界神鳥的象徵，戴於頭頂，會得到天神的保祐；綠殼蟲是情侶親手捕捉，白色牛骨是情侶精心磨製，具有愛情象徵意義；銀泡鑲釘的數量是吉數，預示著姑娘的美好前程；綠春縣、墨江縣的西摩洛支系的婦女服飾，前胸用銀泡按傳統圖案釘滿全胸，長長的圍裙上則用貝殼鑲滿幾何圖案，都有吉祥意義。

元陽縣昂倮少女上衣象徵梯田生物多樣性圖
Blouse with Terrace Biodiversity Symbolic Patterns on Worn by Angluo
Girls in Yuanyang County

　　一套完整的哈尼族婦女服飾必須有銀飾相配，衣和銀合二為一成為有機整體，無論服裝款式上有什麼樣的變化，銀飾始終如一。哈尼族一直非常注重銀飾，在他們的理念中，錢和銀是等價的，都叫同一樣的名稱「鋪」，對金銀的叫法也要把「銀」的位置排在前面，叫「鋪思」，意為銀金。這些說明了哈尼人對銀錢觀念的最高位置，相信銀能體現富裕的標誌。因此，在現實生活中，銀飾除了裝飾的功能外，還可以顯示哈尼族家庭的經濟水準。「哈尼族把家當都穿在婦女身上」的含義就在於此。

　　哈尼族不論家庭經濟如何，子女都有贍養父母的義務，即使是分家自謀生活的子女，也自覺履行贍養父母的義務，否則就會受到社會的嚴厲譴責，甚至受到習慣法的處罰。多子女的家庭兒子婚後一般會另立新居，父母一般隨麼子生活。兄弟分家時要給父母留一份「養老田」，其餘財產再由兄弟均分。父母養老田歸麼子。分開生活的每戶子女每年都向父母敬奉一定數量的食糧和衣物及錢，以報父母養育之恩，不讓父母為生活而擔憂。女子一般無財產繼承權，只是出嫁後可從娘家裏取得部分陪嫁品。

　　哈尼族和銀飾有著密不可分的原因是，銀除了能體現家庭經濟的富有外，它是為姑娘必備的陪嫁首飾，所有哈尼族家庭，娘家兄弟要為出嫁的姑娘至少準備一套嫁裝、一條多節的銀鏈梳和一對手鐲以及一套生產工具。這是哈尼人把家業分一半給姑娘的做法，否則在娘家繼承的家業的兄弟會於心不安。

　　哈尼族的銀飾和中國其它少數民族的飾品比較，比如苗族、瑤族和侗族，哈尼銀飾不是很複雜，但是一直保持著傳統，銀飾基本上是為女性所佩帶。在哈尼族的家庭裏，銀飾一般都是祖傳的，要麼來自家庭的母親和祖母，要麼是娘家的陪嫁物。當哈尼族重大慶典活動的時候，她們會戴上所有的銀飾，因為這是她們展示自己銀飾的最佳時機。

　　哈尼族一般有三種方法來製作銀飾：一是模型製作；二是雕刻，並連接細小部分；三是鑲嵌。雖然哈尼族自己的銀匠很少，但他們的傳統技藝是一代接一代傳下來的。所以，直到今天那些哈尼的銀匠依舊能夠製作那些經典的銀飾品。用於傳統銀飾的銀幣大多是清朝時期的銀幣，十九世紀開始，一些法國銀幣從印度支那流傳進來，也成為了哈尼銀飾的原材料。不幸的是，二十世紀八十年代以來，一些非法商人仿造了許多假銀錠和假銀幣，這些銀幣的含銀量特別的低，因此造成了哈尼銀飾品質很低劣。另一方面，由於傳統銀匠的過世，現代哈尼銀飾在造型方面出現了一些混亂。比如魚、白鷳鳥、螃蟹、青蛙、田螺是哈尼族銀飾的傳統造型。由於大量外地銀匠的進入，他們把許多來自其它少數民族的圖騰也帶進了哈尼族的銀飾。因而在集市上的一些銀飾並不是傳統意義上的哈尼族銀飾品。

元陽縣昂倮少女的銀泡衣
Blouse with Silver Ornaments on Worn by Angluo Girls in Yuanyang
County

第三章
哈尼族梯田農耕生態文化

　　根據第一章第三部分「哈尼族傳統土地利用生態文化區」的劃分，生活在紅河流域的哈尼族在長期的梯田農耕實踐中形成認識自然、善待自然的和諧理念，與其周圍的自然生態系統建立了一種極為密切的文化生態鏈條，並以宗教信仰文化來調整人地關係的行為準則，成為人與自然環境之間相互影響、相互作用的生態文化機制，這正是所謂的哈尼族梯田農耕生態文化，簡稱哈尼梯田生態文化。從人類生態學的視角來看，哈尼梯田是已有千餘年歷史的人類文化遺產，其經過了歷史的滄桑，在全球氣候變暖以及百年不遇的中國西南大旱災背景下，都表現出穩定的良性生態系統。因此，於二〇〇七年十一月被國家林業部列入國家濕地公園，於二〇一〇年六月被聯合國糧農組織正式列入世界農業文化遺產。

一　哈尼族梯田文化歷史淵源

　　哈尼族的歷史是一部輝煌燦爛的梯田稻作農耕史，也是一部漫長而艱辛的遷徙史。哈尼族的先民從遙遠的青藏高原南下，寫在哈尼祖先額頭上一道道深深的皺溝，是身經百戰和險惡自然雙重壓力下人生滄桑的重現，他們進行了「萬里長征」來到雲南高原上，按理，雲南高原上的大大小小壩子是人類居住的最佳環境，但作為後來者的哈尼先祖，勢單力薄，每到一處壩子都受到原住民的覬覦，為了民族的生存，哈尼先祖被迫南遷進入了森林茂密的哀牢山區。於是，他們留給

後人的遺訓是：一身戎馬生涯的哈尼族祖先，從前愛找平壩，但平壩給哈尼帶來了悲傷！因此，哈尼族南遷到紅河南岸後不再找平壩了，把山高密林中的凹塘，視為是哈尼人親親的爹娘，用祖祖輩輩的生命鑄成了田山，是祖先留下的珍貴遺產，大山森林是哈尼人的生命搖籃。

（一）史籍記載的哈尼族稻作文化

早在春秋戰國時期，中國西南的大渡河畔已出現梯田的雛形。據《尚書・禹貢》載：「和夷」所居的大渡河畔，「其土青黎，其田下上，其賦下中三錯」。在此，雖未直接提及「梯田」，但以田呈「下上」之語加以推測，則有係指「梯田」的可能。這裏的「和夷」雖不僅僅指哈尼先民，但「和夷」之中包含哈尼族先民當無疑議。故此為漢文史籍對哈尼族梯田文化的最早文字記載。《後漢書・西南夷列傳》云：西南夷「造起陂池，開通灌溉，墾田二千餘頃」。引高山流水是哈尼族梯田典型的灌溉方式。到隋唐，部分哈尼族先民已遷入哀牢山和六詔山等地區，漢文史籍稱其為「和蠻」。據晚唐樊綽的《蠻書・雲南管內物產》云：「從曲靖州已南，滇池已西，土俗惟業水田。」這裏主要是指平壩地區的水田，為了使平壩地區的水田與山區蠻治山田區別開來，又特別指出：「蠻治山田，殊為精好。」這裏的「蠻」也不僅僅係指哈尼族，但自唐代以來在紅河流域的元江、墨江、紅河、元陽等地形成哈尼族文化核心區，而梯田（山田）恰好又在此間分佈集中。故此「蠻」當是哈尼族先民。至宋代，「梯田」一詞正式見於文獻，據宋代范成大《驂鸞錄》載：「仰山嶺阪之間皆田，層層而上，至頂，名梯田。」降至明代，農學家徐光啟把梯田載入其名著《農政全書》中，並列入我國古代七種田制類型之一，並在其書卷五〈田制・農桑訣田制篇〉引元代《王禎農書》「梯田」云：

「梯田，謂梯山為田也。夫山多地少之處，除磊石及峭壁，例同不毛。其餘所在土山，下至橫麓，上至危巔，一體之間，栽作重蹬，即可種蓻。如土石相半，則必壘石相次，包土成田。又有山勢峻極，不可展足。播殖之際，人則傴僂蟻沿而上，耩土而種，躡而耘。此山田不等，自下登陟，亦宜粟麥。俱若梯蹬，故總曰梯田。」又詩云：「世間田制多等夷，有田世外誰名題；非水非陸何所兮，危巔峻麓無田蹊。層蹬橫削高為梯，舉手捫之足始躋；傴僂前向防巔擠，佃作有具仍兼攜。」這種「世外梯田」，至清代已日臻完善，形成蔚為壯觀的規模，故清代中期嘉慶《臨安府志・土司志》對哀牢山哈尼族梯田的耕作情景作了精彩的描繪：「臨屬山多田少，土人（窩泥），依山麓平曠處，開鑿田園，層層相間，遠望如畫。至山勢峻極，躡坎而登，有石梯蹬，名曰梯田。水源高者，通以略杓（卷槽），數里不絕」。[1]

　　在梯田分佈較為集中的哀牢山下段，紅河南岸地區，至明代哈尼族開墾梯田有明確的記載。據嘉慶《臨安府志》卷十八「土司志」說：「左能亦舊思陀屬也，後以其地有左能山，故曰左能寨。洪武中，有夷民吳蚌頗開闢荒山，眾推為長。尋調御安南有功，即以所開闢地另為一甸，授長官司，世襲，隸臨安。」又據雍正《雲南通志》卷二十四〈土司傳中・納更山土巡檢〉下說：「明洪武中，龍咀以開荒有功，給冠帶，管理地方。尋授土巡檢，傳子龍政……」明代《土官底簿》「納更山巡檢司巡檢」條說：「龍政，車人寨冠帶火頭，係和泥人……」[2]

　　從當時雲南各少數民族治理「山田」的技術來看，唯有哀牢山區的哈尼族梯田達到「殊為精好」的水準。

1　轉引自《哈尼族簡史》（昆明市：雲南人民出版社，1985年），頁112-113。
2　轉引自《哈尼族簡史》（昆明市：雲南人民出版社，1985年），頁51-52。

（二）哈尼族梯田稻作的神話傳說

在哈尼族的民間神話中，反映稻穀的起源和開田種稻的神話傳說很多，哈尼族穀物起源的神話可分為八種類型，即自然生成型、死體化生型、英雄盜來型、祖先取回型、動物帶來型、天神賜給型、飛來型和穗落型等，[3] 這裏擇其幾篇典型內容，從中可窺見哈尼族稻作文化悠久的歷史。

1 稻穀起源的傳說

流傳於元陽等地的《天、地、人的傳說》中講，大魚創造了宇宙天地和第一對人，男人叫直塔，女人叫塔婆。塔婆生下二十二個娃，其中龍三是龍。龍長大後到海裏當了龍王，為感激塔婆的養育之恩，向塔婆敬獻了三竹筒東西，其中一筒裏聽到「簌簌「作響，趕忙拔開塞口一瞧，看見金閃閃的五穀種，於是她把筒內的穀種撒向高山，山坡上長起一片旱穀、高粱、蕎子……類似哈尼先祖馴化五穀的傳說。在遷徙史詩〈哈尼阿培聰坡坡〉中也這樣講：

> 哈尼有一位能人，
> 遮努的名聲傳遍八方。
> 她摘來了飽滿的草籽，
> 種進黑黑的鬆土裏，
> 姑娘又去背來湖水，
> 像雨神把水潑灑在草籽上。
> 草籽長出了高高的杆，
> 當樹葉落地時，

---

3 阿羅：〈哈尼族神話傳說中的梯田文化〉，載《哈尼族文化論叢‧第二輯》（昆明市：雲南民族出版社，2002年），頁94-102。

> 草杆上結滿了黃生生的草籽，
> 先祖們吃著香噴噴的草籽，
> 起名叫玉麥、穀子和高粱」。[4]

　　流傳於元陽、金平等地〈嘗新穀先喂狗〉[5]的傳說講：相傳地上的哈尼人無衣無食，過著飢寒交迫的日子，被天神莫咪姑娘看見，人們整天忙碌，到頭來還是過著無衣無食的苦難日子，於是天神姑娘對天神莫咪說：「父親，我們在天上有七十七種穀物，吃飯穿衣不要愁，但人間的哈尼人卻過著無吃無衣的日子，如果能把天上的穀物種子送點給人間，讓人間都像我們一樣得到溫飽，那該多好！」天神莫咪聽完女兒的話卻板著臉冷冰冰地答道：「女兒，凡間的人們必須再等三年，才能得到七十七種穀物的種子。這些事情不是由你姑娘家管的事，我們管不著人間的冷暖和飢餓，我只曉得服從天規！」幾天後莫咪姑娘為解救人間的苦難日子，悄悄地把一袋穀種帶到人間，還教人們栽種稻穀的方法。後來莫咪發現女兒違背了天神的旨意，當她返迴天宮時就把她抓起來教訓一頓後，投進天牢裏。但是莫咪姑娘為了讓凡人都能吃到五穀雜糧，都能有棉有衣穿，她設法逃出天牢後又把另外七十六種穀物種子都偷到人間給凡人栽種。天神莫咪發現女兒一再觸犯天規，就把女兒下放人間貶罰為母狗和凡人住在一起，給凡人看門守戶。從此，哀牢山區的哈尼人每到金秋時節過嘗新穀節時，從稻田裏割回來的新穀做成米飯，在祭獻完祖宗後，人們還沒有吃米飯之前，先舀一勺新米飯喂狗。此習俗沿襲至今。

4　雲南省少數民族古籍整理出版規劃辦公室編：《哈尼阿培聰坡坡》（昆明市：雲南民族出版社，1986年），頁17-18。

5　雲南省民間文學集成辦公室編：《哈尼族神話傳說集成》（北京市：中國民間文藝出版社，1990年），頁183-184。

2 開田種稻的傳說

「香窩本」，意為最先墾田種田。這則故事流傳於元陽縣等地。故事的主要內容是：遠古時，哈尼的先祖僅靠採集和狩獵無法維持生活，人們餓得面黃肌瘦像猴子臉，像路邊被太陽曬乾的蚯蚓。天神「棨納阿瑪」不忍心讓哈尼人餓死，於是對哈尼人說，你們去看一看老鼠是怎樣打洞的？哈尼人看見老鼠打好的洞裏掉進草籽，用後腳蹬蹬就埋起來，燒山時大火燒不著，不久，長出的草杆像拇指粗，結出的草籽摘下來吃。這樣先祖就學會了種草籽，拿著草籽從坡腳至坡頭埋起來，山背山腰也埋起來，攛山燒黑的土灰上也戳個洞埋起來。草籽埋進土裏六日，先祖看見發出了粗芽；草籽埋進土裏有一輪的日子，先祖看見九山九嶺都長滿了嫩汪汪的草苗。早上出門的哈尼人走過平壩，認不得開墾大田；晚上回家的先祖，望見滔滔下流的河水，不知道引河中水來澆溉。是哪個教會了他們開田？是哪個教會了他們澆地？最先給先祖挖田的幫手是水牛，水牛不願去被人穿通了鼻子，拉著細細的牛索，水牛任人擺佈；最先給先祖開溝引水的幫手是螃蟹，螃蟹開溝引水累得凸出了眼睛……[6]

二　哈尼族梯田佈局中蘊含的生態文化

哈尼族喜歡居住在海拔一三〇〇至一八〇〇米等高線的半山地帶，這一地區平緩山梁的向陽坡面是他們理想的居住地。因為這一地帶在哀牢山區氣候適中，年平均溫度15℃-18℃，全年日照時數一五〇〇至一八〇〇小時之間，全年幾乎無霜期，年均降雨量在一五〇〇

6　西雙版納傣族自治州民族事務委員會編：《哈尼族古歌》（昆明市：雲南民族出版社，1990年），頁97-106。

至一七○○毫米，雨量充沛，氣候溫和。哈尼族認為，海拔八○○米以下的河谷地帶氣候炎熱，瘴癘橫行，在昔日醫療條件十分差的情況下，人們的生存和發展受到威脅。而海拔二○○○米以上的高山區則氣候寒冷，不利於人畜、莊稼的發展。在半山地帶冬暖夏涼，氣候適中，有利於人們的生產生活。故有哈尼諺語：「要吃肉上高山（狩獵），要種田在山下，要生娃娃在山腰。」這生動形象地道出了哈尼族對哀牢山區自然地理環境垂直分佈的整體認識。

（一）哈尼族梯田佈局與開墾技術

哈尼族創建新村落時，村址的選擇必須考慮有森林、水源、平緩的山梁或山坡等墾殖梯田不可少的自然條件。水源林、村落、梯田的佈局都有嚴格的規定：在村落下方的緩坡、山梁開墾為梯田，梯田與村落呈均衡構建的態勢，多數村寨踏出寨門就是梯田，梯田從寨子腳沿著山勢盤繞到山腳河谷地帶。海拔二○○○米以上的森林為水源林，高山密林孕育的水潭和溪流被盤山而下的水溝引入村寨，供人畜用水之外，又流入梯田，梯田連接溝渠，溪水順著層層梯田，自上而下，長流不斷。一般一村經營一片梯田，大村經營的梯田面積多，小村經營的梯田面積小，有的連片上千畝的梯田由幾個村落共同經營，其灌溉水溝有數條，受益者共同維護。

哈尼族遷徙到哀牢山區定居後的相當長一段時間裏，採用半耕半採集狩獵的謀生手段。他們選擇向陽平緩的山梁或山坡上居住之後，在其居住周邊的坡地上種植旱地作物，如旱稻、蕎子、芋類等，為了保持肥力，逐步將坡地改為梯地。從實際調查可知，哈尼族開墾梯田是講究程序的，開始在坡地上刀耕火種旱地作物，將生地變熟地，然後將熟地坡改梯地，繼續種植數年旱地作物，讓梯地自然沉降穩固。在梯地上繼續種植旱地作物期間，開挖水溝是開墾梯田的主要配套

工程，在工具簡陋的條件下修築大溝要聯合數寨開挖數年，甚至數十年。

哈尼族在開鑿水溝時利用地勢的高低發明了特殊的「流水開溝法」，即開溝時以目測溝線，施工中沿地勢走向邊開溝邊放少量水，以水流能自然通過來量測溝基的深淺。開溝過程遇到大石頭，以木材燒石頭，然後潑水在其上，致使石頭炸裂。開挖梯田時遇石頭時也是這樣處理。

對某一片坡地進行開挖梯地時要從最底層的一級開始施工，他們不借助任何儀器和機械，憑藉一把短柄板鋤，根據坡度大小，設計梯田的寬窄和長度，把高處土方往低處搬運，以腳踩、鋤頭背敲打等辦法夯實成梯地，無論臺級的大小，不作人為的拉直田埂，而是沿地勢彎曲伸長，使得梯地的壓力受均而不易坍塌。梯地在尚未挖通水溝之前，仍種植旱地作物，通過施綠肥、挖翻等反覆耕作，提高土壤的肥力和含水率，使得梯地的生土熟化。梯地經過日曬雨淋自然沉降，形成穩固的基礎後可把溝水引入和泥壘築田埂，然後灌滿水即成水田，如此一丘接一丘從底層向上逐級延伸，形成長短不一、寬窄不等的梯田，層層疊疊，由山腳河谷一帶逐級延伸到山腰，形成波瀾壯闊的田山。

案例：改變傳統農田水利建設方式

一九五八年以後，哈尼族地區適宜開墾梯田的土地已開成田，只剩下水源缺乏的旱地，這些土地都是輪歇坡地或荒坡地帶，土質相對貧瘠，這些土地成為「大躍進」、「農業學大寨」所開挖梯田的對象。不考慮水源問題，遍地開荒，並提出當年開田當年靠雨水栽秧的「思路」，叫「現開現栽」田。其結果，這些新田開出來後嚴重缺水，開墾過程中也不講究傳統開田程序，雨季來臨到處塌方。從實際調查可

知，哈尼開墾梯田是講究程序的，開始時在坡地上刀耕火種旱地作物，將生地變熟地，然後將熟地坡改梯地，坡改梯地的時間是每年收割完至整個冬季，在梯地上種幾年旱地作物，使生土盡可能熟化，也是選擇冬季將梯地壘築田埂開成水田。由於冬季土質乾燥，容易開挖，哪裏滲水，也看得清楚，並可即時補漏加固，灌滿水養田，第二年春季就可犁翻栽插。而「大躍進」時期，趕的是數量，不講求時間，一年四季都開田，特別是為了學「大寨田」，不惜砍伐森林，也不按照地勢彎曲開挖，人為把田埂拉直，結果承受壓力集中，才挖好的田第二天田埂就倒塌。現今哈尼梯田中的部分「雷響田」，即等到雨季來臨後才能栽種的田，就是這一時期開挖的田。讓人痛心的是不惜砍伐森林造「大寨田」，如，元陽縣者臺村，由於當年能開梯田的緩坡山梁被祖先們早已開滿了田，為了造大寨田，無奈在寨子的東南方海拔一六〇〇米的地方砍伐一片森林後，造出了約一〇〇畝的「大寨田」，「大寨田」連年所種的水稻由於水熱條件不足，其收成的三分之二為秕穀。二〇〇三年在「退耕還林」政策的驅動下，將「大寨田」列為退耕還林對象。現在「大寨田」又變成了一片蒽綠的森林。

（二）哈尼族梯田空間分佈

哈尼族的梯田分佈在滇南哀牢山脈中下段的元江（紅河）流域、藤條江流域、把邊江（李仙江）流域。據不完全統計，總面積達一四〇萬畝。從行政區域的橫向分佈看，紅河哈尼族彝族自治州有一〇〇萬畝，主要分佈在元陽、紅河、綠春、金平四縣的各鄉鎮以及建水縣的坡頭、普雄二鄉。普洱市有三十萬畝，主要集中在墨江哈尼族自治縣的龍壩、壩溜、那哈、雙龍、碧溪等鄉鎮，普洱哈尼族彝族自治縣的黎明、普義、把邊等鄉鎮，江城哈尼族彝族自治縣的嘉禾、曲水等鄉鎮，瀾滄縣的惠民、發展河等鄉鎮，孟連縣的臘壘、南雅等鄉鎮。

玉溪市約有十萬畝，主要分佈在元江哈尼族彝族傣族自治縣的羊街、那諾、咪哩、羊岔街、因遠等鄉鎮以及新平、雙柏、鎮沅縣的哀牢山自然保護區邊沿。西雙版納猛海縣的格朗和、西定、巴達等鄉鎮也有少量梯田分佈。從哀牢山梯田分佈的區域來看，哈尼族聚居或散居的地區均有梯田分佈其間，在一定程度上哈尼族分佈區域與梯田分佈區域合二為一。但地域組合規模、壯觀程度從紅河流域向西至把邊江流域呈逐漸減少的態勢。

從縱向區域的空間分佈看，是在海拔三〇〇至二五〇〇米之間，，以海拔和氣候帶作為參照係，哈尼族梯田大致可分為三大類：一是海拔八〇〇米以下為熱帶河谷梯田；二是海拔八〇〇至一五〇〇米之間為中低山亞熱帶梯田；三是海拔一五〇〇至二五〇〇米之間為高山暖溫帶梯田。其中熱帶河谷梯田和高山暖溫帶梯田的比例少，而中低山亞熱帶梯田是哈尼梯田的主體。紅河流域梯田主要景點片區分佈如下。[7]

1 元陽縣梯田主要景點片區

元陽縣梯田主要分佈在海拔二八〇至一八〇〇米之間，各鄉鎮均有梯田分佈。根據《元陽縣志》記載，一九八四年土壤普查的資料顯示：水田三十點〇四萬畝，雷響田八點八九萬畝，兩者均為梯田形式，共計面積三十八點九三萬畝。[8]現選擇元陽縣梯田文化申報世界文化遺產核心區內所涉及的新街鎮、牛角寨、勝村鄉、攀枝花鄉內的重點梯田景點片區分佈列表如下：

7　黃紹文：《諾瑪阿美到哀牢山──哈尼族文化地理研究》（昆明市：雲南民族出版社，2007年），頁125-133。

8　元陽縣志編纂委員會編：《元陽縣志》（貴陽市：貴州民族出版社，1990年），頁51。

表3-1　元陽縣梯田主要景點片區統計表　　單位：戶、人、畝、米

片區名稱	分佈鄉鎮	種植戶	人口	梯田面積（畝）	田丘最大面積（畝）	梯田坡度	梯田海拔（米）	現種植品種
龍樹壩	新街鎮	809	3655	2598	1-3	15°-20°	1350-1580	月亮谷、紅腳老粳
陳安	新街鎮	653	3172	1903	1-2	14°-23°	1300-1570	同上
箐口	新街鎮	1381	6193	3105	2-3	10°-20°	1300-1820	同上
百勝寨	新街鎮	665	3051	2729	1-3	14°-22°	1300-1570	雜交稻
勝村高城	勝村鄉	1478	7541	2543	5.3	14°-20°	1430-1830	雜交稻
多依樹	勝村鄉	1283	7384	3544	4.8	10°-20°	1580-1840	合係41號
壩達	勝村鄉	545	2954	2056	5.2	16°-21°	1640-1820	合係41號
麻栗寨	勝村鄉	565	2945	1233	6.3	10°-20°	1400-1640	滇超2號
主魯保鋪	勝村鄉	704	3469	2400	4	15°22°	1500-1750	合係41號
中巧新寨	勝村鄉	1429	7110	2868	4.6	16°-23°	1380-1520	雜交稻
牛角寨	牛角寨鄉	1012	4734	2906	2.5	25°以上	1140-1450	雜交稻
新安所	牛角寨鄉	1099	5797	3129	3.2	25°以上	1170-1920	雜交稻
果統	牛角寨鄉	654	3073	1923	2.8	25°以上	1200-1500	雜交稻
果期	牛角寨鄉	955	4902	3633	3	25°以上	1050-1780	雜交稻
良心寨	牛角寨鄉	926	4379	2728	3	25°以上	1400-1700	雜交稻
猛品	攀枝花鄉	3645	3184	1426	3	25°以上	700-1800	雜交稻
阿猛控	攀枝花鄉	683	2961	1991	1-2	30°-50°	700-1800	雜交稻、傳統品種
保山寨	攀枝花鄉	1533	5624	3700	1-3	40°-60°	500-1600	雜交稻

2 紅河縣梯田主要景點片區

紅河縣梯田分佈在海拔四〇〇至二五〇二米之間，大部分在海拔一〇〇〇至一八〇〇米之間，各鄉鎮均有分佈。根據《紅河縣志》記載：一九八四年土壤普查資料顯示，水田面積有一八二八三二畝。[9] 現選擇紅河縣境內梯田主要景點片區分佈列表如下：

表3-2　紅河縣梯田主要景點片區統計表　單位：戶、人、畝、米

片區名稱	分佈鄉鎮	種植戶	人口	梯田面積（畝）	田丘最大面積（畝）	梯田坡度	梯田海拔（米）	種植品種
撒馬壩	寶華鄉	1274	6023	12000	4.5	10°-30°	600-1400	雜交稻
嘎他	寶華鄉	492	2252	650	3.2	20°	1250-1700	軌鐵谷、螞蚱谷、紅腳谷、糯谷
他撒明珠	甲寅鄉	360	1800	1150	0.8	35°	1500-1750	螞蚱谷、紅腳谷、糯谷
阿撒作夫	甲寅鄉	313	1565	800	2.1	30°	1500-1750	得尼、紅腳谷
阿撒紅碧	甲寅鄉	300	1500	1100	1.1	35°	1600-1700	螞蚱谷、紅腳谷、糯谷
西拉東	阿楻河鄉	598	2990	865	1	25°-35°	880-2100	雜交稻、紅腳谷
切初	阿楻河鄉	590	2950	1045	1.2	25°-35°	1000-2242	雜交稻、紅腳谷
過者洛巴河	阿楻河鄉		1344	2257	2.5	20°-35°	1100-2502	紅腳谷、糯谷

9　紅河縣志編纂委員會編：《紅河縣志》（昆明市：雲南人民出版社，1991年），頁133。

片區名稱	分佈鄉鎮	種植戶	人口	梯田面積（畝）	田丘最大面積（畝）	梯田坡度	梯田海拔（米）	種植品種
規東	樂育鄉	465	2790	2500	1.8	45°-60°	1300-1500	雜交稻、紅陽一號
尼美	樂育鄉	680	3400	3000	1.1	30°-60°	1500-1700	雜交稻、紅陽一號

3 綠春縣梯田主要景點片區

綠春縣梯田分佈在三○○至一八○○米之間，大部分集中在六○○至一七○○米，各鄉鎮均有分佈。根據《綠春縣志》記載：一九八五年的統計資料顯示，水田面積五九八九二畝，幹田面積三一六五三畝，兩者均屬梯田，共計九一五四五畝。[10]現選擇綠春縣梯田主要景點片區分佈列表如下。

表3-3　綠春縣梯田主要景點片區統計表　單位：戶、人、畝、米

片區名稱	分佈鄉鎮	種植戶	人口	梯田面積（畝）	田丘最大面積（畝）	梯田坡度	梯田海拔（米）	種植品種
規洞河	大興鎮	1527	7635	1800	2	40	1500	雜交稻
桐株	三猛鄉	268	1608	1842	2.5	35	1300	雜交稻
德馬	三猛鄉	352	1760	1120	3	30	1400	雜交稻
洪角	平河鄉	101	505	679	4-8	30	1080	秈稻

---

10 綠春縣志編纂委員會編：《綠春縣志》（昆明市：雲南人民出版社，1992年），頁193。

4 金平縣梯田主要景點片區

金平縣稻田分佈在一○一至一九○○米之間。據《金平苗族瑤族傣族自治縣志》記載：一九八四年土壤普查資料顯示，水田二八八三○六畝，雷響田三六七九七畝，兩者合計三二五一○三畝。其中，海拔六○○米以下的梯田六二○○八畝，海拔六○○至一○○○米之間梯田九八七七七畝，海拔一○○○至一三○○米的梯田八四六四二畝，海拔一三○○至一六○○米的梯田六九四三八畝，海拔一六○○至一九○○米的梯田一○二三八畝。[11]現選擇二片主要梯田景點分佈列表如下。

表3-4　金平縣梯田主要景點片區統計表　單位：個、戶、人、畝、米

片區名稱	分佈鄉鎮	自然村（個）	戶數	人口	梯田面積（畝）	田丘最大面積（畝）	梯田坡度	梯田海拔（米）	種植品種
馬鹿塘	金河鎮	6	630	2835	5000	5	35	1200-1700	雜交稻
哈尼田	金河鎮	7	1100	4950	4000	5	20	1300-1700	雜交稻

（三）哈尼族梯田空間組合的生態美學價值

哈尼族梯田融人文與自然景觀於一體，富有極強的生態美學價值。主要體現在以下三個方面。[12]

---

11 金平縣志編纂委員會編：《金平苗族瑤族傣族自治縣志》（北京市：生活・讀書・新知三聯書店出版社，1994年），頁78。

12 高玉玲：〈哈尼族梯田文化的審美認識〉，載白克仰、黃紹文主編：《第六屆國際哈尼／阿卡文化學術討論會論文集》（昆明市：雲南人民出版社，2010年），頁312-315。

1 梯田景觀的藝術化

首先，梯田依山勢而建，與自然環境和諧呼應。哈尼族順著山勢沿伸，利用有效土地空間開墾梯田，隨著地形變化，在坡緩山梁的地帶開墾大田，在坡陡的地方則開墾小田，使得梯田層次大小不一，順著山勢伸張，不作人為拉直，大者有數畝之廣，如明鏡懸在山腰，小者僅有澡盆大，千姿百態，玲瓏剔透，如此眾多的梯田，因地制宜，錯落有致，無不展示出梯田與自然的和諧之美。

哈尼族聚居區的崇山峻嶺中，這些精耕細作的梯田，層次分明、溝埂有序，順著蜿蜒的山勢，層層疊疊，環繞山間，與大自然渾然一體。哈尼族巧妙地利用了自然生態，增添了梯田的雄偉氣勢。由於較好地修築了田間田埂，梯田與周邊的山體形成呼應，達到了巧借自然的效果。因此，哈尼族被稱為「雕刻大山的民族」！

其次，依山傍水所形成的蜿蜒曲線是形成梯田藝術美不可缺少的前提。蛇形曲線是公認的美麗線條，「蛇形線靈活生動，同時朝著不同的方向旋轉，能使眼睛得到滿足，引導眼睛追逐無限的多樣性」。[13]透迤的曲線，如小提琴上的琴弦，充滿了樂感美，體現出很高的藝術審美價值。

再次，連綿起伏的山勢是構成美化梯田的自然地貌因素。梯田分佈的核心區元陽縣境內全部是崇山峻嶺，所有的梯田都修築在山坡上，梯田坡度在十五度至七十五度之間。以一座山坡而論，連片的梯田級數高達三○○○多級，這在中外梯田景觀中都是罕見的。依山勢起伏的梯田，猶如數不完的天梯，直插雲霄，構成一道道靚麗的風景線。山嶺上的梯田，高高低低，層層疊疊，連天接地，精緻而恢弘，彷彿一道道天梯從山頂垂掛下來直抵山腳。每一層都是一道細碎精巧

---

13 荷加斯：〈美的分析〉，轉引自李醒塵編著：《西方美學史教程》（北京市：北京大學出版社，1994年），頁22。

的水面漣漪，每一疊都是一片清淨如鱗的波紋，達到了令人歎為觀止的藝術審美效果：「元陽梯田，天下奇觀！」

2 綠色森林的功能化

浩瀚的森林，美化環境，呈現出極高的生態觀賞價值。哀牢山區森林群落類型較多，從山谷到山巔展現出由熱帶、亞熱帶向寒溫帶垂直過渡的各種自然生態景觀，物種豐富，觀賞植物較多，較好地保留了原生群落狀態。

哀牢山森林促成了良性的水迴圈。哀牢山區處於亞熱帶，受南面海洋性季風和海拔高低懸殊的影響，這一地帶雲遮霧罩，降雨充沛。從炎熱河谷的江河中蒸發升騰的水蒸氣在此化為綿綿霧雨，終年不斷，在林中彙集成無數的水潭和溪流，形成天然的綠色水庫。高山森林孕育的溪流水潭被哈尼族引入盤山而下的水溝，流入村寨，流入梯田。梯田連接縱橫交錯的水溝，泉水順著水溝流入層層梯田，以田為渠，自上而下，長流不息，最後匯入山腳的江河湖泊，然後又蒸發升空，凝結為雲霧陰雨，貯入高山森林中，如此形成周而復始的自然迴圈生態鏈。

3 梯田生態景觀的多元化

哈尼族梯田四季都有不同的景色，梯田隨著時節的變化而多姿多彩，呈現出迥然相異的自然景觀。春季主升發、夏季主生長、秋季主收穫、冬季主收藏，四種自然力量各不相同，但都屬於「張力」範疇，由於「張力」的作用，形成四種不同梯田美景。換句話說，春季，滿眼翠綠，稻花飄香；夏季，綠海濤湧，稻穀搖曳；秋季，金色稻浪滾滾，萬里飄香；冬季，水漫梯田，波光粼粼。四季不同的形式美，是取得充分發展的「張力」。然而，無論春天綠色的地毯、夏天綠色的海洋、秋天金色的盛裝還是冬天流光溢彩的銀盤，不同的季

節，梯田都有不同的奇景，其同一性，即不論春夏秋冬都是一種永恆之美。這就構成了多樣的內在聯繫性「聚力」。「張力」與「聚力」的中和作用，形成了充分的多樣性與互不重複的個別性的梯田景觀，有著深刻的內在聯繫性和豐富的統一性，共生了中和形態的整體質：梯田雄偉的審美基調。四季交替，使梯田景觀在動態中達到了張力與聚力的對生性平衡，也就是達到了動態的生態平衡之美。

三　哈尼族梯田農耕生態機制

梯田耕作是哈尼族物質生產的核心內容。哈尼族在長期的梯田農耕過程中結累了相應的耕作制度、耕作程序、耕作技術、管理方式等梯田生態機制。

（一）指導梯田生產的自然物候曆

哈尼族對宇宙天體的認識雖然是混沌的，但是一個完整的系統，他們把宇宙空間分為三層，即天上、人間、地下陰間。每一層都如同地球上的人類居住著不同的精靈，並彼此相互聯繫著。以天神送年月日和神樹定曆法是哈尼族曆法的基本起源說。但在實際的生產生活中，哈尼族對自然界的季相更迭極為敏感，因此，其傳統曆法「十月曆」以人間的感性認識為出發點，在其使用過程中注入了以自然物候為基礎的曆法依據，形成適合於當地梯田耕耘的農事歷。

1 以樹為本的曆法說

哈尼族曆法起源的神話傳說很多，但具有生態文化意義的主要有二種：[14]

14　史軍超主編：《哈尼族文化大觀》（昆明市：雲南民族出版社，1999年），頁295-296。

一是神送年月日。哈尼族民間有這樣的傳說，在很古的時候，哈尼人不會分年月日，他們的日子非常難熬。聽說在遙遠的「許餘」地方有人會分年月日，於是有一個聰明的哈尼人便到「許餘」地方去要年月日，這裏有千千萬萬的年、月、日。一個叫「拉約克瑪」的神給了年份，一個叫「同銳阿若」的神給了月份，並且還給了輪和日。哈尼人從此有了乾淨純潔的年、月、日和輪。從這以後，哈尼人也能從日算到輪，從輪算到月，從月算到年，也過年過節了。

二是神樹定曆法。傳說，從前有一個名叫簡收的姑娘，拄著一根拐棍出遠門，當她來到一口泉水邊時，覺得口渴難忍，於是就把拐棍插在泉水眼邊，自己低下頭去喝水。等她喝飽了水，準備繼續上路的時候，去拔水邊的拐棍，但拐棍卻已生了根，拖前拉後都拔不起來了。不久，這根拐棍長大成了一棵遮天的大樹。簡收姑娘順著這一棵樹上了天，離開人世成了神仙，世間卻變成了一片黑暗，分不出畫夜，看不出季節，上山勞動都得點火把，地邊的果樹不會開花結果，地裏的莊稼不會成熟。於是人們請來了許多動物，對這棵神奇的大樹進行調查，才知道這是一棵遮天的大樹王。於是便邀約漢族、彝族、傣族等許多兄弟民族，經過千辛萬苦，合力砍倒了大樹王，世間才又恢復了光明，大地變得一派生機勃勃。此時，上了天的簡收姑娘告訴人們：從此以後，可以根據大樹王來定年、月、日和輪。大樹有十二丫樹枝，一年便定為十二個月；大樹有三十條根，一月便定為三十天；大樹有三六〇片葉子，一年便定為三六〇天。後來，人們將大樹砍成十二截，一輪日子就定為十二天。

2 哈尼族指導生產的物候曆

哈尼族曆法注重每個月的節令變化。根據什麼樹開花了，哪種蟬叫了，哪種鳥啼了來確定該做什麼農活，沒有形成嚴密科學的節氣概

念，一般也不去採用農曆的二十四節氣。因而實際生活中，哈尼族對每個季節的更替特別重視自然界動植物的變化。

　　哈尼族民間還流傳著許多反映農事節令的敘事長詩，實際上就是哈尼族指導農事活動的曆法。如〈虎珀拉珀補〉（翻年月歌）、〈斯奴撿奴〉（草木萌發）等，都是內容豐富的節令歌。這些長詩根據大地草木的枯榮、鳥啼蟬鳴的變化詳細地敘述了一年之間的節令變化，指明應該安排什麼農事活動，提醒人們不要誤了農時。這對於生產、生活有著重要的指導意義，因而民間把這些節令歌稱為「哈尼通書」。

　　根據《哈尼族四季生產調》或《翻年歌》來看，哈尼族農事歷的基本內容和功能略似農曆。其基本內容是：以自然物候變化的輪迴周期紀年，以月亮圓缺輪迴周期紀月，以十二生肖命名年、月、日。其推算方法是以農曆十月為歲首，哈尼族將十月命名為虎月，故其月序是虎、兔、龍、蛇、馬、羊、猴、雞、狗、豬、鼠、牛；日序又是以鼠為首，即鼠、牛、虎、兔、龍、蛇、馬、羊、猴、雞、狗、豬，十三日稱為一輪。一年分十二個月，每月三十日，一年三六〇日，剩下的五日為過年節期。根據自然物候的變化，一年分為三段，即「窩巴臘」（乾季：相當於農曆二、三、四、五月）、「惹巴臘」（雨季：相當於農曆六、七、八、九月）、「從巴熱「（冷季：相當於農曆十、十一、十二、一月）。也有的哈尼族將一年分為四段，即「窩巴臘」（乾季：相當於農曆二、三、四月）、「惹巴臘」（雨季：相當於陰五、六、七月）、「主巴臘」（熱季：相當於農曆八、九、十月）、「從巴熱「（冷季：相當於農曆冬、臘、一月）。

　　由於哈尼族的農事歷是以自然物候變化為基礎，因而梯田農耕活動的程序安排對植物季相的變化和動物候鳥的出沒特別敏感。月曆的更替都有相應的動植物作標誌，山上火紅的野櫻桃花盛開，意味著農曆十月年已到，也標誌著冬季的來臨，梯田農耕安排是做好翻犁穀

茬、翻新田埂子，一犁一耙的農耕程序在十月年前後必須就緒。十月
過了就是冬月，冬月的標誌是自然氣候轉冷外，哈尼族認為冬月中有
一日晝夜長短相等的日子，哈尼語稱「托子」，[15]意為「節」，哈尼族
認為這是太陽和月亮相好的日子，也是推算一年節氣的開端，從這一
日起過四十五日後是「雷神酒醒」的日子，也就是立春日，天上會響
起第一聲春雷。

冬月過去又到了臘月，臘月的標誌是舉行「覺粢粢」儀式，並做
湯圓祭祀祖先和火神。臘月過去翻新年，哈尼族認為正月報春的是二
對天神鳥：第一對春鳥是「本苦阿瑪」鳥（俗稱陽雀，杜鵑鳥的種
類）；第二對春鳥是布穀鳥。與此同時，河谷的桃花開了，村邊的梨
花也開了，「托子」後的第一聲春雷響起，這一切催促人們進入春耕
備耕的農耕程序。

（二）梯田耕作制度

哈尼族梯田一年一熟制，即種一季稻穀，秋收後到翌年栽插前開
置。栽秧全用人工手插，插秧一至二株，株距無規則。傳統品種農曆
二月撒秧苗，四月移栽，九月上旬至十月上旬收割。因秧苗的分蘗受
土壤、肥力、溫度等自然條件的影響，上半山、中山和河谷三個不同
海拔地區的種植密度並不一致，但稀植是哈尼族梯田栽插的共同特
徵。海拔八〇〇米以下的河谷地區土質肥沃，株距約三十釐米，每叢
分蘗八十至九十棵；海拔八〇〇至一五〇〇米的中半山地區株距約二
十五釐米，每叢分蘗二十至六十棵不等；海拔一五〇〇米以上高山區
株距十五至二十釐米，土質相對肥的田每叢分蘗四十至六十棵，土質
一般的田每叢分蘗二十至三十棵。水稻的發育期平均為一二〇日。

---

15 「托子」：相當於陽曆的冬至日，而陽曆的冬至日是夜長晝短。故哈尼族對冬至日
 晝夜長短相等的認識有誤。

　　秧田一般較為固定，為了便於管理，紅河縣和元陽縣新街鎮、牛角寨等地哈尼族把秧田留在村子周邊，秧苗移栽後在秧田裏不栽秧了。元陽縣東部地區和金平縣北部地方的哈尼族把秧田留在每一片梯田的頭幾丘或中間幾丘，每年割完穀子立即剷除埂子壁上的雜草、打好埂子，犁翻穀茬，然後從山上割來綠肥放入田中，以人工腳踩綠肥，讓其浸泡在水中，任其慢慢腐爛，變成有機質肥料。

　　哈尼族很注重選種，秋收時節，就以塊選或棵選的方式選取梯田中稻穀長勢良好、顆粒飽滿的穀穗留做種籽。選種一般在稻穗九成熟時為好，過熟或過生都會造成出苗率低。穀種帶回家中曬乾後單獨存放在密封好的竹筒或倉櫃裏，以防鼠害、蟲害。元陽縣新街鎮箐口村等一帶梯田地處暖溫帶梯田，要在正月中下旬就要泡穀種，在水中浸泡穀種三日後撈起來在透氣的籮筐中捂三日即可撒秧，五十多天後可移栽。而該縣東部小新街鄉者臺村每年農曆二月第一輪屬蛇日恰好是「昂瑪突」祭祀神林活動，故當日早晨必須到秧田裏撒秧。因此，浸泡穀種必須在節日前六日進行。穀種一般需在水中浸泡三晝夜，然後淘幹水分，放入周圍墊隔有豆蔻葉的篾籮裏捂穀種。每天早晚噴灑一次清水，然後置於溫度30℃左右的地方，至穀種露出白芽即可撒秧。故哈尼族有「說過三遍成舊語，見過三面是熟人；穀種捂三夜就露出白點，穀種捂三天就冒出新芽」的諺語。

　　秧苗田管理包括犁田、鏟埂子壁、刮埂子腳、耙田、割綠肥、踩綠肥、圍秧田、泡種、撒種、拔秧等工序。撒秧前一天必須整理好秧田。整理秧田的工序是，先犁後耙，然後將田水撒幹，田中稀泥土要特製括板刮碎刮平，用鋤沿著埂子腳挖出一條小溝，田丘大的田要在中間開溝作墒，以便整理秧田時稀泥板結過程中的水留入溝內。

　　哈尼族育秧採用濕潤育秧法：穀種撒進秧田後，成種子半露，秧田曝曬三日，然後灌入淺水養三日，後又撒乾水曬秧田三日。爾後白

日曬秧田，晚上灌水養之，以免鼠害、倒春寒等。這樣反覆進行管理
秧田水，直至秧苗長出三葉後，水灌至淹過秧苗一半即可，直至四十
至五十天後拔秧移栽時不撤水。

施用秧田的綠肥草

Grass Maured in Seedling Field

秧苗茁壯成長

Rice Seedlings in Healthy and Strong Growth

（三）梯田農耕程序

　　三犁三耙是哈尼族傳統梯田耕作的基本工序，但現在大部分梯田三犁二耙的居多，原因是農村部分勞動力外出打工，有的農耕工序就簡化了。根據不同海拔地區稻穀收割前後的時間，進行一犁一耙的耕作工序，一般來講在農曆九月中下旬至十月中下旬，收割完穀子便立即犁翻穀茬田，哈尼語稱「相旱補」，意為犁翻頭道田。犁穀茬田之後的工序是壘築田埂子，以犁翻過的田中泥土用鋤抬到埂子上夯實，謂之打埂子。根據田丘的大小，埂子壩寬十五至一〇〇釐米不等。與此同時，以奪鏟或鋤頭剷除埂壁上的雜草入田中（這一道工序有的地區為防止稻田鼠害或穀子開始轉黃時保持良好的通風口，在未收割稻穀之前已完成），使田埂煥然一新，將田水灌滿，粗耙一遍，使得穀茬、雜草不露出水面任其在田中浸泡近半年時間，讓其自然腐爛，增強土壤肥力。至此，一犁一耙的耕作工序基本完成。故有哈尼族諺語：「男人犁田若過十月末，向下犁不死野茨菇，向上犁不死野薺薺。」大部分地區打好埂子，田水淹過穀茬和雜草，因此，耙田的工序一般舍掉了。有的地區的哈尼族利用近半年梯田閒置時間在田中養魚，成為梯田的副產品。

　　農曆二月在「昂瑪突」節之後，梯田進行第二遍犁田和第二遍耙田，順序還是先犁田後耙平，目的是疏鬆土壤，同時修補埂子漏水的地方，保持田中一定蓄水量，使梯田呈現波光粼粼的景觀。

　　根據不同海拔地區，農曆二月「昂瑪突」節前後的重要耕作程序是整理秧苗田和撒穀種等工序。現在有的地區哈尼族由於勞力不足或外出打工，梯田耕作制度發生明顯的變遷，只進行二犁一耙或二耙，甚至有的在栽秧前夕將三犁二耙或三耙的所有工序一次性完成。

　　三犁二耙或三耙的耕作工序是在農曆三月下旬至四月栽秧時節。這一遍是犁耙工序和栽種工序同時進行。順序仍然是先犁後耙，目的

是鬆土平土後好栽秧。高山地區梯田一般耙過以後為防止泥土板結，須在當日內栽進秧苗，原則是耙好一丘田接著就栽秧一丘田。男子除了負責犁耙工序外，抽調部分勞力去拔秧苗、運輸秧苗，女子主要負責栽秧工序。因此，哈尼族諺語有「女子不犁田，男子不栽秧」之說。

農曆五月「莫昂納」或「仰昂納」節之後，梯田進入夏季管理的中耕程序。一般來看，秧苗移栽十日左右就開始返青，二輪（二十五日）之後進行田中頭一遍薅除草，秧苗打苞時進行第二遍薅除雜草，此時，稻穀秧與稗草相似，不容易區別，並與稻穀爭水肥，故重點拔除稗草。其它，如野茨菇、細葉草等水生植物的根係也發達。因此第二次薅除雜草確實費力。農曆六月「矻紮紮」是盛夏的標誌，此時下半山區梯田稻秧開始抽穗、揚花，進行砍除田埂草。農曆七月，舉行驅鬼避邪儀式，護祐人畜避瘟疫，不讓田中的稻穀蟲害；與此同時，修理谷般、修整田間運輸稻穀的道路。

農曆八月，田野裏一片金黃，千里飄香。哈尼族過完「嘗新穀節」之後，進入了緊張的收割程序。一般來講，農曆八月中旬至九月下旬為梯田收割期（由於現在栽種雜交稻，故收割期提前）。收割時女子負責割穀稈，男子負責脫粒。脫粒方法是拿起一把直徑約二十釐米的連谷稻杆，使其穀穗在谷船兩端枕木上撞擊脫粒。穀草攤開曬在田埂上，待乾後收攏在田邊地角再運回家中存放備用，作屋頂更新修繕材料或冬季寒冷日子作為牛飼料。穀粒搬運男女同時進行，裝入麻袋內，男子可負載五十至七十千克，女子可負載四十至五十千克。河谷一帶梯田與村寨相距二至三小時不等的爬坡山路，故運載穀粒相當費勁，並按習慣當日脫粒的穀子必須背回家。

上述是哈尼族長期以來對梯田傳統品種的耕作程序，現在有的梯田在海拔一三〇〇米以地區栽種雜交稻新品種，由此改變節令時間和耕作程序。

壘築埂子

Diking

犁翻穀茬入土

Plowing

耙平泥土後栽秧

Harrowing

栽秧

Transplanting Seedlings

收割

Reaping

（四）梯田管理

秧苗栽下之後，梯田要灌滿一定的水量，直到穀子收割前夕。因此，田水管理成為梯田管理的重要環節，三天兩頭必須查看梯田，一方面查看田水是否幹了，另一方面查看是否田水過多而秧苗被淹或田埂坍塌的現象。秧苗栽下十日左右就開始返青，到三十日左右進行頭一遍薅草，秧苗打苞時進行第二遍薅除草。待穀穗開始轉黃，護秋便成為梯田管理的首要任務，每日都要有人到田間查看是否有倒伏的穀稈，穀稈倒了就扶起來，將數叢穀稈捆綁在一起，形成三角鼎力就不容易再倒伏。稻穀抽穗揚花時必須以彎刀砍除田埂上或田邊地角的雜草，保持良好的通風，以便穀穗授粉和光合作用。

穀稈捆綁在一起就不會倒伏了

Bundling Grain-stalks

割除埂壁上的雜草

Weeding

（五）梯田生態施肥方式：水沖肥

　　哈尼族灌溉梯田的水源來自村寨上方的森林溪水，溝渠水自上而下經村寨流入田間。梯田上丘與下丘之間均有出入水口，自上而下，上滿下流，終年不息，可謂是一種流水生態種植業。哀牢山區道路崎嶇，運送梯田肥料較為困難。哈尼人根據山區坎坷不平的複雜地形，

因地制宜，創造出特殊的施肥方式，謂之流水沖肥，即利用自上而下的溝渠水把肥料沖進田中。哈尼族平時把各種農家肥料積存於村邊宅旁的肥塘中，經年累月，漚得烏黑髮酵，成為高效農家肥。每到栽插季節，也就是在栽秧前十日左右，便開放流經村寨的溝渠水，把烏黑的溓水沿溝衝入田中。隨即梯田進行犁耙平土栽秧。有的地區穀子收割後，把穀茬田犁翻，溓水衝入田中養田。這種流水沖肥法至二十世紀八〇年代初期實行家庭聯產承包制後很少進行。其原因是距離遠的梯田在途中失肥大，溓水很難流到目的地。但即使是各家各戶進行的流水沖肥，有的哈尼族村寨至今流行。二〇〇四年十月二十一日，時值秋收時節，筆者來到元陽縣箐口民俗村作田野調查，下午二時左右，正好看到該村的農戶張志光家，把自家平時存貯的禽畜糞便池挖開池堤，引入村內流經的溝水沖刷，筆者沿著溝水來到田間，烏黑的溝水沿著小沖溝從寨子腳流向二千米處約有一〇〇平方米的一丘大田裏，沿途進他人家溝水口以泥土截流後，溓水就直往目的地流向。主人家的這丘大田剛翻犁穀茬、翻新田埂，把原有的田水放出去，放入從村寨而下的烏黑溓水後養田。無論是梯田剛收割完稻穀翻犁穀茬放入農家肥養田或者在栽插之際放入農家溓水養田都是為了增強梯田土壤肥力的做法，都反映了哈尼族梯田生態的持續發展，應該加以發揚光大。

　　哈尼族的梯田人為施肥少，但自然施肥仍然存生。過去有人認為，哈尼族梯田不施肥，栽衛生田，並以此說明哈尼梯田存在粗放經營等缺陷。其實這是對哈尼梯田農耕機制缺乏深刻認識的說法。每年收割完稻穀，把田埂壁上的雜草鏟入田中，打好田埂好，再把穀茬犁翻與雜草入土翻蓋，放水養田近半年。如此讓雜草和穀茬在田中腐爛後自然成為有機肥。此外，哈尼族平時將牛馬羊放山野牧，畜糞堆積於山中，加上疏鬆的腐質土，每年六七月雨季時大雨傾盆潑下，將山

上的畜糞和腐質土以及村內的肥料沿溝水衝入梯田，從而達到自然施肥的目的。

案例：自然生態施肥，巧奪天工

元陽縣者臺村地處海拔一五〇〇米的半山腰，該村的梯田分佈在一〇〇〇至一五〇〇米之間。二十世紀七〇年代實行生產隊時，村民們在栽插前夕習慣往梯田裏流水沖肥，即利用村內地勢從高到低流經的溝水沖洗村內道路邊的禽畜糞和集體糞池塘，烏黑的溝水沿村寨道路往寨腳的梯田流去。這種流水施肥的方法適合於寨子腳下附近的梯田，河谷地區的梯田由於溝線長而很難流到淝水。但河谷梯田的土壤肥力比寨子附近梯田的肥力強。一九八一年實行家庭聯產承包責任制後，除雨天沖洗的淝水流入梯田外，人為的流水沖肥方法在者臺村消失。原因是包產到戶後，房前屋後的糞池歸各戶所有，流水沖肥不易操作。

者臺村民由於農家畜糞有限，現在不再往梯田裏運輸農家肥。但是，無論過去或現在都習慣在秧田裏運送有機綠肥養田。其做法是，各各家各戶的責任田都有幾丘秧田，較為固定，每年剛收割稻穀就立即把田埂打好，剷除埂壁上的雜草入田中，再把穀茬犁翻，將雜草和穀茬入土翻蓋，再從山上割來馬虎草、白極草、秧青樹葉、蒿枝草、紫莖澤蘭（當地人稱「解放草」）等放入田中，在田中攤開後以人工腳踩綠肥浸泡在水中，任其慢慢腐爛，變成有機質肥料。在元陽縣新街鎮、勝村鄉和紅河縣的一些哈尼族村寨不習慣在秧田裏栽稻穀。他們認為會影響第二年秧苗的成長。但者臺村民認為只要及時施入綠肥養田，不影響次年秧苗的成長。因此，他們年年在秧田裏栽稻穀。

者臺村梯田雖然人為地不施肥，但自然施肥仍然存在。每年收割完稻穀，稻杆曬乾後收攏在田邊地角的空地上，然後逐一運回家中備

用，一是寒冷的冬天喂牛；二是修繕屋頂之用。整個冬季，男子的主要任務就是把田埂壁的雜草劃除入田，打好田埂子，再把穀茬犁翻與雜草入土翻蓋放水養田近半年。如此將來雜草和穀茬在田中腐爛後自然成為有機肥。平時雨水在村內沖洗後肥水也沿沖溝流入田，也成為自然的施肥。

者臺村民不習慣人為地施用大糞。全村共有一〇二一人，每人每天平均排出〇點五千克糞便，一天共排出五一〇點五千克，一年共排出一八六點三三二五噸。如果全部排入梯田，平均每畝梯田合三六七點七千克。但目前村內只有三座八平方米的廁所定期排放入溝水外，大部分村民在村邊寨腳的沖溝旮旯排放，少部分被禽畜利用，多數仍然排入溝水流入梯田。由於溝水自然淨化後，人們看不見糞便排入梯田，但分佈在寨子腳的梯田或多或少得到人畜便的自然施肥。這是哈尼族梯田生態文化特有的現象。因此，無論過去或現在，那種認為哈尼族梯田不施肥，栽衛生田，並以此說明梯田存在粗放經營等缺陷的說法，都是對哈尼族梯田生態文化缺乏深刻瞭解之見！

房前屋後積肥

Collecting Manure

水沖肥

Water Flushing Manure

（六）梯田稻穀品種與生物多樣性

1 傳統品種

　　哈尼族在長期梯田農耕生產中，培育了上千種本地稻穀品種，僅在紅河哈尼族彝族自治州內哈尼族居住區，就有適合於不同地域和氣候帶種植的早、中、晚三季水稻品種達一〇五九種，其中種植面積達一〇〇〇畝以上的有二五一種。[16]一九五六至一九八二年，元陽縣曾先後進行四次子種普查，其縣域內有一九六個品種，其中秈稻有一七一種，粳稻二十五種；另有陸稻四十七餘種。[17]這些稻穀品種均適宜於當地垂直氣候帶，即在不同海拔氣候帶的梯田使用不同的稻穀品

16　閔慶文：《大地之歌——哈尼族梯田的世界影響》（昆明市：雲南美術出版社，2010年），頁68。

17　元陽縣志編纂委員會編：《元陽縣志》（貴陽市：貴州民族出版社，1990年），頁119。

種。但是，它們均具備一個共同的特徵，即稻稈高在一至二米。這些
品種中有不少除米質優良外，也算中產，其中秈稻紅腳谷畝產三五〇
至六〇〇千克，海拔一八〇〇米左右耐寒的冷水谷也畝產三〇〇至三
五〇千克。哈尼族培植高棵品種與其生產生活有直接的聯繫：一是哈
尼族昔日的傳統住房都是土木結構的稻草頂，為了保證屋內冬暖夏涼
的功能，每三至五年更換一次稻草頂，蓋一座蘑菇房頂約需〇點二噸
稻草，這就需要大量的長稈稻草。二是耕牛是梯田農業得力的生產助
手，冬季青草飼料枯死，耕牛入廄全靠稻草過冬，也需要大量的稻
草。因此，哈尼族在收割時就把稻草在田間曬乾後運回家中備用，高
棵稻穀正是滿足了這些生產生活的需要。現選擇元陽縣梯田的部分傳
統品種及其特徵清單如下，從中可見哈尼梯田稻穀品與生物多樣性的
關係。

表3-5　元陽縣梯田稻穀傳統品種名錄表[18]

| 項目 | 品種名稱 | | 類型 | | 分佈地區 | 主要特徵 | 生育期 | 畝產 |
產地	漢語	哈尼語	秈粳	黏糯	（米）		（日）	（千克）
元陽	冷水谷	Holdoldol-havceil	秈	黏	1400-1800	抗寒	179	350
元陽	螞蚱谷	Miavbolceil	秈	黏	1200-1500	適應性強、抗性好	170	300-350
元陽	麻線谷	ceilkavq	秈	黏	1000-1400	莖稈細、易倒伏、節瘟重	182	400
元陽	早谷	ceilcovq	秈	黏	470-1925	抗病、抗倒、耐肥、早熟	120-177	300-350

---

18 根據《紅河州農牧業志·農作物水稻品種名錄表》（內部版）選錄。

項目	品種名稱		類型		分佈地區（米）	主要特徵	生育期（日）	畝產（千克）
產地	漢語	哈尼語	秈粳	黏糯				
元陽	長尾大老粳	Laoqgeq-ceilma	秈	黏	1000-1400	感頸瘟、不抗倒	180	460
元陽	小老粳	Laoqgeq-ceilssaq	秈	黏	900-1500	適應性強、抗病、抗倒	190	400-450
元陽	早熟黃谷	Ceilcovq-ceilsiil	秈	黏	1500-1800	早熟、抗寒、適應性強	178	375
元陽	小黃谷	Ceilsiilsi-ilssaq	秈	黏	1500-1800	耐瘦、倒伏、易脫粒	179-180	200-300
元陽	大黃谷	ceilsiilsiilma	秈	黏	1000-1400	適應性強、產量穩定	185	350-400
元陽	雷響谷	ceilmiav	秈	黏	1200-1600	感光強、耐遲栽	177	400
元陽	小麻線谷	Ceilkavqka-vqssaq	秈	黏	1000-1400	抗倒、感節瘟病	176	450
元陽	麻車車然	Malceil-ceilssaq	秈	黏	1500-1800	抗寒、易脫粒、適應性強	179	350
元陽	烏嘴車呢	Ceilnav-ceilnil	秈	黏	1000-1500	抗病、耐肥、易倒伏	179	400
元陽	大黑谷	ceilnav	秈	黏	1500-1600	抗倒、耐寒	185	375
元陽	黑殼大老粳	Ceilnavlao-qgeq	秈	黏	1200-1600	適應性強、抗病	183	400
元陽	綠葉谷	pavniulceil	秈	黏	1550-1700	重感節瘟、耐寒	184	400
元陽	皮條谷	ssoqdoqceil	秈	黏	1400-1800	抗寒、抗病、難脫粒、米好	174-180	250-350
元陽	老少谷	ceilsov	秈	黏	700-1400	抗性中等、易倒伏	196	375

項目 產地	品種名稱 漢語	哈尼語	類型 秈粳	黏糯	分佈地區（米）	主要特徵	生育期（日）	畝產（千克）
元陽	烏嘴香糯	Ceilnavho-qniaoq	秈	糯	800-1200	感光、耐肥、易脫粒	182	300-375
元陽	高山糯谷	Holdolho-qniaoq	秈	糯	1500	耐寒、耐肥、抗倒、分蘗少	180	300-375
元陽	黃殼糯	Ceilsiilho-qniaoq	秈	糯	1000-1300	遲熟、易脫粒、適應性強	180-200	350-400
元陽	白糯	Wupiulho-qniaoq	秈	糯	1500以下	分蘗強、耐肥	190	300-350
元陽	丫多糯	Nialdolho-qniaoq	秈	糯	1000-1400	抗病、抗倒、感光、易脫粒	195	400
元陽	紅殼冷水糯	Holdolniao-qnil	粳	糯	1700	抗倒、較耐寒、易脫粒	182	250-350
元陽	長毛糯	Meiqcevho-qniaoq	粳	糯	750-2000	耐肥、耐寒、適應性強	180-205	200-250
元陽	皮條糯	Ssoqdoqho-qniaoq	粳	糯	1600-1800	抗寒、抗病	179-188	300
元陽	小黃糯谷	Hoqniao-qniaoqsiil	粳	糯	1220-1700	耐陽、抗病、分蘗弱、易倒	186-200	250-300
元陽	紅糯谷	Hoqniao-qniaoqnil	粳	糯	1100-1700	耐肥、耐寒、抗倒	180	200-350

2 傳統品種的喪失

　　二十世紀八〇年代初期實行家庭聯產承包責任制後，分配上實行「完成國家的，上交集體的，剩下都是自己的」的辦法，徹底改變了

幹多幹少一個樣、幹好幹壞一個樣的平均主義思想，農民的生產積極性空前高漲，精耕細作自己的責任田。耕作制度的變化主要表現在稻穀品種的選用上。二十世紀八〇年代中期起梯田引進外地品種，到了九〇代末期，雜交稻憑藉其產量高的優勢，得到較大面積的推廣，經過實踐，海拔在一千三百以下的梯田都適宜種雜交稻。雜交稻的籽種、育秧、栽插、管理等方面讓長期以來習慣種植傳統品種的哈尼人無所適從。籽種不能自己培育，開始時，政府將籽種無償送給農民，化肥也以優惠價供給。育秧也要求薄膜覆蓋，管理不好容易受春寒襲擊，延誤栽插節令。到了九〇年代中期，籽種錢政府只補貼一半，後來完全由村民自己出錢購買。由於雜交稻要大量密植才能增產，而傳統品種栽插的特徵是稀植，故每畝只要三千克的籽種，而雜交稻每畝要四千克的籽種。每千克雜交稻籽種合幣四十元，如果某一農戶有五畝田，僅籽種錢合八百元，加上化肥、農約、薄膜等錢就是一千五百多元。大部分農戶年人均收入還不足一千元，他們是難以承受這筆籽種化肥錢。

哈尼族經營了千餘年梯田後曾經培育出了上百個傳統稻穀品種，在政府宣導種植以雜交稻為代表的新品種的背景下，二十多年來的時間裏傳統品種不斷消失，而且傳統品種喪失的速度還在加快。為了提高傳統品種的產量，長期以來村民異地改良傳統品種，即將其它地方的傳統品種拿到當地種植，這既沒有改變傳統品種的耕作制度，又能適當增長，一定程度上也保護了傳統品種。但由於受所謂「科學種田」的話語霸權的影響，這樣的民間改良品種在哈尼族梯田裏沒有大量的推廣，致使哈尼族梯田文化核心區元陽縣，從二十世紀八〇年代初的二百多個傳統品種，至今整個縣域內還種植的傳統品種約六十至八十種，喪失了三分之二傳統品種。現有種植的傳統品種主要分佈在海拔一千三百米以上的上半山區，海拔一千三百米以下的下半山區的

哈尼梯田幾乎被雜交稻佔領，從一定意義上講，雜交稻成為哈尼梯田稻種生物多樣性的「殺手」。在傳統品種中，有不少是米質好、產量也較高的良種，但當地農業部門從來不去改良傳統優質品種，而是一味引進外來雜交稻等新品種，致使許多優質傳統品種消失。這對維護梯田稻穀生物基因和生物多樣性是一大損失，也是對世界農業的一大損失！

　　二〇〇五年七月，聯合國綠色和平組織在梯田核心期元陽縣召開了以「尋找大米之路」為主題的國際會議，會上提供了傳統稻穀品種八十七個，其中元陽縣梯田傳統品種三十八個，占百分之四十三點六；會上有的西方學者提出了雜交稻抗病力弱，米質口感不好，轉基因對人體可能會產生矮化作用的質疑。時至二〇一〇年，筆者調查了海拔一千三百米以上的哈尼梯田難以適應雜交稻的部分傳統品種分佈地區，現將田野調查點的一些傳統稻穀品種輯錄列表如下：

表3-6　元陽縣新街鎮箐口村梯田種植傳統稻穀品種名錄表

品種名稱		類型		分佈地區（米）	主要特徵	生育期（日）	畝產（千克）
漢語	哈尼語	秈粳	黏糯				
箐口谷	eelpuvceil	秈	黏	1500-1800	高山谷與泡竹谷人工輔助雜交而成，耐瘦、倒伏、耐遲栽	179-180	200-300
冷水谷	Holdoldolhav-ceil	秈	黏	1400-1800	抗寒、耐遲栽	179	350
薄竹谷／月亮谷	alpeilceil	秈	黏	1200-1500	適應性強、抗性好	170	300-350
早谷	ceilcovq	秈	黏	470-1925	抗病、抗倒、耐肥、早熟	120-177	300-350

品種名稱		類　型		分佈地區（米）	主要特徵	生育期（日）	畝產（千克）
漢語	哈尼語	秈粳	黏糯				
紅腳老粳	Laoqgeqhhu-nil	秈	黏	1400-1600	感頸瘟、不抗倒	180	460
白腳老粳	Laoqgeqhh-upyul	秈	黏	900-1500	適應性強、抗病、抗倒	190	400-450
觀音谷／高山谷	Ceillaolceil-gaoq	秈	黏	1500-1800	倒伏、抗寒、適應性強	178	300-350
花谷	ceilpuvq	秈	黏	1800-2000	耐瘦、耐寒、倒伏、易脫粒	179-180	200-300
瓦蔗谷	hhavqzeivceil	秈	黏	1500-1800	抗寒、易脫粒、適應性強	179	300-350
麻車或漫車	Malceil	秈	黏	1500-1800	抗寒、易脫粒、適應性強	179	300-350
螞蚱谷	Miavbolceil	秈	黏	1200-1500	適應性強、抗性好	170	300-350
丫多糯	Nialdolho-qniaoq	秈	糯	1000-1400	抗病、抗倒、感光、易脫粒	195	350-400
紅殼冷水糯	Ceilnilho-qniaoq	粳	糯	1700	抗倒、較耐寒、易脫粒	182	250-350
高山糯谷	Holdol hoqniaoq	秈	糯	1500	耐寒、耐肥、抗倒、分蘖少	180	300-375
紫糯	Hoqniao-qniaoqnav	秈	糯	1500以下	分蘖強、耐肥	190	300-350
紅糯谷	Hoqniao-qniaoqnil	粳	糯	1100-1700	耐肥、耐寒、抗倒	180	200-350
長毛糯	Hoqniaoqmiq-zuv	粳	糯	750-2000	耐肥、耐寒、適應性強	180-205	200-250

　　箐口村現在種植的品種中，除了上述列表的傳統品種外，還有一些引進新品種，即雜交稻、大粒香、楚梗十二號、楚梗十七號、合係四十一號、建水谷等。

表3-7　元陽縣新街鎮全福莊梯田種植傳統稻穀品種名錄表

品種名稱		類型		分佈地區（米）	主要特徵	生育期（日）	畝產（千克）
漢語	哈尼語	秈粳	黏糯				
刺竹谷	alcuqceil	秈	黏	1600-1800	抗寒	179	350
螞蚱谷	Miavbolceil	秈	黏	1200-1500	適應性強、抗性好	170	300-350
早谷	ceilcovq	秈	黏	470-1925	抗病、抗倒、耐肥、早熟	120-177	300-350
紅腳大老粳	Laoqgeqhhu-nilnilma	秈	黏	1000-1400	感頸瘟、不抗倒	180	460
紅腳小老粳	Laoqgeqhhu-nilnilssaq	秈	黏	900-1500	適應性強、抗病、抗倒	190	400-450
瓦蔗谷	Hhavqzeivceil	秈	黏	1500-1800	抗寒、易脫粒、適應性強	179	350
高山谷／觀音谷	ceilgaoq	秈	黏	1600-1600	感光強、耐遲栽	177	300
鑼鍋谷	laoqgoceil	秈	黏	1600-1900	抗倒、耐寒	185	300
黃草嶺谷	deiqsilceil	秈	黏	1600-1900	適應性強、抗病	183	300
高山糯／冷水糯	Holdolho-qniaoq	秈	糯	1500	耐寒、耐肥、抗倒、分蘗少	180	300-375
黃殼糯	Hoqniao-qniaoqsil	秈	糯	1000-1300	遲熟、易脫粒、適應性強	180-200	350-400
白糯	Wupiulho-qniaoq	秈	糯	1500以下	分蘗強、耐肥	190	300-350

表3-8　元陽縣小新街鄉梯田種植傳統稻穀品種名錄表

品種名稱		類型		分佈地區（米）	主要特徵	生育期（日）	畝產（千克）
漢語	哈尼語	秈粳	黏糯				
麻線谷	ceilkavq	秈	黏	1000-1400	莖稈細、易倒伏、節瘟重	182	400
早谷	ceilcovq	秈	黏	470-1925	抗病、抗倒、耐肥、早熟	120-177	300-350
恢谷	ceilpeel	秈	黏	1000-1400	適應性強、產量穩定	185	350-400
雷響谷	ceilmiav	秈	黏	1200-1600	感光強、耐遲栽	177	400
皮條谷	ssoqdoqceil	秈	黏	1400-1800	抗寒、抗病、難脫粒、米好	174-180	250-350
長毛糯	Meiqcevho-qniaoq	粳	糯	750-2000	耐肥、耐寒、適應性強	180-205	200-250
黃殼糯	Ceilsiilho-qniaoq	秈	糯	1000-1300	遲熟、易脫粒、適應性強	180-200	350-400
小黃糯谷	Hoqniao-qniaoqsiil	粳	糯	1220-1700	耐陽、抗病、分蘗弱、易倒	186-200	250-300
紅糯谷	Hoqniao-qniaoqnil	粳	糯	1100-1700	耐肥、耐寒、抗倒	180	200-350

表3-9　元陽縣上新城鄉下新城村哈尼族種植傳統水稻品種名錄表

水稻品種名稱		分佈海拔（米）	種子來源	畝產／千克	米市價（元／千克）	主要特徵和文化意義
漢語	哈尼語					
雜交糯稻	Cavqjaolho-qniaoq	1390	自留／交換	350-450	7-8	株高五十釐米左右，雜交稻與當地糯稻混種而成的新型糯稻，用於嫁娶婚喪、節日慶典的祭品和副食。
黃殼稻	Ceilgevq	1394	自留／交換	300-350	7-8	株高八十七釐米，種植歷史悠久，主要用於家庭主食，米質口感好，但產量低，種植戶少；
香糯稻	xaguqho-qniaoq	1413	自留／交換	200-300	15-20	株高一六〇釐米，種植歷史悠久，米質香而口感好，制餌塊的最好原料；但產量低，易倒伏，種植戶少；用於嫁娶婚喪、節日慶典的祭品和副食。
麻線谷	Ceilkavq	1475	自留／交換	300-350	7-8	由於二〇一一年四個傳統品種都長勢不好，該戶主為了保留品種，今年將僅有的種籽混種在一丘田裏，結果長勢不錯，成熟的先後順序是麻線谷—老粳—黃殼—小白谷；農戶根據成熟先後採集籽種。這些傳統品種的共同特徵是株高一至一點五米，耐遲栽，秧苗可養到六個月移栽也不影響收成，普遍米
黃殼谷	Ceilkeevq	1475	自留／交換	300-350	7-8	
老粳	laoqgeq	1475	自留／交換	300-350	7-8	
小白谷	Hhupyul pyupssaq	1475	自留／交換	300-350	7-8	

水稻品種名稱		分佈海拔（米）	種子來源	畝產／千克	米市價（元／千克）	主要特徵和文化意義
漢語	哈尼語					
						質口感好，但產量都一般，易倒伏。 該戶又為了留種，香谷糯與新品種八三八混種
大老粳稻	Lao-qgeqgeqma	1265	自留／交換	350-400	7-8	株高一二三釐米，種植歷史悠久，米紅色，米飯油質性強，口感好，日常最好的主食；但易倒伏，產量低，種植戶極少，處於頻危品種。
黃殼糯稻	Ceilgevqho-qniaoq	1265	自留／交換	300-350	9-10	株高一四〇釐米，種植歷史悠久，米質香而糯性強，口感好，制糯米粑粑的最好原料；但產量低，種植戶少；用於嫁娶婚喪、節日慶典的祭品和副食。
紫糯稻	Hoqniao-qniaoqnav	1258	自留／交換	200-250	10-12	株高一一八至一三一釐米，種植歷史悠久，米質紫黑，營養價值高，民間認為食用紫米對骨折癒合具有很好的療效。但產量很低，種植戶少；也用於嫁娶婚喪、節日慶典的祭品和副食。

注：此表為國家環保部生物多樣性保護子專案「紅河地區遺傳資源及相關傳統知識研究」調查的部分內容，黃紹文，趙富偉等於二〇一二年九月二十一至二十三日實地調查。

3 雜交稻與傳統品種比較

　　傳統品種是哈尼人經若干世紀經營後培育出來的，它適應於不同海拔地帶的梯田，有適應性強、產量穩定、抗病、抗倒、耐肥、耐寒、分蘗強等特點。傳統品種具有公共性，農民可以自己留種，無需要到市場上購買，農民可以自由交換，比起雜交稻大大降低了種籽的成本，在選種和交換方面更多地體現了農民的自由權利。哈尼人積纍了種植傳統品種的經驗，容易管理，秧苗耐遲栽，有較大耐性，不會受倒春寒的影響。傳統品種稻稈長，建築材料和牛飼料好，也可桔稈還田，增加綠肥。傳統品種只施綠肥，不施化肥，不易得病蟲害，不施農藥和除草劑。由於哈尼梯田品種多樣，它在一定程度上能夠抑制病蟲害的擴大和蔓延，即使遭遇病蟲害，多個品種有能與之抗衡的能力。因此，哈尼梯田傳統稻種從來不要農藥殺蟲劑。這一切大大降低了農民經營梯田的成本。傳統品種多樣化，基因也多樣化，米質優良，口感好，是名副其實的綠色食品，每千克的稻米價格都在八元以上，而雜交稻米的價格每千克在三元左右波動，且長時間不易保存。傳統品種惟一的不足只是產量底，一般畝產物二五〇至三五〇千克。

　　由於矮稈高產的雜交稻迅速推廣到全球各地，成為稻作文化區的主流作物，且呈勢不可當的態勢。但由於哈尼梯田分佈的海拔差異性和稻種價格及管理等問題，雜交稻並沒有獨霸哈尼梯田，而且在很大程度上被經驗豐富的傳統品種所抵制。

　　首先，自然條件的限制，哈尼梯田分佈在海拔三〇〇至二五〇〇米之間，雜交稻只適宜海拔一三〇〇米以下地區。由於哈尼梯田灌溉的水源來自高山區的泉水溪流，海拔一三〇〇米以上的梯田水溫相對低，雜交稻無法適應這樣的水溫，這部分梯田占哈尼梯田三分之一還多，加之哈尼梯田分佈的地勢差異，光照條件不如平壩地區。這些條

件影響了雜交稻的推廣。第二，雜交稻籽種比較昂貴，農民無法自行培育，哈尼族地區的農民普遍比較貧窮，無法支付每年昂貴的籽種錢，雖然雜交稻品種的籽種每公斤二十元，但也超出了當地人可以承受的範圍。加上，雜交稻需要大量的化肥、農藥、除草劑、薄膜等現代化學產品來支撐，而當地人的經濟實力又無法購買這些現代科技產品，並且一旦用上了這些化學產品，梯田本身的自我迴圈的肥力和土壤結構遭到破壞，就更依賴於這些化學產品。土壤對化肥對的依賴就像人吸毒有癮一樣，會對化肥產生很大的依賴性，大大增加農民經營梯田的成本同時，也破壞了土壤的酸堿結構。因此，當地的農民曾經算過一筆賬，雜交稻比傳統品種增產的那部分折成錢後還抵銷不了購買籽種和化肥的錢。第三，雜交稻需要現代科技的投入，管理上增加農民技術的難度。哈尼族梯田的農耕生態機制是若干個世紀形成的，雜交稻容易受倒春寒、病蟲害等自然災害的襲擊，育秧管理不好會影響栽插節令，從而導致減產。由於雜交稻品種結構單一，病蟲害的抑制力差。如，二〇〇七年六月元陽等地的哈尼梯田發生大面積的稻飛蝨蟲害，農業科技部門指導噴灑農藥，而梯田裏不僅有黃鱔、泥鰍等自然水產品外，還有人工生態養魚和生態養鴨、養雞的廣闊場地，噴灑農藥會對這些水產品產生影響，元陽梯田核心區新街鎮的農民認為水產品減少後得不償失，所以抵制農約。第四，雜交稻米口感差，價格低，容易發黴，不易長時間保存。稻稈短，還田效力差，做喂牛飼料也不好，不宜做建築材料。這些都不適應哈尼人的生產生活。雜交稻最大的優勢就是產量高，比傳統品種增加近一倍。

眾所週知，病蟲害是農業生產的重大災害。為了控制病蟲危害，當今的現代農業不得不普遍大量使用化學農藥。儘管哈尼族梯田一年四季保水養田，然而，即使是水稻生長期間正值哀牢山區雨季，濕度大，溫度適中，自古以來哈尼梯田裏的病蟲害仍然很少。據有關資料

記載，水稻白葉枯病是一九五七年由廣東引進「南特號」和由浙江引進「浙場九號」時從外地傳入的。先在紅河北岸壩區的開遠、蒙自、建水、石屏四縣發生，爾後隨著稻種的推廣而傳遍紅河州內。危害水稻、玉米的重要害蟲黏蟲，一九五三年才首次大發生，一九五八和一九六〇年又發生了兩次，只是從一九六三年起，才變成常發性害蟲，每年都有不同程度的發生。稻葉蟬、稻縱卷葉螟等原來有零星發生，[19]但是在二十世紀八〇年後大量推廣雜交稻的二三十年已成為梯田的災害，最典型的是二〇〇七年六月大面積發生的稻飛蝨災害。由此看來哈尼梯田的病蟲害跟引入新品種是很大的關係。

時至今天，許多哈尼族的農民，從未使用過農藥，家裏更沒有施用農藥的噴霧器。雖然在歷史上，水稻稻瘟病就是危害梯田水稻生產的重要病害（哈尼人稱其為翹脖子病），但一般說來，水稻病蟲害並不構成威脅梯田水稻生產的大敵。按照傳統，哈尼人也不刻意消滅病蟲害。因此，與其它農業相比，哈尼族的梯田免除了消滅病蟲害的艱巨任務。

我們之所以說哈尼族梯田水稻生產是自然主義的，不僅在於他們在水稻生產過程中，一般不施用化肥，不使用化學農藥，而且在於他們認為，土壤是有生命的，人與土壤應該是一種友好的夥伴關係。哈尼有經常換種的習俗。一個品種種二至三年以後，就要與他人進行換種，最多不能超過四年。換種既可以與其它的村寨換，也可以在本村本寨換。不僅不同的品種之間換種，不同人家種的同一個品種也應該換。當問他們為什麼要這麼換的時候，他們說，土壤跟人一樣，是有「味口」的。正如人總是吃同一種菜影響味口一樣，土壤總是種同一

---

19 李期博主編：《紅河哈尼族彝族自然治州哈尼族辭典》（昆明市：雲南民族出版社，2006年），頁241-244。

個品種也影響它的味口。長期種同一個品種，長勢不如先前那麼好，產量不如以前那麼高，就是土壤胃口不好的表現。[20]

案例：改良傳統水稻品種

「紅米穀」是當地農民根據米質的顏色為紅色而取的名稱，屬新品種與傳統品種雜交培育出來的新型品種，哈尼語稱 ceildeivceilnil，意為矮稈紅谷。雜交的母本為IR28，副本為傳統品種泡竹穀（alpeilceil）。二十世紀九〇年代中期，由元陽縣科學技術委員會培育而成。最先在元陽縣小新街鄉大拉卡村試種。其穀粒脫殼後米呈紅色，故稱紅穀米。該品種適宜於海拔一〇〇〇至一五〇〇米的中半山區，具有傳統品種生長周期長、適應性強的特徵，又比傳統品種有所增產，其纖維質含量是普通大米的三至四倍，富含鈣、磷、鐵等多種微量元素，米色紅潤、米質鬆軟回甜、口感滑爽，米價比雜交稻高出十幾倍，農民可以自由留種交換，管理方便，深受到當地農民的青睞，因而在周邊的村寨自由推廣開來。由於該品種具有開發綠色食品價值，市場前景廣闊，於是元陽縣小新街鄉成立元陽縣龍泰糧業有限公司，註冊商標為「雲梯紅穀米」，進行商品性開發，二〇〇九年種植面積達一〇〇〇畝，平均畝產量三五〇千克。「雲梯紅穀米」精緻包裝米最高價格達每千克二十元，並遠銷到首都北京。

---

20 嚴火其、李琦：〈自然主義的哈尼稻作及其可持續發展〉，載白克仰、黃紹文主編：《第六屆國際哈尼／阿卡文化學術討論會論文集》（昆明市：雲南人民出版社，2010年），頁302。

紅米穀　Red Rice

四　哈尼族梯田灌溉系統中的生態文化

　　水是哈尼族梯田生態文化的生命「血源」，水資源的利用和管理始終貫穿於哈尼族梯田整個生態系統中，並形成了一套有序的管理機制。

（一）傳統灌溉系統──生態溝渠

　　梯田灌溉系統是梯田生態文化的「血脈」。由於哀牢山區地質構造岩體支離破碎，地形、地勢複雜。水利建設方面，哈尼族自古以來就修築溝渠，引高山溪流彙集而成的河流水系灌溉梯田。因此，哈尼族修築了大量的溝渠引水灌溉，而灌溉的梯田面積又不均等，於是哈尼族形成了一整套從修築灌溉系統到合理分配水資源的社會規範。

　　從自然水系的分佈狀況來看，紅河流域哈尼族聚居的紅河、元陽、綠春、金平四縣內的主要干支河流有四十三條，流域面積十一萬平方千米，年均流量在三十至五十立方米／每秒。這些河流中，枯水季流量最大的紅河水流量是十五點五立方米／每秒，而其支流流量最小的也在〇點五立方米／每秒。

　　在二十世紀五〇年代初期以前，修築大中型水渠系統往往是當地土司出錢或村寨聯合出資、合資，有的甚至是個人出資而修建。在水溝權屬問題上，是當地土司派百姓開挖的，溝權屬土司所有；百姓集資投勞開挖的，溝權屬村民所有；田間小溝由受益者自己開挖，溝權私人所有。據《元陽縣志》載，清乾隆五十二年（一七八七年），元陽縣境內的老克、糯咱、絞緬三寨合議，決定在壁甫河源頭（今紙廠村）開挖水溝。三寨出銀一六〇兩，米四十八石（每石約一五〇千克），鹽八十千克，投工近一〇〇〇個，結果溝未修通。嘉慶十一年（一八〇六年），三寨再議修溝，並決定每「口」水（「口」是當地以木刻凹口的大小為放水的計量單位）出稻穀七十五千克，銀一八〇兩，米二十石，鹽五十千克重修。經二年多的努力，終於將長十五千米，流量為〇點三立方米／每秒的糯咱溝修通。此為境內由群眾集資投勞開挖的第一條水溝。[21]

　　從開溝的技術來看，哈尼族在開鑿溝渠時利用地勢高低發明了特殊的「流水開溝法」，即先觀察選定引水源，再勘察水溝要通過的地形，以目測引水溝經過的大致路線，開溝時從源頭至溝尾逐步修築溝基，並在施工中邊開溝邊放水，溝基修到那裏水位流到那裏，溝基深度以小水流自然流過為宜。水溝剖面呈上寬下窄的梯形，根據流量大小，溝壩寬五十至二〇〇釐米不等，以便能承受水壓力。所選的地形條件是，儘量減低水溝的坡度，一般在三十度以下，防止大量泥沙夾帶沖到田裏，並能適應溝基兩側溝壩承受的壓力範圍。在開溝過程中還會常常遇到石頭攔路的情況，對於石材酥鬆的岩石，就用鐵釺一點一點地鑿開，直到鑿出一條足夠水源流過的通道。如果開溝過程中遇

到堅硬的大石頭，以木材燒紅石頭，然後潑涼水在其上，使其改變物理性質後發生石頭炸裂，再用鐵釬慢慢鑿開通道。哈尼族的水溝溝基三面內側均為土方，由於長期被水浸泡後，某些地段的土質會鬆軟並出現滲水，為了防止溝壩坍塌，就在這些地段的溝壩外側釘上竹木樁，木樁之間用長條竹篾固定，再用混有草根的黏土反覆夯實來阻止滲漏，草根生根發芽，穩固土基，有的在容易塌翻的地段打進柳樹條樁和栽進竹子後，來年草木發芽，有效地控制水土流失，穩固了溝基。

截止一九四九年，紅河、元陽、綠春、金平四縣境內共修建水溝一二三五〇條，灌溉梯田面積三十餘萬畝。二十世紀下半葉，國家實行統一規劃，各級政府組織實施建設，加之現代化工具的大量運用，使水溝建設的規模和品質躍上新臺階。據各縣志書記載，至一九八五年，上述四縣共修建擴建水溝二四七四五條，灌溉梯田面積約一〇〇萬畝，其中，流量在〇點三立方米／每秒以上的骨幹溝渠一二五條。又據二〇〇四年統計，紅河縣的大小水溝共三〇二二條，其中，建設成三面被現代水泥光滑抿糊的有三十四條，流量在〇點三立方米／每秒的有二十條，最長的水溝有二十二千米。元陽縣大小水溝四六五三條，其中，建設成三面被水泥抿糊光滑的有十二點一三千米，流量在〇點三立方米／每秒的有四十五條，最長的水溝有二十五千米。綠春縣大小水溝七〇〇〇多條，其中，建設成三面被水泥光滑抿糊的有二十一條，流量在〇點三立方米／每秒的有十三條，最長的水溝有六十五千米（黃連山水溝）。

案例：者臺村水資源利用與生態文化

元陽縣小新街鄉者臺村農田引水主要靠梭山河（芒鐵河上游分支）及轄區內的大小溪流箐溝。者臺大溝引自海拔一九〇〇米處「猴子岩」腳的梭山河上源，由西南向東北流入村寨供人們生活生產用水

後流向梯田，全長七千米，流量為〇點三立方米／每秒，灌溉梯田面積一〇〇〇畝。二十世紀七〇年代初期利用其溝水修建了一座裝機容量為二十六千瓦的小型電站，供村民照明使用，到八〇年代末期，由於管理、機件品質、技術服務等原因停止運作後一直未修復。九〇年代村民靠點煤油燈照明，二〇〇〇年，縣內十千伏的高壓輸電線只架到鄉政府駐地，各村委會要求自己集資架線，二〇〇三年者臺村委會將集體聯合林場木材出售十萬元，各自然村每戶村民集資八十元，共集資十八萬元，將高壓輸電線從鄉政府駐地架到各自然村。從此解決了村內的照明和電器用電問題。自古以來村民利溝水修建水碾、水磨等傳統動力加工，目前，利用者臺大溝水源修建的水碾房尚有五座，其中兩座屬於外村，村民作脫離穀殼用。流經村寨溝水準時作洗菜、洗衣，也供禽畜多飲水用，然後流向梯田，一年四季，流水不斷。

這裏值得一提的是，據《小新街區志》（內部資料油印本）記載：者臺大溝於一六九〇年開挖。這與有關史料記載時間基本吻合。據《元陽文史資料・第一輯》「納更司土巡檢」一節載：康熙十二年（一六七三年），納更土司龍天正病故無子，以胞弟長子龍得雲頂襲伯職，一六八七年，得雲身故，其長子在田本應承襲父職，但因年幼而奉文以其叔龍得海撫孤代辦十年。一六九七年，龍得海代辦十年期滿卸任，於是與其侄龍在田協議分家。其地界西起納更梭山河、北至大喇卡河、東至逢春嶺河的所有梯田、村寨是得海代辦十年期間率民開墾出來，今應劃歸得海管理。於是龍得海攜帶司署分界文約率六子來到紅河南岸的半山區大喇卡居住，並著手分家：長子龍在源分居小喇卡，管轄三丘田等十寨；次子龍在汶分居石岩寨，管轄火山等十寨；三子龍在淵分居大喇卡，管轄哈尼寨等十寨；四子龍在朝分居克甲，管轄老烏寨等十寨；五子龍在延分居者臺，管轄扒保等九寨；六

子龍在渭分居稿吾卡，管轄蠻板等九寨。[22]所有這些村寨均在今元陽小新街鄉境內。

據村中老人介紹，當時修築者臺大溝的是董氏（漢族，為當時富裕人家，但董氏家族人口增長緩慢，原有的人口負增長，至今只有二戶）出鐵錘、鐵撬杆等工具，由建寨初期的十來戶人修建，以土石為壩，順著山勢從高至低蜿蜒而下。

二〇〇九年至二〇一〇年冬春季節，中國西南地區持續高溫出現了百年不遇的大旱，許多河流水位大大降低，甚至斷流，中小水庫變成乾涸的庫底。大旱導致西南五省區市許多地方小春作物大面積絕收，經濟損失超幾百億元，對當地人而言，更加深了貧困程度。這樣的背景下，筆者懷著焦慮不安的心情，於二〇一〇年四月十二日回到家鄉考察者臺大溝。讓人喜出望外的是，筆者來到水源頭，一兩千米之外就聽到了嘩啦嘩啦的流水聲，走近源頭一看，清澈見底的流水撞到河道中央的石頭上，激起白華華的水花，濺在人的身上是那樣的清爽，由於水源均為來自原始森林中的泉流溪水，水質不要淨化就可直接飲用。由於溝壩均為土石方結構，故沿途滲水特別嚴重，流到溝尾的水流只有溝頭的一半，但根據目測水流量還是不低於〇點二立方米／每秒，因為這樣的水流量才能帶動水碾、水磨。百年不遇的大旱之年，這樣的水流應該是價值千金是的水資源，但這裏的哈尼人仍然是富饒的貧窮！

由於直到現在溝基為土石結構，沿途滲水嚴重，水源流失較大，筆者曾多次向元陽縣有關部門作了反映，建設成「三面光」[23]溝渠，可大大提高資源利用率，但一直未能立項。相反，筆者的調查發現，

22 元陽縣政協文史委編：《元陽文史資料·第一輯》（內部資料），頁32-33。

23 「三面光」：指溝基內側的梯形壁面用水泥抿糊光滑後就不易滲水，能充分利用水資源。

在一些水源缺乏的地方又修建了「三面光」溝渠，枯水季成乾涸的水溝。

筆者沿溝頭至溝尾考察時，水溝兩側大部分地段都長滿森林、灌木、草叢，既使外露的兩側地段也多為旱地。因此，沿溝壩行走困難，許多地段只好繞道而行。者臺大溝是哈尼族傳統灌溉系統的實證案例，也是哈尼族梯田文化生態的歷史見證之一。一條具有三○○多年歷史的生態土溝，今天仍然擔負著哈尼梯田的持續發展！

村民日常飲用山泉水，村內原有八口水井，水源利用地下露出的泉水，但由於村落環境的變遷，水質逐漸變壞，甚至達不到人們飲用的水質要求。因此，二○○四年由政府投資九點八萬元，村民集資一點六萬元，從海拔二○○○米的森林中引山泉水入村寨的十八口水井中，其中新建了十口井，其餘八口井在原地翻新，每口水井的容量為三立方米。飲水管道全長五二八○米，其中，管道直徑七十五毫米的長一八○○米、直徑五十毫米的長一三二○米、直徑四十毫米的長四八○米、直徑二十五毫米的長一六八○米。這次飲水工程的修建，解決了村民長期飲用生活水的問題。

2010年3月者臺大溝源頭水流

Origin of Zhetai Brook in Mar.2010

（二）傳統灌溉管理方式——木刻分水

　　管好用好水溝及其設施，充分發揮應有的效益，是哈尼族梯田農業實現可持續發展的關鍵問題。明清至民國時期，哈尼族的水溝無統一管理機構，土司為一方之主，其勢力範圍的土地及其水溝皆屬土司所有。但在管理層面上實行因地制宜，凡幾村共同受益的大溝渠，每村固定二至三人專門管理，按受益面積的多少收取水利穀，或分給管理人員一份公田耕種，以作報酬。水溝的維修，若工程不大，一般由管理人員自負；較大的工程維修，由受益村出錢出力共同修理。發生水利糾紛，則由當地的土司、里長、招墢和村寨頭人出面調處。如二十世紀五〇年代初期前，元陽境內主要大溝為地主、富農把持，隨田出租，收取租穀，由佃戶管理。納更土司轄區由土司直接管理「官溝」，並實行木刻分水，收取溝穀，每刻口水收取溝穀二點五斗（三十七點五千克），年收溝穀二十石（約三〇〇〇千克）。公用水溝由村民推選溝長負責管理，以木刻分水，用水戶按木刻交納維護水溝穀，整修溝渠時，也由受益戶按木刻投勞。溝長每年召開一次群眾會，祭溝會餐，商討管溝事宜，改選溝長，修訂管理制度。[24]

　　中華人民共和國建立初期，水溝管理仍沿襲了老規距，按木刻合理分水。但是，一九五八至一九八〇年生產合作化、人民公社化期間，因土地集中經營，水溝統一由生產隊安排人員管理，稱「趕溝人」，大溝五至十人，中溝三至五人，小溝一至二人。趕溝人的報酬隨著生產隊的分配製度變化而變化，除了一九六二至一九六四年實行傳統的分配製，由趕溝人的受益戶共同承擔報酬外，評工分參加生產隊分配是這一時期的分配製。一九八一年實行家庭聯產承包責任制後，恢復了傳統的水溝管理辦法，即由群眾推選有經驗的趕溝人，其

---

24 元陽縣縣志編纂委員會編：《元陽縣志》（貴陽市：貴州民族出版社1990年），頁160。

管理人員根據溝渠的大小安排一至五人不等,其報酬問題,按木刻分
水口的大小計算稻穀,秋收後由村長追收,兌現給趕溝人,有部分小
溝由受益戶輪流管理。由此建立了行之有效的管理機制。

　　據李國發、宋恩常於一九五九年一月在金平縣馬鹿塘村寨哈尼族
的水溝管理調查來看,受益戶以木刻分水的標準分成大口與小口,大
口水直徑約十釐米,小口或半口水直徑約五釐米。大口出穀五斗(約
七十五千克),小口出穀二點五斗(約三十七點五千克),一絲水口出
穀約十五千克。[25]

　　一九八八年,筆者在元陽縣黃草嶺鄉哈更村也作了哈尼族水溝管
理調查。該村三六七戶,一五九六人,經營一○○八畝梯田,分佈在
海拔七○○至一五○○米之間。主要水溝有六條,管理人員六人。管
理人員由村民選舉,稱其為「溝頭」。溝頭任期一年,可以連任。溝
的受益戶每年在栽插之際聚眾祭溝會餐,清理木刻口,商討管溝事
宜,改選溝頭,完善管理制度,違者受罰。一般來講,木刻凹口寬窄
與所灌溉的梯田面積有關,凹口寬六十釐米刻口所流經的水灌溉面積
為五十二點五畝,收取一五○千克穀子作為溝頭報酬。凹口寬三十釐
米刻口所流經的水灌溉面積二十六點二五畝,收取七十五千克穀子作
為溝頭報酬。在制定木刻口的大小時,沒有固定模式,各地大小不
一,但都很注重木刻凹口的寬窄,一般不注重凹口的深淺。[26]

　　木刻分水是哈尼族在長期的梯田農耕活動中形成的一種不成文的
水規和制度。其形式為:根據一條溝渠所能灌溉的梯田面積,經過村
與村、戶與戶有關田主集體協商,規定每份梯田應得水量的多少,在

---

25 《民族問題五種叢書》雲南省編委會編:《哈尼族社會歷史調查》(北京市:民族出
　　版社,2009年),頁47-48。

26 黃紹文:《諾瑪阿美到哀牢山——族文化地理研究》(昆明市:雲南人民出版社,
　　2007年),頁157。

大家一致認同的前提下，按溝頭、溝腰、溝尾流經順序，在梯田與水溝結合部設置一根橫木，並在其上刻定各份梯田應得的水量，讓溝水通過木刻凹口自然流進梯田裏。因枯枝落葉堵塞橫木刻口不追究責任，若人為堵塞、刻口加大、移動橫木而導致彼多此少的，則視為違約予以罰款。如上述哈更村於一九九七年五月時值秧苗抽穗，該村有一位村民偷偷地任意加大刻口而被罰七十五千克穀子交給溝戶集體聚餐使用。歷史上屬於戶與戶之間的違約由村民集合議處；屬於村與村之間的違約則由片區的頭人集合議處。這是哈尼族村與村、戶與戶之間為了確保合理用水，避免因用水而可能引起的紛爭，達到保耕保種目的的一種世代相傳的水規，為維護哈尼族梯田持續發展發揮了良好的作用。[27]

哈尼族引高山水源灌溉梯田，引水渠都建立在坡度二十度以上的半山腰，雨天沖刷坡面時地表徑流難免攜帶泥沙衝入梯田。因此，每一片梯田引水溝水源入口的接合部都設有三至五平方米的一個池塘，稱泥沙塘，一般設在每一片梯田上方前緣，作為溝水攜帶的泥沙沉積之用，中耕管理中，定期和不定期地清除沉積的泥沙，以免流入梯田後破壞田中的土壤結構。

從各個時期的運行機制來看，哈尼族從古至今，梯田灌溉系統的水資源管理最有效的方法就是木刻分水，哈尼語稱「歐鬥鬥」（eeltevqtevq）。這是哈尼族長期耕作梯田經驗的總結，是梯田生態水利系統的重要標誌，顯示了其在梯田可持續發展中的生命力。

---

27 黃紹文：《諾瑪阿美到哀牢山——哈尼族文化地理研究》（昆明市：雲南人民出版社，2007年），頁158。

案例：元陽縣麻栗寨傳統水資源管理制度[28]

	趕 溝 人	溝 頭	村 民
職責	1.全年負責巡視水溝，保水源暢通。有阻塞和輕微崩塌的地方，若只需1-2個工的由趕溝人自己修復；若需3個以上工便通知溝頭。乾季時帶著午飯全天巡視水溝，甚至晚上也要值班。雨季時只要一天早晚兩次巡視水溝。2.監督是否有人偷水，若發現後及時通知溝頭。	1.溝頭是趕溝人的協調人，是聯繫趕溝人和村民的紐帶。由趕溝人通知溝頭何處的水溝何時需要村民出工修復，再由溝頭專門負責通知和召集村民一起修復水溝。通知不到是溝頭的責任，兩次通知不出工的農戶要受罰款。2.對趕溝人通知的偷水的農戶和其它水利糾紛要進行處理和調解。3.每年11月、12月和次年1月要召集和組織村民集體清理和加固所有的水溝。	1.接到溝頭的通知要按時出工修復水溝。2.每年11月、12月和次年1月要參加集體清理和加固所有的水溝。3.年底全體村民聚餐，評議趕溝人和溝頭的工作情況，改選趕溝人和溝頭，討論下一年的水規制度。
任職資格	1.家中勞力充足的人，可以全心全意負責水溝的管護工作。2.責任心強的人。3.村民所信任的人。4.推薦或自薦，並由全體村民認可通過。	1.村社中威望高的人。2.處理問題公正無私，有協調和調解糾紛能力的人。3.由所有灌溉農戶開會選舉。	
報酬	一年為5擔穀子（約375千克）	每人每年為1.5石（約112.5千克）	

---

28 錢潔：〈雲南省紅河州元陽哈尼族傳統水資源利用和管理——雲南省勝村鄉麻栗寨的定點研究〉，《中國西南生物資源管理的社會文化研究》（昆明市：雲南科技出版社，2001年），頁241。

	趕 溝 人	溝 頭	村 民
獎懲	不實行獎勵。若失職，在年底收穀子後全體村民開會決定減少報酬，同時還會考慮改選。	不實行獎勵。若失職或處理問題不公正，在年底收穀子後全體村民開會決定減少報酬，同時還會考慮改選。	1.不按時繳納溝頭和趕溝人的報酬，群眾會到其中催要，或取消其用水資格。 2.如果被發現偷水的，罰款4-5元。罰款將用於年底全體村民的聚餐。

縱橫交錯的水溝
Crossing Ditches

木刻分水
Field Water Distribution by Wood Baffle

梯田水源入口處的積沙池

Pool for Sinking down Sands at the Entrance of the Terrace Water Source

五　哈尼族梯田稻禽魚共生系統與生物多樣性

　　節約型生產是資源可持續發展和環保型生產的首選目標。哈尼族
梯田傳統稻禽魚共生系統和混作業的複合型經營模式是土地資源節約
型生產方式的典型代表，具有多重食物鏈的能量迴圈及其抗禦病蟲害
的生態功能，它代表著山地農耕生態文化的最高表現形式，顯示了人
工濕地系統的生態價值和生物多樣性。

（一）梯田稻禽共生與食物鏈能量迴圈

　　在天然生態系統中，植物（生產者）通過光合作用製造有機物，
儲存來自太陽光的能量，不僅養活了植物本身，還為食草動物（消費
者）提供了食物，食草動物又為食肉動物提供食物，這就構成了簡單
的食物鏈。食物鏈上的每一環都有能量的損失和轉換。哈尼族梯田生
態系統的食物鏈和能量迴圈，充分展示在以田棚為中心的梯田生產活
動中。

　　人們在梯田勞作過程中，需要避雨、避風和休息的地方，於是產
生了田棚。田棚為土木結構，稻草屋頂。它的佈局相對簡單，佔地面
積十來個平方米，建立在田邊地角的空地上。田棚一般還是分三層，
底層作畜廄，與中間層相距約一點四米；中間層作為人活動的場所，
與頂層相距約一點六米；頂層覆蓋雙斜面的茅草頂，用作堆放糧食、
稻草、犁、耙等生活生產用具。

　　底層作為牛、馬、鴨、雞等禽畜廄。梯田一年四季均要灌滿水養
田，收割穀子時脫落於田裏的穀粒，放雞、鴨覓食。夏秋兩季，螞蚱
等昆蟲生物較多，是天然的雞、鴨飼料。春、夏、秋三季中的田埂、
田邊地角青草嫩而旺盛，有足夠的牛、馬飼料，每年十月至次年三月
均可在梯田裏放牧，即早放田裏覓食草，晚歸廄。這樣的好處，一是

使用牛犁田耙田和用馬馱運糧食歸倉方便；二是將畜糞積存，等栽秧時節又將畜糞還田，增加梯田土壤肥力。春季氣候溫和，有利於家禽生長，哈尼族喜歡把成年的雞、鴨及其小雞、小鴨都帶到田間放養，一來梯田有足夠的生態飼料，二來梯田勞作的同時管理方便。形成小雞、小鴨與稻穀同時生長的模式，而且長得快而肥，成年的雞、鴨除了冬季氣候寒冷而產蛋量少外，其餘時間均產生態蛋。耕牛是梯田農耕的得力助手，栽插完畢，就將牛關進田棚底層飼養，以割田埂青草餵之，一直關養到稻穀收割完。因此，田棚關養禽畜，形成一種良性的食物鏈的能量迴圈圈，構成哈尼族梯田特有的良性迴圈復合農業人工生態系統。如下圖所示：[29]

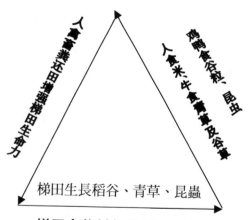

梯田食物鏈能量循環圖表

Food Chain Energy Cycle Diagram

在哈尼族梯田稻禽共生系統中，梯田養鴨是一項重要內容，它不僅展示了梯田生態經濟模式，而且貫穿於哈尼族自古以來的生產生活

---

29 黃紹文：《諾瑪阿美到哀牢山——哈尼族文化地理研究》（昆明市：雲南民族出版社，2007年），頁305-308。

習俗中。小孩放鴨是哈尼族的一項重要的生產生活習俗，也是哈尼人的人生經歷。在哈尼族社會裏，人從小到大的成長過程中，都要經歷這樣一個既玩又勞作的成長階段。小孩一般在七八歲的時候，就要從事一些在田野裏放牛、放鴨的勞動。〈哈尼族禮儀習俗歌〉對小孩放鴨和鴨子吃蟲的場面作了生動的描述：

> 手上拿著趕小鴨的竹棍，
> 扛著趕大鴨的刺竹竿，
> 把鴨放在山坳裏的水田裏。
> 採來雞幹散草，
> 學垛木欄牛廄，
> 採來火把枝，
> 學蓋小房子。
> 但是房子小得伸不進頭，
> 兩人只顧在那裏貪玩，
> 不知小鴨去哪邊，
> 不知大鴨子游到哪裏，
> 不讓小鴨子出田水口，
> 水口已欄著綠葉枝，
> 不讓大鴨出田水口，
> 水口已插著樹枝梢，
> 小鴨丟失難尋足跡，
> 只好查看大田水清濁去尋找。
> 女孩心象蟑螂翅膀樣薄，
> 女孩的心如紙薄，
> 右手捏著鼻涕找鴨子，

左手抹著眼淚找鴨子，
小鴨蹲在埂壁上曬太陽，
大鴨歇在田埂壁上啄食蟲，
在這裏找到了小鴨子。[30]

〈哈尼族古歌〉在描述人間第一對結婚的小夥佐則和姑娘羅白青梅竹馬的故事時，也是反映了他們從小在一起放鴨的人生旅程：

到了放鴨子的六七歲，
背著鴨籠一處放，
羅白拿著呿鴨的蒿枝，
佐則拿著趕鴨的竹竿，
人家的田壩裏去放鴨，
人家的水溝裏去放鴨
⋯⋯
六七歲在田壩放鴨玩的伴，
十來歲在山上放牛玩的伴。[31]

人是梯田生態系統食物鏈中頂級既食草又食肉的複雜動物，也是梯田生態系統的宏觀調控者。田棚既是梯田生產活動能量迴圈的標誌，又是梯田的守護者及其勞作過程中吃午飯、避風雨和休息的主要場所。其中，中間層是人類活動中心，靠裏屋牆壁搭一張簡易的床，

---

30 雲南省少數民族古籍整理出版規劃辦公室編：《哈尼族禮儀習俗歌》（昆明市：雲南民族出版社，1999年），頁90-95。

31 西雙版納傣族自治州民族事務委員會編：《哈尼族古歌》（昆明市：雲南民族出版社，1990年），頁388。

床邊又設一個火塘，作生火煮飯、煮菜之用。梯田裏有許多可食動植物，如：鱔魚、泥鰍、螺螄、蝦蟲、螞蚱動物以及車前草、茨菇、蕨菜、魚腥草、水芹、薄荷等植物。人們在田野裏一邊勞作，一邊將食物就地取之，就地烹飪，綠色生態食品十分爽口，在享受生態食物品味的同時消除了疲勞。因此，哈尼族把田棚當作梯田裏的「家」，這個家仍然一年四季煙火不斷，特別在栽插和收割季節更是如此。在哈尼族〈四季生產調〉中這樣唱道：

> 四月（農曆）是哈尼最忙的年月，
> 是哈尼學土狗滾泥塘的月，
> 十歲的小孩住進了田棚，
> 六十歲的老人也住進了田棚，
> 秧田的秧苗早已長齊田埂，
> 本田的肥土已耙過三遍，
> 秧姑娘已準備出嫁，
> 田小夥早已在田邊等候，
> 哈尼的漢子像跳舞一樣犁田，
> 哈尼的漢子像玩耍一樣耙田，
> 哈尼的媳婦像蜻蜓點水一樣插秧。[32]

這幾句歌詞把田棚為中心的梯田描繪成一幅忙忙碌碌圖景，真可謂人在畫中忙。

有的梯田在河谷一帶，離家較遠，當天收割脫粒的稻穀無法當天運回家中，因此，只好暫時存放在田棚裏，特別是遇上陰雨而需搶收

32　西雙版納傣族自治州民族事務委員會編：《哈尼族古歌》（昆明市：雲南民族出版社，1990年），頁341-343。

時更是如此。有時利用河谷地帶充足的光熱，在篾墊上把穀子曬乾後，再運回家中。

　　田棚，無論過去、現在和將來它都會伴隨梯田而存在，成為哈尼梯田特有的生態經濟現象。

哈尼族的田棚
Stable of the Hani People

放養的鴨子覓食田中浮游生物
Ducks Foraging Plankton

放養的雞覓食田中昆蟲生物

Chicken Foraging Around the Field

（二）梯田混作業

　　哈尼族的梯田農業畢竟是一種山地農業，人多地少的矛盾很突出。由於海拔、氣候差異等原因，大部分梯田只適宜種植產量偏低的高原高海拔的傳統品種，一般每畝產量為二〇〇至二五〇千克，而稻米價格也只在三至四元／千克。於是哈尼族就發明了各種梯田混作方式，提高梯田生產率，除了上述稻穀品種的多樣化外，其中較為典型的旱地農業與水田農業的混作和「稻魚共生系統」的經營模式。

　　哈尼族在土地利用時，即使適合開田的地方，不是把每一寸土地都開墾成水田。為了避免地質災害，一般來說六十度以上的坡地雖然開成梯地，但只種旱地作物，而不種水稻，以套種玉米和瓜豆蔬菜為主。靠近箐溝邊的坡地也不開成水田，保留野生植物生長的灌木叢。而田間水源不是很好的空地是種植辣椒、茄子、番茄、姜等蔬菜地，邊緣區套中玉米、高粱、毫米、芝麻等高稈作物。這樣既提高了土地利用率，植物的根係又穩固水土流失。

　　按哈尼族的糧食歸類，黃豆歸為蔬菜類。哈尼族飲食習慣中，豆豉是主要調味品，蘸水是哈尼人飲食佐餐的調料，食鹽、辣椒、豆豉三種原料的蘸水每餐必上桌，缺一不可。豆豉的主料就是黃豆，也是各種豆製品的主料，哈尼族除在黃豆中攝取重要蛋白質外，還賦予其諸多的文化意義。哈尼族梯田地形坡度大，田埂厚實，田埂壩寬二十至一〇〇釐米。為了有效利用土地，在水田裏插進秧苗的同時，哈尼族常常在寬厚的田埂壩上播種黃豆、小綠豆、老鼠豆，稱為埂豆。黃豆的根係具有固氮的作用，由於梯田埂壩土壤源自田中的肥土，每年更新一次時，又把田埂上雜草生長的土壤鏟入田中，並一年四季都灌滿水浸泡，由此田泥不僅得到了植物腐爛變成有機質，而且也得到了田埂黃豆根係固氮的肥料，田埂的土壤濕潤而肥沃，通風性能好，種植的豆類作物顆粒飽滿，產量高於一般山地。因此，稻穀和黃豆在哈尼族梯田生產中是一種良性互補的混作農業模式。

　　在海拔一二〇〇米以下河谷田壩也是適宜種植棉花的場所，因此，寬厚的田埂就成了哈尼族首選的棉地。二十一世紀初期，隨著「退耕還林」政策的落實，元陽縣者臺村等地的哈尼族在高山區宜林的許多荒山、荒地實行退耕還林，而他們又喜歡種植水多瓜樹（橙木），因此，在栽秧時節將田埂壁用稀泥抿糊，並撒下水多瓜樹籽，到秋季收割穀粒時，樹苗已可移栽。

　　水多瓜樹哈尼語稱「哈尼」，這是哈尼族以族稱命名的惟一植物名稱。由於該樹種水土保持功能優良，含水分多而當地漢語也稱「水多瓜樹」。哈尼族對水多樹十分鍾愛，人們喜歡將其種植在田邊地角、荒山荒地等地方，成為哈尼族人工林中數量最多的樹種。

　　哈尼梯田是建築在坡面上的梯地農業，坡度小則二十度，大則七十度，由此坡面造出來的梯田面積是埂多田少，有人初步測算，哈尼梯田的田埂連接起來可繞地球一周。方寸之地種禾苗是哈尼人充分利用土地資源的原則，因此，田間地角的大石頭上也搬上泥土種植韭菜、茄子、辣椒等蔬菜。

哈尼族喜歡在田埂上種豆

Growing Beans on the Ridge of the Field

哈尼族喜歡種植水多瓜樹

Growing Water Wax Gourd Tree

哈尼族喜歡在田間空地種蔬菜

Growing Vegetables on the Field Space

（三）稻魚共生系統

　　稻魚共生系統是哈尼族梯田混作農業的一大特徵。哈尼族自古以來就有利用四季灌滿了水的梯田中養魚的習慣，這在山地農耕民族中是極為罕見的混作業方式。稻魚共生系統使得梯田生態系統更加完善和豐富。哈尼族梯田養魚有兩種方式：

　　一是本田養魚。梯田秧苗插入十來天田水逐漸變清後，將小花鰍、江鰍、鯽魚、鯉魚的魚苗放養在田中，使稻魚共同生長，到秋天稻魚同時收穫。這種方法一般選擇相對大一點的田丘，在每年秋後壘築田埂時，其田埂壘築要結實，田中央挖出一米見方「深塘」，塘中央不插秧，以便魚遊動。哈尼梯田是引高山森林的水源灌溉，上下田丘之間有出入水口，是流水作業，故放養魚苗前要把田丘出水口用竹籬笆攔好，以免魚苗出口到其它田中，收穫時不集中。哈尼族培育種魚是在村寨周邊水源充足地方挖魚塘，以便管理，從江河中撈取魚苗放養在塘中產卵孵化，待小魚長到手指大小後才從魚塘移至田中放養。

　　二是秧田養魚。哈尼族的秧田大部分在村寨周邊，為了不讓田泥板結，維持土壤有機肥，一年四季均灌滿水養田，秧苗移栽後不再其

中插秧，故每年五月至次年二月為閒置養田，哈尼人利用這段閒置時間放入魚苗養魚。由於秧田在村寨附近，管理和捕撈均方便。

　　哈尼族梯田養魚從來不喂添加劑飼料，常流田水帶來浮游小生物和田中生長的微生物群以及稻穀抽穗花粉就是天然魚飼料。由於梯田稻穀抽穗時產生大量的花粉，也成為魚兒們的主食，故稱「谷花魚」。秋季穀子收割後，堵塞上丘田的入水口，撤幹有魚放養田水後捕撈大魚，小魚留在田中央的凹塘中，恢復出入水口流水繼續放養。由於梯田養魚容易，管理方便，很受哈尼族的青睞。

　　哈尼族的稻魚共生系統，就是把秧苗插完，田水逐步變清後，田中放入魚苗，到秋季與稻穀一起收穫。有的在秧田裏把秧苗移栽完後放魚苗養。池塘或田中養的魚主要是鯉魚、鯽殼魚、江鰍等。有的村寨集體開挖魚塘，收穫時以戶平均分配，多數屬於自由開挖，所養之魚屬於開挖人所有。無論是開塘養魚或稻田養魚，每年只捕撈一次。鯽殼魚每尾最大也只有○點五千克，而鯉魚每尾最大的三千克左右，一般為一千克居多。哈尼族養魚不習慣喂化學飼料，魚在水中自然覓食微生物，雖然個兒不大，成長得也很慢，但其肉質特別鮮嫩，是真正意義上的生態魚，拿到集市上每千克可賣三十至四十元，有的家庭稻田養魚是主要的經濟來源之一，成為梯田的主要副產品。

　　哈尼族的稻田養魚具有悠久的歷史，並貫穿於社會生活的人生禮儀之中。〈哈尼族古歌〉之「嫁姑娘討媳婦」中唱到：

　　　最上頭的三丘田，
　　　要留下來做秧田，
　　　秧田分給你，
　　　家中的大田沒有秧栽；
　　　中間的三丘田，

是留下來養魚的田，

養魚的田分給你，

客人來了拿不出魚招待；

最下邊的三丘田，

是吃新米時背新米的田，

吃新米的田分給你，

活夕紮的時候沒有新米來孝敬爹媽。[33]

這段由哥哥對即將出嫁的妹妹講的對話中，反映了哈尼族的稻田養魚具有普遍性。在農曆二月份祭祀寨神的時候，哈尼族還有喝賀生酒的習俗，即生了兒子的家庭，嬰兒的爸爸一大早就要起床去打獵，用打來的獵物孝敬村寨祭師—咪谷。若是生了女兒的家庭，則要由媽媽早起去到稻田裏抓魚，用抓來的魚孝敬村寨祭師—咪谷。因此，在〈哈尼族古歌〉中唱到：

生得小囡的媳婦，

頭上罩著撈魚的魚撮，

腰上掛著裝魚的魚簍，

早早地走到水尾的田壩。

哈尼寬大的田壩，

浮萍底下躲著成群的花魚，

水草底下藏著肥胖的泥鰍，

石頭縫裏爬著有刺的鯰魚，

---

33 西雙版納傣族自治州民族事務委員會編：《哈尼族古歌》（昆明市：雲南民族出版社，1990年），頁393。

沙底上面彈著歡樂的小蝦。

這碗滿滿的魚蝦，

是我能幹的女人在田壩裏撈回來的，

不是從積水塘裏抓來的。[34]

　　這種從梯田裏抓魚來孝敬咪谷的習俗，再一次證明了哈尼族稻田養魚的普遍性。

案例：哈尼族梯田養魚

　　二〇一〇年七月仲夏之季，筆者來到元陽縣梯田核心區新街鎮作了哈尼族梯田養魚的田野調查，發現海拔在一四〇〇米以上的高寒山區的梯田稻作區，哈尼人只栽種本地老品種（紅米），僅用農家肥或村寨的散肥，靠雨水沖流到水田裏，大部分農戶不要化肥，只有百分之十左右的農戶少量施用普鈣作底肥（水田三十五千克／畝）。海拔一四〇〇米以下的雜交水稻稻區，主要栽種雜交稻。大多數農戶都施用化肥，百分之二十的農戶用普鈣作底肥（水田一〇〇至一五〇千克／畝），多數農戶用尿素作追肥（三十至三十五千克／畝）。

　　哈尼族直到今天不喜歡施用化肥與梯田稻魚鴨共生系統有關。據筆者調查，二〇〇七年五月，元陽縣新街鎮等地發生稻飛蝨蟲害。由於大多數民眾沒有使用農藥的習慣，家裏也沒有噴藥設備，為控制稻飛蝨，政府採取免費向農民提供農藥和噴霧器等特殊措施，並派出大量的農技人員督促和指導農民用藥。但這樣的防治行為仍遭到了一些哈尼族群眾的強烈反抗。例如，新街鎮土戈寨村委會箐口村就有八戶

---

34 西雙版納傣族自治州民族事務委員會編：《哈尼族古歌》（昆明市：雲南民族出版社，1990年），頁320-323。

人家，堅決不讓在自己養魚的稻田裏噴灑農藥，聯合起來輪流守在田間，不讓農技人員和村裏的幹部為他們施藥。他們不讓施藥並非是經濟上的原因，而是擔心農藥會傷害稻田裏的魚，而稻田裏的魚則是他們的一項可觀的經濟收入。

二〇一〇年新街鎮稻田養魚規範示範樣板涉及六個自然村三二七戶四九三點六畝，投放魚苗七四〇四千克，每畝投放魚苗時五千克。據調查，元陽縣新街鎮全福莊村、黃草嶺、普高老寨、大魚塘等村寨大多數人家都出售魚苗，收入也都很可觀。鯽魚、小白魚每千克魚苗可賣二十多元。本地成年魚種中的黑魚、鯽魚市場價達四十元／千克，而本地品種的江鰍價竟達五十元／千克，而且市場貨源緊缺，供不應求。有的農戶僅梯田養魚一項的收入就有三〇〇〇多元，對於人均收入還不足一〇〇〇元的山區農戶來說，這是一筆可觀的家庭經濟來源。

出售魚苗
Selling Fry

哈尼族喜歡在水漂植物下養魚

Breeding Fish Beneath the Hydroplaning Plants

（四）梯田稻禽魚共生系統的生態平衡

　　世界上水田稻作區的許多民族都為水稻病蟲害而發愁，也投入了不少高科技的處理技術。[35]而耕耘了一三〇〇多年的哈尼族梯田幾乎沒有發生過大面積的水稻病蟲害，究其原因，哈尼族在哀牢山區海拔三〇〇至二五〇〇米梯田分佈的不同海拔地帶培育了上千個稻穀品種，多樣性的稻穀品種的套種和梯田的生物多樣性對水稻病蟲害具有抑制功能。而今，生物多樣性能有效控制水稻病蟲害的結論已得到國際學術界公認。[36]哈尼族梯田稻禽魚共生系統的複合型經營模式，不

35　稻瘟病是世界性的水稻主要病害，長期以來主要採取選育推廣抗病良種、施用化學農藥、化學肥料和保健栽培管理調控等措施進行常規防治，不僅增加了水稻生產的成本，而且污染和破壞農田生態系統。

36　為了探索控制稻瘟病危害的新途徑，以雲南農業大學朱有勇為首的科學研究組根據多年研究稻瘟病的技術積累和國內外研究動態，提出了利用生物多樣性持續控制稻瘟病的設想，該課題經過三年多的努力，應用現代分子指紋技術、抗性基因指紋分

僅起到了防蟲、抗病的作用，而且具有抗「環境污染綜合症」和抗「人類造作症」等生態功能，顯示了梯田系統良好的生態平衡功能和可持續發展的生命力。

眾所週知，水稻的蟲害很多，其中啃食稻稈、稻葉的蟲害占很大的比例。典型害蟲有稻飛蝨、稻葉蟬、稻縱卷葉螟、螞蚱（蝗蟲）等。但在稻禽魚共生的梯田中，雞、鴨和魚等動物在移動過程中都不可避免地要撞擊稻稈，害蟲在稻稈上的黏附力不強，加上這些害蟲也有避害的本能，受到撞擊震動後，在逃難中紛紛落入田裏，這些害蟲自然成為雞鴨魚的餌料。加上哈尼人在夏秋季節有人工捉食螞蚱的習慣，這就減輕了梯田蟲害的壓力。當然，大多數農學家在認同上述各種事實的同時，又顧慮雞鴨魚不可能把所有的害蟲都殺光。但是，從生態系統平衡的原則來看，徹底消滅所有的害蟲是完全沒有必要的，甚至是有害無益的。因此，哈尼族與其它地方的人害怕害蟲發生、要徹底消滅害蟲的觀念不同，認為在正常的情況下，「害蟲」生活在它們本來應該生活的地方。他們並不為害哈尼的梯田。有時，哈尼人在田間發現了幾隻「害蟲」，他們並不會想到要消滅它們，或真的動手捏死它們。在他們看來，這很正常，正如人間有調皮的小孩一樣，是蟲裏面的一些調皮的傢伙偶而離開了它們本來應在的地方，來到了哈尼的大田，它自己就會離去的。如果在有的時候「害蟲」不願自己離去，並對哈尼的某塊稻田造成了比較嚴重的危害，這時候的哈尼人也不主張消滅害蟲，而是請求神靈來幫助解決。哈尼人通過莫批的法事

析技術和寄主與病菌平行進化原理、病害生態學原理，對二〇〇多個水稻品種進行了抗性基因指紋分析，對一〇〇〇多個稻瘟病菌株進行了分子指紋分析，從而形成了生物多樣性持續控制稻瘟病害理論，這一理論和技術在學術上的重大創新得到了國際公認，英國世界權威科學《自然》雜誌二〇〇〇年八月十七日發表了朱有勇、陳海如等科學家所撰寫的學術論文〈遺傳多樣性與水稻病害防治〉。該課題組的有些資料取自哈尼族梯田稻穀品種的多樣性。

向保護神訴說蟲害來到人間所在大田裏，請求神讓蟲重新回到它們本來應該生活的地方去。[37]這是典型的生物多樣性保護思想！

實踐證明，雞、鴨、魚可以捕食田裏面的雜草和害蟲，還能刺激水稻生長，稻子不容易倒伏。鴨子在水中跑來跑去，又能提高田間通風透光能力，降低田間溫度，讓病菌不易生長。同時，鴨子的糞便又是良好的肥料。梯田稻禽魚共生系統與混作業的經營模式具有御製水稻病蟲害的作用也是不爭的事實。哈尼族的梯田稻作文化已有千餘年的歷史，從來沒有發生過大面積的稻瘟病，直到二十世紀六○年代起引入外地稻種後局部偶而有小面積發生，但沒有發生過由於稻瘟病減產而鬧饑荒的年代，這不得不歸功於哈尼梯田生態系統具有御製水稻病蟲害的維持系統穩定的生態功能。

當然，梯田稻禽魚共生系統抗禦水稻病害能力也受到農學家們的懷疑，他們認為魚和鴨不可能直接吞食微生物，稻禽魚共生系統不可能發揮抗病害的功效。這種質疑從線性思維的角度看無懈可擊。但從系統思維的角度和物質存在的相對論來看就反應出致命的弱點，這是典型的「現代科學論」指導下的人類中心主義思想。從梯田生態系統來看，水稻在稻田中不是孤立的存在，圍繞著水稻的生物，存在著由多個食物鏈組成的龐大系統。人與雞鴨魚一樣只能看得見害蟲並在一定程度內可以殺滅害蟲，但人與魚禽還是有所不同。人一旦離開稻田，其影響就會消失得無影無蹤。魚禽則不同，它們要長期在稻田中覓食排泄，和水稻一樣在其周邊會形成三個生態系統，各自都養活著各不相同的微生物群落。眾所週知，任何一種微生物都會分泌本物種特有的抗生素，其結果只能是加入到圍繞魚和鴨形成的兩個系統，圍

37 嚴火其、李琦：〈自然主義的哈尼稻作及其可持續發展〉，載白克仰、黃紹文主編：《第六屆國際哈尼／阿卡文化學術討論會論文集》（昆明市：雲南人民出版社，2010年），頁296。

繞水稻形成多種系統中的微生物，其蔓延都會受到制約。因而，能危害水稻的微生物，雖說不會滅絕，但也不會氾濫成災。[38]

　　水稻作為一種人工培植的植物，有一個適應自然環境的過程，除了容易染上病蟲害外，還會患上功能性和氣質性的病變。如水稻根部深度缺氧而導致的爛根，有機物降解不完全而導致的表象缺肥，通風不良而導致的植株萎縮，透光不良而導致的葉面枯黃等等。水稻的這些病變從環境學的角度合稱為「環境污染綜合症」。此類患上「環境污染綜合症」的水稻，現代集約農學專家習慣於「頭痛醫頭，腳痛醫腳」，換言之，缺肥就施化肥，通風不良就解決通風差的問題，光照不足就砍伐周圍林木，解決光照問題，一切靠人力橫加干預，這是典型的線性思維對策。從系統思維的角度著眼，對付水稻的「環境污染綜合症」，應該從生態系統內部自身的層次來解決。也就是說，要在單一的水稻群落中，插入盡可能多的生態結構的次級層次，靠共生的其它生物共同作用，實現水稻的透風透光，加速土壤中腐殖質的降解，增加稻田水土中的氧化含量等等。魚禽在梯田水中移動，打破水體的平靜，驅動田水的流動，有助於提高稻田中水土的氧化過程，同時還刺激了微生物的生長，從而加速了腐殖質的降解。[39]哈尼族有這樣一個故事，傳說一個不願在婆家的媳婦，為了盡早解脫自己不喜歡的男人，在婆家田裏薅除雜草的時候，為了製造事件，把禾苗根部作了鬆動，致使禾苗枯萎。事與願違，過了十多天去田野裏一看，禾苗反而長得更旺。從此，哈尼人都要在田裏薅秧，清除雜草，以便禾苗根部鬆土，促進禾苗的生長。這就是不願在婆家媳婦「揠苗助長」的

---

38 崔海洋：《人與稻田——貴州黎平黃崗侗族傳統生計研究》（昆明市：雲南人民出版社，2009年），頁183。

39 崔海洋：《人與稻田——貴州黎平黃崗侗族傳統生計研究》（昆明市：雲南人民出版社，2009年），頁184。

故事，實質是人們在雙手拔出禾苗根部及周邊雜草的過程中疏鬆了田中的土壤，加速了水體物質能量的迴圈流動，有效地改善了水稻的生長環境。

　　人不僅是水稻的培植者，而且是水稻生態系統中的參與者，扮演著宏觀調控的能動角色。任何形式的傳統農耕人都是扮演著其間的能動力，只有在現代化的集約農業中，人與農耕現場隔絕開來，其間的聯繫聚焦於索取產品，這就不免要造成人類對身外之物的農耕現場及其土地資源的粗暴干預。在這樣的背景下，農作物還會染上另一類前所未聞的疾病——「人類造作症」。目前農學界對此類農作物的「人類造作症」的提法不一，大致而言也是「頭痛醫頭，腳痛醫腳」，分別把它們稱為「化肥殘留」、「農藥污染」、「生長刺激素濫用」等等。[40]水稻的「人類造作症」在傳統農業生產中當然極少發生，即使發生了也不會帶有普遍性。以哈尼梯田為例，水田裏不僅有魚有鴨，而且還有自然生產的螺螄、泥鰍、黃鱔、蝦巴蟲等數十種水生動物。在稻禽魚共生系統中，梯田為魚、鴨提供食物，魚、鴨則幫助水稻疏鬆田泥，抑制雜草生長，魚糞和鴨糞還是水稻良好的有機肥料。並且魚、鴨還會吃下一些蟲卵和病菌孢子，吃下一些水稻害蟲。豐富的生物多樣性使這裏的水稻病蟲害，從來就不怎麼嚴重。二十世紀九〇年代起，政府宣導「科學種田」，大量推廣新品種，使用化肥、農藥、除草劑的條件下，稻田已不再適合大量養魚養鴨，梯田中的其它植物和動物種類和數量也逐漸減少了。這就使這一地區的病蟲害有越來越嚴重的趨勢。二〇〇七年六至七月元陽等地哈尼梯田發生大面積水稻病蟲害就是推廣以雜交稻為代表的新品種後發生的典型案例。

40　崔海洋：《人與稻田——貴州黎平黃崗侗族傳統生計研究》（昆明市：雲南人民出版社，2009年），頁185。

　　綜上所述，哈尼族梯田傳統的稻禽魚共生系統和混作業的復合經營模式，不僅體現了土地集約型的生態經濟模式，而且證實了梯田複合型經營模式生態系統特有的抗病蟲害功能，充分顯示了梯田生物多樣性對控制稻瘟病的理論實踐。當代人類在尋求擺脫人地矛盾、環境污染、食品農藥危害等生態危機的應對之策時，總是要到現代文化體系中去尋求，似乎捨此別無他途。筆者通過對哈尼族傳統生態知識的系統研究，從文化相對論的立場揭示人與自然良性互動的多種可能性和途徑，其中，哈尼族傳統梯田稻禽魚共生與混作業的複合型經營模式就是經典的案例，可以為我們反思宣導現代化農業背景下提供一面鏡子、一種參照係，進而為我們實施可持續的低碳發展戰略提供有益的借鑒。

六　哈尼族梯田濕地功能與經濟社會價值

（一）濕地──地球之腎[41]

　　濕地、森林和海洋為地球上的三大生態系統類型。濕地是地球上一種重要的生態系統，水文條件是濕地形成的決定性因素，具有季節或常年蓄水的特點，是喜濕動植物的棲息地，是自然界生物多樣性最豐富的生態景觀，也是人類最重要的生存環境之一。在遠古的時代，人類始祖就是從濕地裏爬出來走向陸地後演化成人的。濕地在蓄洪防旱、調節氣候、控制土壤侵蝕、降解環境污染等方面起著十分重要的作用，因此被形象地稱為「地球之腎」。濕地的生態結構較為獨特，擁有豐富的野生動植物資源，是眾多野生動物，特別是珍稀水禽的重要棲息地，因此，濕地又被稱作物種基因庫和水禽的恬靜樂園。從人

---

41 劉青松主編：《濕地與濕地保護》（北京市：中國環境出版社，2003年），頁1-19。

文歷史方面來講，世界各地的古代文明中心無不是從濕地中孕育的結果。但是，自二十世紀隨著工業文明的發展，由於濕地具有高度的生產力，能為人類提供糧食、肉類、能源工業原材料、旅遊等經濟資源，在人類便於開發的地方遭到了的過度開發，致使人類家園——地球出現了全球性環境污染、生態失衡、資源短缺、環境惡化、氣候變暖等多重災難。

為了保護「地球之腎」的濕地，一九七一年二月二日，來自十八個國家的代表在伊朗裏海邊的小鎮拉姆薩爾簽署了一份極其重要的國際性公約——《濕地公約》，這是第一份、也是到目前為止惟一針對一種特定的生態系統而設立的全球性公約。同時，十八個國家的代表成立了「《濕地公約》組織」，由此拉開了人類自覺地、全球範圍內有組織地保護濕地生態保護運動的序幕。《濕地公約》的問世及其《濕地公約》組織的成立是一個影響到地球生態環境和人類前途命運的偉大創舉，標誌著人類文明進入了一個嶄新的生態文明階段，它一反過去「人類中心主義論」的思維走勢，開始反思人類自身的價值取向和思維行為，重新架構一種全新的、與自然相融的、尊重自然的保護機制，從根本上尋求保護人類自身的理念和行為模式。實踐證明，《濕地公約》及其組織對保護地球濕地生態系統發揮了巨大的作用。

濕地，按《濕地公約》的定義為：「不問其為天然或人工、長久或暫時性的沼澤地、泥炭地或水域地帶、靜止或流動、淡水、半鹹水、鹹水體，包括低潮時水深不超過六米的水域。」[42]從形成的動因和方式，濕地劃分為天然和人工兩大類。天然濕地有沼澤、泥炭地、鹽沼、紅樹林、湖泊、河流及其它水深六米以下的濱海水域，人工濕

---

42 轉引自劉青松主編：《濕地與濕地保護》（北京市：中國環境出版社，2003年），頁12。

地有水稻田、水生蔬菜種植地、魚池、蝦池、鹽田、鹽鹼地、水庫、運河等。

目前，全世界約有濕地五點一四億公頃，面積最多的是加拿大，有一點二七億公頃濕地；其次是美國一點一一億公頃；第三是俄羅斯，中國居第四位，其濕地面積為六十五點九四萬平方千米（不包括江河和池溏）。[43]列入「國際重要濕地名錄」個數最多的前五個國家是：英國一六九個；澳大利亞六十三個；瑞典二十一個；意大利四十六個；愛爾蘭四十五個。列入面積最大的前五個國家是：加拿大一三〇點五萬公頃；俄羅斯一〇三點二萬公頃；澳大利亞七十二點九萬公頃；博茨瓦納六十八點六萬公頃；秘魯六十七點六萬公頃。[44]這些資料反映了不同國家對待濕地的不同保護程度。中國雖是擁有濕地大國，但在其保護濕地方面遠遠落後於英、加、瑞、意、美等國，甚至連博茨瓦納和秘魯這樣的發展中國家也不如。

中國在歷史上曾經是世界濕地大國，但是最近半個世紀以來濕地面積大幅度減少，受經濟利益的驅使，這一趨勢仍有增無減。於是，「中國：濕地在呻吟」、「拯救濕地就是拯救地球、拯救中國」的呼聲日益高漲，犧牲濕地謀取經濟利益的活動日益受到指責和限制，這是可持續發展的現代生態文明的要求。在這樣的背景下，哈尼族梯田所代表的濕地生態系統的重要性就凸現出來了。

（二）梯田濕地的生態功能

梯田是哈尼族創作的最具代表性的生態文化景觀，梯田的分佈區域與哈尼族的居住區域合二為一，哈尼族聚居或散居的地區，都有梯田散佈其間。在滇南哀牢山區的元陽、紅河、綠春、金平、墨江、元

---

43 劉青松主編：《濕地與濕地保護》（北京市：中國環境出版社，2003年），頁17。
44 劉青松主編：《濕地與濕地保護》（北京市：中國環境出版社，2003年），頁5。

江、江城等縣哈尼族聚居區是梯田分佈最為集中的地區，面積約有一四○多萬畝，其中，最有代表性的是元陽梯田，總面積有三十萬畝，分佈在海拔二八○至一八○○米，坡度在十五至六十度之間的哈尼梯田布滿河谷山梁，有不少高達數千級的「田山」，從河谷一直延伸到山頂，像一架銀彩帶的天梯伸向天邊。哈尼族梯田作為一種人工濕地，具有良好的生態功能。

1 調節蓄水量和調節氣候

　　哈尼族梯田是在高原山地上創造出來的梯級濕地，並建構在一個十分複雜的自然地理環境中。滇南紅河（元江）流域、藤條江流域、李仙江（把邊江）流域的深切，地勢起伏沉降劇烈，哀牢山各群峰山頂與山腳河谷地帶，海拔高差均在二○○○米左右，呈群峰凌空、緩坡山梁綿延的地形地貌特徵，形成「一山分四季，十里不同天地」的立體氣候帶，全年乾季和雨季分明，雨熱同季，這十分有利於水稻的栽插和生長。哈尼族在這樣的地理背景中，「在高海拔的上半山靠近森林水源之處挖築了無數條大溝，這條條大溝如千萬條銀鏈把大山攔腰一捆，將溪泉瀑布龍潭流出的山水攔截，然後在大溝下方挖出層層梯田。大溝之水又通過無數分渠小溝進入梯田，滿足了水稻生長的需要。這樣，奇跡就出現了，在原先乾旱荒蕪的山坡上，哈尼族創造出了由成千上萬塊大大小小層層疊疊的梯田構成的立體化水域濕地。」[45]在蠻荒高原上建成的一座座「田山」，經過哈尼族千餘年的辛勤耕耘，田丘低凹的土壤結構變成了泥炭成分多的水稻土，加之梯田一年四季都灌滿了水分，由此哈尼族梯田變成了含有大量持水性良好的泥

---

45 史軍超：〈中國濕地經典——紅河哈尼梯田〉，《雲南民族大學學報》（哲學社會科學版），2004年第5期（2004年）。

炭土，植物及質地黏重的不透水層使其具有了巨大的蓄積水分的能力。因此，層層疊疊的田丘就變成數千萬個梯級蓄水池，使乾枯的山坡變成了具有蓄水功能的濕地。

「三江」[46]流域的植被也呈立體垂直分佈，從山頂至河谷山腳分別為山頂苔蘚矮曲林、山地常綠闊葉苔蘚林、落葉綠闊葉林、稀樹草坡以及季節雨林等植被。歷史上，由於大山大河阻隔，人煙稀少。因此，莽莽蒼蒼的原始森林，林海碧波、山野青翠、古木參天。如此良好的生態環境，使三江流域涵養了豐富的水土，為哈尼族梯田濕地提供了良好的生態功能，在這些茫茫森林裏，四季雲遮霧罩，降雨量充沛。由於哈尼族梯田有常年流動水面，水分蒸發的氣流又在森林上空綿綿降雨，終年不絕，匯成山間無數水潭和溪流，形成了天然的綠色水庫，森林存儲的地表徑流又被條條水溝攔截後引入梯田，周而復始，森林與梯田之間形成良好的迴圈生態鏈，這無疑對氣候起著重要的調節作用。因此，哀牢山區紅河南岸素有「山有多高，水有多高」的美稱。

二〇〇九年冬季至二〇一〇年的春季，中國西南百年不遇的大旱災背景下，許多大中型水庫乾涸，河水斷流，人畜飲水受到嚴重威脅，莊稼無法下種，而哈尼梯田水面卻波光粼粼，溝水潺潺流淌，大旱之年從栽種到收成未受多大的損失，這一切不得不歸功於維持穩定系統的梯田蓄水生態功能。

2 獨特的物質迴圈和能量流動，使濕地功能優化

上文所述，哈尼族梯田濕地生態系統中具有多重食物鏈，物質和能量通過綠色植物的光合作用進入植物體內，然後沿食物鏈從綠色植

---

46 「三江」：指雲南省內的元江（紅河）、藤條江、把邊江（李仙江）。

物轉移到螞蚱等昆蟲類的食草動物，再進入水禽、兩栖、哺乳類的食肉動物，最後，部分有機物被微生物分解進入再迴圈，部分積纍起來，而能量由於各營養級的呼吸作用及最後的分解作用，大部分轉化為熱能散失。由於梯田濕地生態系統特殊的光、熱、水等條件，其初級生產力高，能量積纍快。這就是哈尼梯田使濕地功能優化，其屬性為良性人工濕地的原因。

中國人工濕地稻田大部分區域是長江中下游平原，其稻田是通過毀壞或改變天然濕地的方式而成的，這就必然影響或衰減了濕地的基本功能，造成生態的惡化，這一地區近十幾年來頻繁發生洪災和旱災，原因就在於此。另一個毀壞或改變天然濕地為耕地而導致生態惡化的例子是三江平原。三江平原是中國赫赫有名的「北大倉」，自一九五八年十萬官兵來此屯墾，接著「文化大革命」中大批知青又來此拓墾，隨著糧食的大量生產，生態也日趨惡劣了。[47]

紅河哈尼梯田是在荒蕪無濕地的山體上建造濕地，它與長江中下游平原的稻田和三江平原的耕地相比，是全息性、系統化地在哀牢山區引入濕地功能，而後二者則是使濕地功能退化、衰減乃至最後消失。[48]

3 保持水土，淨化污水

由於哈尼族梯田建造在哀牢山區的高山狹谷之間，山高坡陡，地勢起伏大，又地處暖濕氣流的迎風坡，夏季常有暴雨發生，高山區土質疏鬆，成為該地區山體崩塌、滑坡、泥石流等地質災害的誘因。但

47　史軍超：〈中國濕地經典——紅河哈尼梯田〉，《雲南民族大學學報》（哲學社會科學版），2004年第5期（2004年）。

48　史軍超：〈中國濕地經典——紅河哈尼梯田〉，《雲南民族大學學報》（哲學社會科學版），2004年第5期（2004年）。

是，哈尼族以無數代的生命年華，利用一把短柄鋤頭，一身錚錚鐵骨，開山造田，把哀牢山區的無數座群山變成了梯田，形成立體化的濕地分佈格局，譜寫了一曲恢弘的人工生態樂章。目前，哈尼族梯田濕地面積達一四〇多萬畝，這在客觀上緩解了這一區域的水土流失，抑制了地質災害的威脅，大大地優化了哈尼族生存區域的自然環境，並形成哀牢山區的一大地理奇觀。

　　哈尼族梯田濕地植物生態系統的多樣性，加之森林溪水流動灌溉，對污水具有淨化功能。從久遠的過去一直到現在，哈尼族梯田中都普遍自然生長著一種可以作綠肥的浮游植物——滿江紅（俗稱浮萍）。哈尼族對浮萍有相當豐富的傳統知識。他們認為，此植物可淨化水源，因為浮萍在泉眼出口的活水中呈綠色，在缺乏水源流動的死水中又呈紅色；由此認為綠色的浮萍對水稻生長有好處，紅色的浮萍是產生銹水的誘因，對水稻生產沒有好處。在哈尼族地區，哈尼族還有用浮萍作餵豬飼料的習慣。不過，他們認為，綠色的浮萍豬愛吃，紅色的浮萍豬不愛吃。浮萍的這些特點，就是與梯田水源有關。源源不斷的流水帶來了源源不斷的「肥料」，使浮萍生長良好，並表現出綠色。當缺乏活水供應，水中養分較少的時候，浮萍就呈現紅色。呈綠色的浮萍鮮嫩，富含養分，豬愛吃；紅色的浮萍自身比較瘦弱，養分含量少，豬不愛吃。這是哈尼族梯田系統具有良好生態淨化功能的一個例證。與水稻伴生的許多植物都可以憑藉自然的力量改善水稻的生長環境。

4　珍稀動植物的良好棲息地

　　哈尼族把梯田構建成立體分佈的大型生態園，不僅有效地緩解了哀牢山區的水土流失，而且孕育了該地區的生物多樣性，使其成為珍稀動植物的良好棲息地。從物種培植來看，梯田最主要的生產功能是

種植水稻，哈尼族經過若干世紀的農耕實踐後，根據不同海拔地帶的土壤氣候，培育出上千種不同的水稻品種，極大地豐富了水稻基因，使其成為全球水稻基因庫種的良好棲息地。其它野生植物有上百種，其中，可食性的植物有魚腥草、火草花、野慈菇、野薄荷、薄荷、馬蹄葉、車前草、水芹、苦馬菜、甜蕨菜、竹筍等野生植物。在梯田箐溝邊生長著國家一級保護植物活化石——桫欏；其它還有董棕、野茶樹、藤竹、紅椿、番龍眼等二三級保護植物以及數十種珍稀植物。在梯田生態系統中也有上百種動物資源，其中保護性的動物有懶猴、破臉狗（花臉狗）、穿山甲、貓頭鷹、水獺、黑蟒、野貓、野兔、蛤蚧、田雞、麻雀、野鴿、野鴨、斑鳩、鵪鶉、老鷹、燕子、小鷺鷥等數十種野生畜禽類。其次，梯田中還有鱔魚、泥鰍、花鰍、小鯽魚、田螺、螃蟹、小蝦巴蟲、大蝦巴蟲、螞蚱、青蛙、石蚌、土狗、水吳公、蜻蜓等數十種野生水棲動物。

（三）梯田濕地的社會經濟價值

1 哈尼族梯田濕地的旅遊價值

　　哀牢山區素有「山有多高，水有多高」的自然生態美稱，這成為哈尼族梯田農業的可靠保障。哈尼族利用這一有利的自然優勢，在海拔四○○至二○○○米的山腰上，利用每一寸土地，每一個角落，開墾出大小不一的層層梯田。沿著蜿蜒的山勢鋪排展開，伸展數十里，層層疊疊數千級，似道道天梯由山腳直逼山頂，規模之宏大，氣勢之凌霄，被譽為「元陽梯田甲天下」。隨著秋冬季節的變化，哈尼梯田展現出迥然相異的自然景觀。秋天，放眼望去，一座座金山翻卷著黃色的稻浪，千里飄香，形成哀牢山區的一大奇景；冬春時節，沿南面的紅河峽谷逆流而上的雲霧，充塞了山山嶺嶺，平時縱橫交錯的溝壑，已完全化為潔白平坦的雲海，洶湧滾動，奔騰不息，遠處的高

山，山尖刺破雲海，巍然聳立，一座座遙相凝望；照在雲海平面上的
霞光，反射出五彩繽紛的光環，一派雲蒸霞蔚；隱沒在雲海中的梯田
與村落時隱時現，撲朔迷離，猶如人間仙景，此時，天公造物的神奇
和哈尼族智慧的傑作，渾然融為一體，交相輝映。時至中午雲海散
盡，還原出波光粼粼的層層梯田。

隨著鄉村生態旅遊業的發展，哈尼族梯田旅遊的前景日益凸顯出
來，以梯田核心區元陽縣為例，昔日被稱為「江外瘴癘橫行」的元陽
縣，二〇〇八年接待國內外遊客五十八萬人次，實現旅遊綜合收入三
九五九〇點九一萬元，占當年財政總收入的三分之一以上；二〇〇九
年全縣共接待遊客六十三點八五萬人次，實現旅遊綜合總收入四七四
六一點八九萬元，比上年增長十一點〇五。[49]體現了梯田生態旅遊的
可持續性。作為一個長期以來靠國家扶持的欠發達縣域，這是一個奇
跡，也是梯田濕地旅遊價值的體現。

2 哈尼族梯田濕地的科學考察價值

哈尼族梯田濕地由於採用了良性生態農業生產方式，生物多樣性
十分豐富，因而具有良好的科學考察價值。

作為國家九七三計劃專案首席科學家，雲南農業大學朱有勇教授
主持了國家重大基礎研究項目（九七三項目）「農業生物多樣性控制
病蟲害和保護種質資源的原理方法」，「其中的一個重要內容就是研究
元陽梯田傳統農業中的可持續要素」。課題組從二〇〇六年起對元陽
梯田進行了較全面的研究，「從元陽梯田形成的地質結構到土壤條
件，從梯田的水資源到水系分佈，從栽培方法到品種的結構等，都進
行了系統深入的研究」。令課題組最感興趣的一個問題是「哈尼人民

---

49 紅河州地方志辦：《2010年紅河州年鑒》（昆明市：雲南人民出版社，2010年），頁
83。

世世代代連續種植的水稻地方品種問題」。根據哈尼人民的口頭傳說，現在元陽梯田種植的水稻紅米品種已經連續種植了上千年。而課題組開展的實物調查工作也證實，元陽梯田長期大面積種植同一個水稻品種至少已有一〇〇年的歷史。「這一情況在世界上同類梯田中實屬罕見。……元陽梯田紅米品種成為研究農業作物品種可持續利用最為寶貴的材料。」為什麼元陽紅米連續種植數百年不被淘汰？課題組利用分子生物學的方法進行研究後發現，「該品種內部有豐富的基因多樣性，多樣性指數是現代改良品種的三倍。這種基因多樣性使得該品種有良好的適應性，無論是氣候變化，還是其它自然因素變化，它都能發揮出良好的適應緩衝作用，能長期保持產量穩定和阻止病蟲害的爆發流行。另外，該品種需肥量不大，適應了元陽梯田不使用化肥農藥的傳統農耕習慣，如果對其施用化學氮肥反倒很容易感染稻瘟病的特性。元陽梯田天然形成了無公害大米的生產環境和栽培條件，是理想的有機米生產基地和傳統農耕文明的自然保護基地。另一方面，元陽紅米也滿足了哈尼人的飲食習慣要求，稻草作為主要飼料喂牛，稻樁回田作為次年水稻生產的主要肥料，形成了良好的稻作可持續循環系統。」鑒於此，朱有勇教授指出：「元陽梯田是廣大科技工作者研究可持續農業不可替代的研究基地。我們對元陽梯田傳統農業瑰寶的研究，僅僅是冰山一角，還有太多的科學問題需要深入研究，還有太多的可持續要素需要發掘，為人類造福。」[50]

綜上所述，在全球氣候變暖、自然災害頻頻發生的今天，「哈尼族梯田給我們展示了一個良性人工濕地的經典性範例，它以人與自然高度融合，維護自然、優化自然為指歸，創造了哀牢山區亙古未有的

[50] 朱有勇：〈元陽梯田紅米稻作文化——一項亟待研究和保護的農業科學文化遺產〉，《學術探索》2009年第3期（2009年）。

人工濕地梯田，這一創造豐富和發展了中國的濕地生態系統。」[51]她除了具有蓄積水量、調節氣候、物質迴圈、能量流動、淨化污水、珍稀動物棲地等良好的生態功能外，還具有為人類直接提供食物的經濟價值以及旅遊觀光、科學考察等社會價值。

為了有效保護和合理利用人類千年農耕文明，國家林業局在考察了紅河哈尼族梯田濕地公園專案的濕地資源、旅遊資源、濕地公園建設與管理之後，於二〇〇七年十一月十五日正式批准雲南紅河哈尼族族梯田為國家濕地公園。這是雲南省第一個國家濕地公園，極大地提升了哈尼族梯田的生態價值和科學價值。

二〇〇二年，聯合國糧農組織開始推動全球重要農業文化遺產保護工作，目的是建立全球重要農業文化遺產及其有關的景觀、生物多樣性、知識和文化保護體系，使其在世界範圍內得到認可和保護，並成為可持續管理的基礎。計劃在世界範圍內陸續選擇一〇〇至一五〇個不同類型的農業文化遺產地作為保護試點。中國規劃力爭有十個不同類型的農業文化遺產地能列入名錄。紅河州人民政府不失時機，於二〇〇九年一月啟動了哈尼族梯田申報聯合國糧農組織全球重要農業文化遺產工作，經過多方努力，順利地實現了哈尼族梯田入選聯合國糧農組織「全球重要農業文化遺產」的預期目標。二〇一〇年六月十四日，紅河州政府在北京接受了聯合國糧農組織全球重要農業文化遺產保護試點的授牌。「哈尼族稻作梯田系統」是中國繼浙江「青田稻魚共生系統」之後的第二批被列入保護試點的地方，同時被列入的還有江西「萬年稻作文化系統」。[52]二〇一〇年十一月十一至十五日，「首屆哈尼族梯田大會」在滇南紅河哈尼族彝族自治州首府蒙自召

---

51 史軍超：〈中國濕地經典——紅河哈尼梯田〉，《雲南民族大學學報》（哲學社會科學版），2004年第5期（2004年）。

52 《話說紅河・哈尼族梯田》（昆明市：雲南人民出版社，2010年），頁234-237。

開，與會期間，來自聯合國教科文組織、糧農組織、國際濕地公約組
織以及美國環境總署等十六個國家和國際組織的中外專家學者共一〇
〇多人到哈尼族梯田核心區元陽縣實地考察，紛紛對凝結了人類無數
辛勤勞動和創造智慧、充分展示人與自然高度融合理念、維護生物多
樣性的梯田生態系統讚歎不已！哈尼族梯田還被列入近期內中國政府
申報世界遺產的三個預備項目之一。這些成為哈尼族梯田濕地的生態
功能和經濟社會價值得到世界公認的例證。

2010年的大旱之年哈尼梯田仍然波光粼粼
Glittering Terrace Field in the Severe Drought

首屆哈尼族梯田大會場景
Scene of the First Terraced Landscapes Conference

第四章

哈尼族飲食生態文化

　　民以食為天，飲食作為人類生存最重要的物質基礎，伴隨著人類走過了漫長的歷史進程，是人類文明的重要表現形式，有力地推動了人類社會的進步。一個民族的飲食來源與其生存的自然地理環境有密切的聯繫。俗話說：「一方水土養一方人」，在滇南亞熱帶的哀牢山、無量山和南糯山是哈尼族飲食來源的自然環境，從古至今，哈尼族的主食結構從陸稻發展到水稻，源於自然生態的副食綠色品種是構成哈尼族生態飲食的主要內容。哈尼族的飲食生態文化主要表現在菜肴的原料培育、選料、配料、調味及製作方式等方面。

一　哈尼族採集與狩獵活動中蘊含的生態文化

　　自然採集是人類古老的生產活動方式，採集的對象主要是來自大自然的植物食料，如鮮果、乾果、植物塊根、莖葉花卉和各種食用菌類。哈尼族的採集和狩獵起源於何時無法稽考，但從哈尼族民間流傳的採集和狩獵的許多傳說故事來看有悠久的歷史，而且採集和狩獵活動的生產方式，從古至今在哈尼族地區普遍流傳。

（一）採集與狩獵傳說故事中的生態文化

　　採集是人類早期的生計方式。從遷徙史詩和傳說故事中大體可以窺見哈尼族先民早期採集和狩獵生產生活的痕跡。哈尼族先民的遷徙史詩《哈尼阿培聰坡坡》對哈尼族先民早期的生活是這樣描述：

在虎尼虎那時代的祖先，

他們看見猴子摘果吃就學著摘來吃，

看見竹鼠啃筍也拿來嘗一嘗，

學著穿山甲的滿身鱗甲也把樹葉串起作遮衣，

天上的炸雷劈在大樹上燒起了大火，

先祖把火種捧回山洞保存起來。[1]

這裏給我們展示了這樣的一些信息：一是先民最初以採集野果、竹筍為生；二是學會了用火，提高了人類在自然界中的生存能力。一方面人們以火照明、取暖、御野獸侵襲；另一方面學會用火燒食物，將生食改熟食，縮短消化過程，增加營養成分，促進人體和大腦的發展。《猴子敲石生火》也可得到同樣的信息：傳說有一天人和猴子在深山密林裏找野果充饑時，突然起暴風雨，猴子把人群領到石洞裏避雨，它卻蹲在石洞口無意中敲擊石頭時，被濺起的火花點燃了枯葉，霎時洞外森林燒起一片火海，猴子嚇得不知路在何方，人們也從未見過火，呆呆地躲在山洞裏，大火燒了幾天幾夜後熄滅了。人們由於幾天沒吃野果，餓得頭昏眼花，無力地走出山洞，只見地上橫躺著被燒焦了的動物，有人撕下一隻燒黃了的麂子大腿，閉上眼睛，狠心咬了一口，嚼著不覺得嘔心，反而越嚼越香。從此，人們才懂得用火燒食物而其味香的感觸，於是就把火種保存起來。[2]

狩獵是哈尼族歷史上重要的物質生產活動方式，這些生產活動的內容人們通過民間傳說故事再現出來。《野兔智鬥豹子》講的是，兔

---

1 雲南省少數民族古籍整理出版規劃辦公室編：《哈尼阿培聰坡坡》（昆明市：雲南民族出版社，1986年），頁9。

2 紅河縣民族事務委員會編：《紅河縣民族民間故事》（昆明市：雲南民族出版社，1990年），頁121。

子不小心踩中了獵人設下的網套，它設法說服豹子給它解套，然後讓
豹子自己也中了獵人設下圈套的故事。又如《獵神》講的是人與神的
糾紛：遠古時，人還不會種田，只能以打獵為生。但野生動物是獵神
豢養的，人們打獵就是侵犯了獵神的利益。獵神就要設法保護動物不
讓落入人的手中，而人又設法去捕捉動物。於是人與獵神之間產生矛
盾，到天神煙沙那裏評理。煙沙判斷說：人們可以打獵，但獵神也不
能白白餵養野生動物。以後人類要去捕捉野物之前，必須殺一隻白公
雞祭獻獵神。[3]從此，哈尼族在上山打獵之前，在村邊特定的地點殺
一隻白公雞祭祀獵神的習俗流傳至今。

（二）採集習俗中的生態文化

特殊的地理環境，給哈尼族採集提供了良好的自然條件。一般集
中在春夏秋三季，春天是採集的最佳季節。春採山花尖芽，夏採蘑菇
竹筍，秋採果實塊根，周而復始，代代相傳，從早期人們的果腹充饑
演變成當今的美味佳餚。其中蘊含著豐富的生態文化內涵。

哈尼族社會性別分工特別明顯，採集是女子從事的一項生產活動
之一。她們從十一二歲起背著一個小背籮，帶著一把鐮刀到深山老林
裏採集各類蕨菜和鮮果。因此，哈尼族將女嬰的別稱取名為「含丹丹
露」（蕨菜芽）或「阿明明露」（竹筍），以此象徵社會性別。採集的
工具主要是木棒、砍刀、彎刀、鐮刀等。採集形式以個體或三五成群
結隊去採集，除了季節性強的採集對象外，沒有固定時間和地點，隨
到隨採。一年四季上山砍柴或下田勞作，見到可食性的野生植物任何
人都可以采摘。但是一些未成熟的果實、蘑菇等之類，如果是你第一

3　雲南省民間文學集成辦公室編：《哈尼族神話傳說集成》（北京市：中國民間文藝出
　　版社，1990年），頁202-205。

個發現而不到菜摘時間的話，只要作個已有主人的標記，後來者就不會去取了，這是哈尼族「不取非我之物」的傳統美德。

哈尼族常見的採集品種有：一是木本類，主要是杜鵑花、攀枝花、野荷花、芭蕉花、樹頭菜、野茶果、臭菜、香椿、土鍋菜、雞腳菜、甜菜、枸杞、椎粟籽、麻栗籽、松籽、杉依果、野梅、橄欖、木姜子、番龍眼、野核桃、野犁、野芭蕉、各類竹筍以及寄生植物樹花（地依類）。二是草本類，主要是蕨菜、苦刺花、菊花、車前草、魚腥草、野蕎葉、刺黃泡、野草莓、野百合、野葡萄、紅參、水芹、三葉菜、細葉菜、野茨菇、苦馬菜、野薄荷、野山藥、薄公英、金錢草、燈芯草、松蘿茶等。三是藥材類，主要是蘇木、桂皮、葛根、黃連、批杷葉、板藍根、蘆子根、砂仁、何首烏、草烏、龍膽草、薑黃、野三七、青葉膽、天南星、重樓、野當歸、香樟、豆蔻等。四是野生食用菌，主要是木耳、香菌、蘑菇、牛肝菌、乾巴菌、羊奶菌、青頭菌、白參、松茸等。

一般來講，哈尼族採集的上述各類野生植物品種，可食性的野菜留部分自食外，有的加工成乾菜，有的背到集市上去出售，再從集市購回自己所需的貨物。有的野菜可賣好價錢，如黑木耳、牛肝菌、香菌等野生菌類每市斤可賣二十至五十元。

哈尼族採集野生植物作副食品的補充或少量入藥外，對某些植物賦予了特殊的文化內涵。比如，茶，哈尼族有「無茶不祭」之俗，野山茶葉煮出來的茶水是各種祭祀活動中必有的祭品之一，因此，自古以來野山茶成為生活的必需品，是採集活動中要培育和保護的主要植物，也是哈尼族地區有百年數百年的野生茶樹種，成為世界茶樹的發源地的原因。據調查，雲南省南部、西南部是迄今被世界公認的野生茶、古茶樹分佈最為密集的地區，而這一地區恰好是哈尼族分佈集中的區域，其中，最為典型的是在雲南西雙版納州猛海縣南糯山半坡寨

發現的人工培育型的古茶樹王、猛海縣巴達鄉野生型古茶樹王和普洱市瀾滄縣富東鄉邦崴過渡型古茶樹王，這三株古茶樹王的樹齡分別為八○○年、一七○○年、一○○○年。據「雲南省茶組植物種表」中所列的「五種茶係」，哈尼茶（編號十五）是其中之一，中國茶中惟一以一個民族——哈尼族命名的茶種名。[4]如今聞名中外的「普洱茶」系列，也是惟一以哈尼族居住地的地理標誌命名的茶係。

一九八六至一九九二年，由湖南農業大學、雲南農業大學、雲南茶葉進出口公司聯合組成的「雲南茶樹種質資源及起源、進化和分類研究組」對紅河州境內的古茶樹資源進行了調查，在紅河南岸的紅河、元陽、綠春、金平等縣發現了較為原始的茶樹種類。[5]

筆者的家鄉元陽縣小新街鄉者臺村有一棵十多米高的喬木野茶樹，根部直徑二米多，樹幅八至十米，樹齡估計五○○年以上，是建寨之日起，村民就用採集的茶葉作為各種祭祀活動的祭品。二十世紀五○年代「大煉鋼鐵」時期，在村落周邊許多古木參天的風景林都毀於一旦，惟獨這棵野茶樹和村腳祭山神地點的大榕樹（根部直徑約三米，俗稱萬年青），由於宗教禁忌而保護下來了。但由於環境的變遷，二十世紀九○年代中期，這棵野茶自然枯死了，至今殘留有六米多高的樹杆。為了便於村民祭祀採茶，二○○○年該村的一村民又從原始森林中帶回了一株野茶種植在村中央，該株茶樹現有五米多高，根部樹杆直徑二十釐米多。

七里香花生長在海拔一四○○至二○○○米之間的箐溝中，早春二月盛開白花。哈尼族採回其花煨煮，以黃色汁液烹製黃糯米飯，以此祭寨神、祖先神及報春的布穀鳥。柴花或樹花是生長在麻栗樹、水

4　史軍超：〈哈尼族的茶道・神道・人道〉，《中國哈尼學・第一輯》（北京市：民族出版社，2000年），頁187。

5　陳興琰：《茶樹原產地——雲南》（昆明市：雲南人民出版社，1994年），頁93-105。

多瓜樹等喬木樹杆上的一種寄生鬍鬚狀植物，介於地衣和藻類之間。哈尼族在秋季採回家曬乾，食用前先煨煮，除去黃色湯汁，用清水漂洗乾淨後用油炒或涼拌。此道菜與肥狀的蘑芋是哈尼族傳統婚禮上必備的菜譜，以此隱晦女性生殖器，寓示早日多子多福。

歷史上，哈尼族家庭嚴禁生育雙胞胎，一旦違禁或「犯忌」有可能面臨被寨人驅除到寨外的危險。因此，哈尼族姑娘忌食連在一起的雙果，忌食雙黃蛋，也忌諱採集被動物啃剩的食物。

哈尼族對生物入侵種也進行綜合利用，所以哈尼族地區從來沒有發生過生物入侵種的自然災害。

紫莖澤蘭，哈尼族俗稱「解放草」，是由於二十世紀五〇年代以來在哈尼族地區廣乏分佈而得的俗名。紅河、元陽、綠春、金平等地哈尼族看來紫莖澤蘭一身都是寶，每年對其採集三次：一是春末夏初紫莖澤蘭的莖葉長得茂盛，人們割來莖葉放於辣椒地上任其腐爛作綠肥；二是秋季秧苗田中穀子收割後立即犁翻谷茬，人們又割來莖葉放入田中任其田水浸泡腐爛作綠肥，增加土壤有機肥，紫莖澤蘭浸泡的水質呈黑色，且辛辣，對梯田中的土壤還具有殺毒功效；三是秋冬季節莊稼收割入倉後人們習慣準備來年的柴火能源，此時紫莖澤蘭的杆已長大，人們用廉刀連根拔除後修去枝葉背回家中作生活能源，由此解決人們生活柴火能源問題，既保護了森林資源，又控制了紫莖澤蘭入侵其它物種的生境。此外，哈尼族還用紫莖澤蘭入藥，其根係煮沸後服用治腹瀉，用新鮮嫩莖葉搗爛敷於傷口止血。

哈尼族習慣把水葫蘆養殖在村邊的水田中，繁殖旺盛後撈起來運回家中砍碎放入大鐵鍋中煮熟餵豬。在魚池中養殖的水葫蘆鬚根中會產卵，然後將其拿到田中養殖魚苗。在哈尼族看來，在田中的許多植物具有淨化水質的功能，其中的水葫蘆和水漂（滿江紅）就具有淨化水質的作用。綜合利用後，這些植物都沒有對哈尼梯田產生危害。

採集野果出售

Wild Fruit Gathered for Sale

採集野菜出售

Wild Vegetables Picked for Sale

染糯飯用的七里香花

Common Jasmin Orange Used for Sticky-rice Making

紫莖澤蘭和牛糞用作柴火能源

Crofton Weed and Cow Dung Used as Fuel

田中養植水葫蘆作豬飼料

Water Hyacinth Raised for Pannage

（三）狩獵習俗中的生態文化

　　狩獵是哈尼族生產生活的一項重要內容。歷史上，哈尼族狩獵既是抗擊野獸、保護人畜莊稼豐收及其生態平衡的重要手段，又是補充蛋白質、脂肪的重要食物來源。據《綠春縣志‧大事記》記載，民國元年（一九一二年），今綠春縣半坡鄉、大黑山鄉、騎馬壩鄉等一帶地區虎患猖獗，一年左右時間，被老虎咬死咬傷的有二〇〇多人，這一帶民眾出資邀請江城縣半坡寨的打虎能手刀應明前來滅虎，先後打死老虎十一隻。民國三十五年（一九四六年），今半坡鄉東沙村和土堆村一帶出現一隻大老虎，先後咬死咬傷五十多人，後被居哈村民黃阿里等人打死。[6]《元陽縣志‧大事記》記載，一九五三年七月，元陽縣境內不少地區發生獸災，咬死農民三人，咬死咬傷耕牛九十九頭，豬九十六頭，山羊八十七隻，其它雞、狗等家畜家禽無數。於是，元陽縣政府成立了打獸指揮部，發動群眾獵獲野豬、豹子、熊等

6　《綠春縣志》（昆明市：雲南人民出版社，1992年），頁14。

野獸三三一隻，有九人被評為打獸模範，八十三人獲獎。[7]《金平苗族瑤族傣族自治縣志》記載，為護糧保收，確保人畜安全，金平縣組織打獵隊狩捕禽獸，僅一九五七年全縣獵獲各種野獸達一七四〇〇餘頭（只），捕捉各種「害鳥」一五八〇〇餘隻；一九五七至一九九〇年，僅商業部門收購的各種動物皮有一六五七八九張。[8]

上述記載，一方面說明了哈尼族地區曾發生過獸災；另一面反映出狩獵生活是哈尼族歷史發展的必然。據筆者調查，二十世紀八〇年代以前，從哈尼族狩獵活動來看，他們常見的狩獵對象是：獸類有老熊、野豬、岩羊、野鹿、麂子、豺狼、野貓、野兔、穿山甲、破臉狗（花面狸）、水獺、松鼠、竹鼠、豪豬（刺豬）等；鳥類有野雞、原雞、箐雞、竹雞、秧雞、鷓鴣、鵪鶉、老鷹、斑鳩、松雀、魚雀、畫眉以及各類山雀等。此外，哈尼族地區還有多種昆蟲，其中，蜂蛹、竹蛹、蟬蛹、螞蚱（蝗蟲）等也是定期獵捕的對象。

哈尼族狩獵有集體上山圍獵（攆山）和個體上山狩獵兩種方式。狩獵者多為青壯年男子，時間多在梯田栽插完至收割前的六至八月和秋收完後的整個冬季，即十月下旬至春節前的農閒階段。狩獵工具早期使用石板、木棒、樹枝叉、繩等，中期使用弔杆、扣子、篾箕、網套、陷井、弓箭、駑箭、牛角號、獵狗等，後期的使用工具增加了刀、斧、鋤、鑤、鐵夾、鋼叉、山尖叉、火藥槍、半自動步槍等。一般來說，獵捕大型野獸類以集體圍獵的形式出現，獵捕小型獸類或鳥類以個體或無組織的小群體形式出現。獵槍和獵狗是哈尼族狩獵的得力工具和助手。這裏使用不同工具的獵捕方法略舉一二。陷阱是哈尼族早期捕捉大型野獸的常用方法，人們掌握了獵物習性的活動規律

7　《元陽縣志》（貴陽市：貴州民族出版社，1990年），頁15。

8　《金平苗族瑤族傣族自治縣志》（北京市：生活・讀書・新知三聯書店，1994年），頁90。

後，就在其可能出沒的地方挖一個深凹坑，坑內支起箭頭朝上的毒箭，然後在坑口空中搭上輕軟的篾條或枝葉，並蓋上雜草作掩飾。當獵物途經時會落進坑裏，被暗竹簽刺傷，獵物即使不死也無法逃脫。上山集體圍獵時，以此法將獵物趕進暗塘內。對於野鹿、麂子、岩羊等凶性不強的野獸，獵人熟悉它們的活動規律後，常守在獵物經常出沒的要道上隱避起來，用樹葉或短笛吹出獵物的叫聲，誘惑它們自動來撞上槍口。一旦發現獵物活動時集體上山圍捕，稱之為攆山。於是，把獵物趕到設置巨型棕網套的地點將其捕捉，或者根據獵物腳印跟蹤追捕，將獵物攆得精疲為盡直到捕獲為止。對於中型野獸，如野貓、花面狸、穿山甲、野兔、大松鼠等，獵人掌握了它們經常途經的地方後，以隱藏方式設置鐵夾，當它們踩進鐵夾口時，鋸齒形的鐵夾自動夾住四肢無法逃身。這種方法有時會傷及不知情的過路人。

對於鳥類的捕捉也有不同的獵具和方法，中期使用最頻繁的是射弩和彈弓苗準鳥類射擊，後期以獵槍射擊。對一些山雀的捕捉，多使用彈弓射擊。彈弓以竹片製作，寬四釐米，長八十至一〇〇釐米，從中間向兩端稍削細，然後由藤篾作弓繩，弓繩中點編一小型篾箕，石子放在其中彈出擊中目標。對老鷹等大型鳥類的捕捉，獵人白天觀察它們晚上棲息的地方，夜晚以「守株待兔」方式守候在樹腳，以獵槍擊中目標。撲箕、黏條、扣子均能獵獲鳥類。黏條是竹條上塗抹一種黏性較強的植物漿汁，在鳥類可能停息的樹枝上支起數條黏條，一旦鳥類碰著此黏條即會黏住無法逃身，埋伏的獵人就立刻來取之。扣子是在一條長一米的竹條上固定無數活圈套，將竹條的兩端固定在鳥類穿過或停棲的樹枝上，可套住鳥類的脖子或腳而獵獲。

此外，哈尼族捕捉野蜂也是一項有趣的活動。在哀牢山區的各種野蜂喜歡在密林中的樹枝上、地下土穴中、岩洞中築巢。其中，七里蜂，大黑蜂喜歡在樹枝上築巢，土黃色的蜂窩形如銅鼓懸掛在枝枝

上。黃腰蜂和土夾子蜂卻喜歡築巢在土洞中，形如龐大的螞蟻窩。岩蜂喜歡在岩洞裏羣巢，與家蜂相似。每年夏末中秋時野蜂覓食頻繁，男子們閒聊在野外草坪上或田邊地角時，一旦發現野蜂來覓食，便捕捉螞蚱、田雞等剖開，夾在竹條上作誘餌，將誘餌悄悄地移近野蜂附近，野蜂嗅到腥味後撲向誘餌啃食，人們趁此將夾有誘餌的竹條固定，野蜂啃下一塊食物飛向高空，人們觀察飛去的方向，並在幾個不同地點作觀察哨。不久原叼食回窩的那只蜂仍然回到原處來啃肉食，人們把早已準備好的輕巧白色羽毛或棉球以長頭髮絲拴在蜂腰上，野蜂啃下食物再次飛向高空，人們相互傳呼：飛過去了！看好方向！觀察哨一道接一道，直到找到蜂窩才甘休。

獵人找到蜂窩，憑經驗判斷蜂巢內的蜂蛹是否飽滿，若飽滿，待夜晚蜂入巢時以火攻之，參與者平均分享蜂蛹。若巢中蜂蛹尚小，在蜂巢懸掛的樹或巢邊作一個已有主人的標識，按哈尼族「非我之物不取」的傳統美德，決不會背人去獵取。有的甚至將蜂窩連樹枝條取重播在房前屋後的樹枝上養著，等蜂窩長大後再取食。蜂蛹一般長一至二釐米，乳白色，蠶蛹狀，含有極高蛋白質，是營養價值很高的滋補品，獲得的獵物拿到集市上出售，也可賣好價錢。當然，哈尼族在屋簷下飼養的家蜂不食蜂兒，只是十月年前定期取食蜂蜜。

（四）狩獵祭祀與禁忌

集體形式的狩獵，一般以村為單位行動，獵捕大型野獸，有時聯合幾個村寨行動。前述《獵神》的傳說，根據天神的指意，哈尼族要在上山狩獵之前，在村邊大樹腳的特定地點殺一隻白公雞祭獻獵神，然後以雞骨占卜擇吉凶。並從村民中推選出一位四十歲以上的男子為「窩松」，意為獵主，主持全村狩獵祭祀和行動事宜。窩松不僅要對狩獵活動有興趣，而且還要懂得狩獵活動的古規古理。任職後，若狩

獵活動順利就一直擔任，否則改選。

　　狩獵途中，忌諱成年女性插嘴或與她們相遇；家有經期女性或孕婦的男子不能參與狩獵活動；父母剛過世的人家、家中曾被野獸咬傷的人也不能參與集體狩獵；準備出山時忌諱磨刀和說不吉利的話；參加狩獵活動的人途中不能隨便打小鳥，以免因小失大。知道規矩的哈尼族婦女，看到攆山的隊伍，老遠就隱藏起來，以免惹事生非。有時，被追趕得筋疲力盡的麂子恰好遇上不懂規矩的女子，被她們呿了一下或碰了一下，其女就得用一隻雞去叫「獵魂」。傳說一隻被獵人追趕無處藏身的麂子，被野外勞作的一位婦女用衣襟掩蓋起來，獵人趕到現場不見獵物就欣然離去，獵物躲過劫難，離開恩人幾步後又回過頭來，將睡在一旁的嬰兒叼走，放在獵物認為安全的地方，待婦女邊哭邊喊去追趕麂子時，她才離開幾步，就在嬰兒睡的地方突然發生滑坡，最後母子倆得救了。這就是狩獵活動中忌諱婦女的原因。

　　哈尼族上山狩獵，很難說定歸期。有時出去三五個小時，就會帶著獵物凱旋而歸。有時，一追數天也一無所獲，但絕不能空手而歸。捕獲到大的獵物，人們彙聚到適中的地點鋪開枝葉，將獵物剝皮，按狩獵參與人數均分。先割下一隻腿，賜給第一槍擊中獵物或捕獲該野獸的獵手，以示獎勵，有的以頭作獎品。如果是被獵狗捕獲，這一份獎品也就屬於獵狗的主人。有的將獵肉平均多分一份，這一份和頭、皮共同獎給獵物捕獲者。若不參加狩獵的人無意中遇到正在分配獵物，即使是素不相識的陌生人，也按哈尼族「上山狩獵，見者有份」的傳統狩獵規距，也增加一份分給過路的人。哈尼族原始平均分配原則在今天的節日慶典時平均分配祭祀犧牲隨處可見。有的地區哈尼族一旦捕獲獵物回歸時，一路上吹響牛角號，接近村寨，時不時鳴幾響火藥槍，以示向寨內的人報喜。然後在出發前祭祀獵神的地點進行有關祭祀程序後，再動手剝皮，分配獵物。

祭獻獵神

Sacrificing the Hunting God

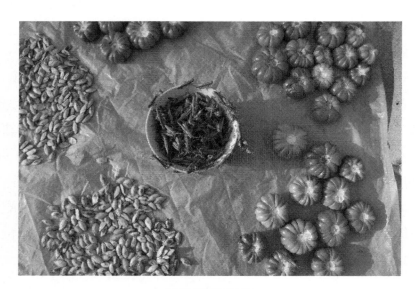

捕捉螞蚱出售

Grasshoppers Caught for Sale

屋簷下養野蜂

Humble Bees Kept Under the Roof

（五）捕撈習俗中的生態文化

哈尼族捕撈的早期形式是直接用手抓摸。隨著狩獵工具的改進，弓箭、矛、叉、鉤也成為獵取水產品的主要工具。在河中捕魚的常用方法大致有二種：一是將河水改道，河床水位下降後用手去捉大魚，小魚留下；二是以魚網、籮筐、撮箕、魚鉤等工具捕捉。哈尼族在河中捕魚和梯田捕魚的時間不同。一般來講，每年農曆二月至四月的枯水季節，是河中捕魚的最佳時節。傳統的河中捕撈方法有二：一是三五成群的男子，在新舊河床之間互相截水改道方便的地方，把現流的河水截入舊的河道上，待原河道河水退位後就直接用手抓摸或在小塘中以魚網、撮箕捕撈，然後各人所捕捉的魚收攏後又按參與人數平均分配。二是以劍麻繩或葛根藤編織的魚網去捕撈。哈尼族使用的魚網不大，網口周邊固定在圓形狀的篾藤上，網口直徑為一○○至一二○

釐米，呈圓錐形的網狀，網口至錐底部的經緯網狀越來越密，作業時
將兩手握住圓篾藤在水中捕撈。每當枯水季節的晴天日，男子們不約
而同地帶著魚網，腰挎魚籠，從河的上游捕撈到河的下游。這種捕撈
方法捕獲的魚歸個人，不再作平均分配。根據各人的情況，捕獲的魚
有一至三千克不等。哈尼族無論以何種方式捕魚都將小魚和母魚留下
繁殖魚苗。

　　哈尼族在河中捕捉到的水生動物常見的有江鰍、小花鰍、貼板魚
（平鰍）、鯉魚、黃魚、鯽魚、青魚、大蝦、石蚌等。

　　哈尼族地區由於有大面積的梯田分佈，梯田成為哈尼族捕撈的重
要環境。田中自然生長著泥鰍、黃蟮、江鰍、小花鰍、鯽殼魚、鯉
魚、小蝦子、小蝦巴蟲、大蝦巴蟲、螺螄、小牛蛙、螃蟹等。哈尼族
梯田捕撈的季節一般在整個冬季至春季栽插前的這一段時間，捕撈工
具主要有撮箕、蟮魚夾、箭梳等，最簡單最常見的方法直接用手去捕
捉，並形成一些有趣的捕撈方法和習俗。

　　泥鰍在梯田閒置期間白天出來覓食或曬陽光，人到田埂上一踩就
鑽進稀泥裏，人們直接用手去抓摸。黃蟮白天在泥土洞裏休息，人們
順著洞口摳進去捉住，到了晚上，蟮魚還鑽出洞外覓食，人們點著火
把在田埂上直接用手去捉或用蟮魚夾和箭梳子去夾住。

　　哈尼梯田中夜晚捉泥鰍和黃蟮是一項有趣味的生產活動。陽春三
月，梯田水暖變清，每當夜幕降臨，覓食了一天的泥鰍和出來覓食的
蟮魚，靜靜地躺在平滑的田泥上停憩，午夜之後才慢悠悠地鑽入泥土
洞中。哈尼族少男少女吃過晚飯後，腰間係著一個裝魚的備用竹筒，
右手拿著一把竹片製作的鋸齒形夾子，左手持著明亮的火把，三五成
群，男女各自為隊，時而唱起優美的「阿茨」（情歌），歡快地奔向田
野捉泥鰍和黃蟮，這時明月當空，火光點點，在田間形成一幅繁忙而
神奇的燈會景觀，這是哈尼族夜晚捕捉泥鰍的場景。人們走在田埂

上，瞄準獵物，張口竹夾子悄悄地靠近目標後眼明手快，迅速夾住，以免其驚醒後溜脫。哈尼族姑娘們的這種捕捉方法如同進行一場比賽，不停地彎腰下夾子，夾起一條條泥鰍和黃鱔放入腰間竹筒裏，待竹筒盛滿後，姑娘們又成群結隊舉著火把回家。把帶回來的鮮泥鰍和黃鱔製成乾巴，既可備日後待客用，也是製作泥鰍或黃鱔煮豆豉等哈尼風味菜譜的主要原料。根據哈尼姑娘夜間捉泥鰍這一有趣的田間勞作場景，被文藝工作者編成充滿生活情趣的舞蹈《捉泥鰍》，並搬上舞臺演出，受到哈尼族群眾的歡迎。

　　哈尼族夜間照火把捉泥鰍外，還有夜間照火把拾螺螄的習慣。陽春三月，梯田水清見底，螺螄也喜歡夜間覓食，在平滑的田泥上劃出一道道彎彎曲曲螺螄滑動的印痕。每當晚飯後，青年男女也是三五成群，各自為隊，一手舉著火把，腰間係掛小篾籮或竹筒下田拾螺螄。螺螄帶回家中後，在木盆或木桶中以清水泡上兩三天，期間要不斷更換清水，讓其吐淨腹中田泥，然後可製作豆豉煮螺螄或酸筍絲煮螺螄等哈尼風味菜肴。

　　哈尼族姑姑還擅長於捕撈蝦巴蟲。元陽縣者臺村等地哈尼族稱蝦巴蟲為「架歐」，故某戶人家一旦有了新生女嬰兒，向他人介紹時寓意地說，我們家增添了一個「架歐瑪」，意為我們家又有了一名捕撈蝦巴蟲能手。十至十五歲的哈尼族小姑娘，腰係一個小葫蘆，頭上戴一頂撮箕，在梯田閒置期間，每當晴空萬里的日子都喜歡下田捕撈蝦巴蟲。蝦巴蟲油炸後味道特香，是一道下酒的好菜，油炸搗細後也可作荃菜涼拌。哈尼小姑娘捕撈蝦巴蟲時也可獲得一些副產品，如小花鰍、泥鰍、螺螄螞蚱等。

　　上述各類捕獲的魚類和螺螄，一部分作美食菜肴自銷，另一部分拿到集市上出售可賣好價錢，然後從集市上購回家裏需要的日用品。哈尼族除螺螄鮮食外，喜歡將泥鰍、鱔魚等製作成乾巴。

哈尼族對魚、泥鰍等水生動物捕撈不僅僅作為美食滋補，而且賦於了特別的文化內涵。紅河縣樂育鄉尼美、壩美、然仁等村的哈尼族婚禮酒宴中，新娘進食的餐桌上必須有一碗泥鰍，新郎進食的餐桌上必須有一碗魚。這裏的魚和泥鰍表示生殖器，魚象徵女性，泥鰍象徵男性。人們期望的是彼此吃了該吃的東西就要早生貴子、早享福。

綜上所述，野生動植物品種，既是哈尼族早期的全部食品；也是相當長的歷史時期內構成哈尼族副食品的重要補充成分。經過成百上千年的不斷觀察和實踐，哈尼族逐漸掌握了其生存區域植物生長周期和可食性植物的根、莖、葉、花、果及各種食用菌。如果說過去採集是為了人們果腹充饑，那麼今天採集和狩獵的物品已成為人們餐桌上的佳餚。

哈尼族採集和狩獵活動中蘊含著獨特的生態文化。從狩獵傳說來看，哈尼族把野生動物視為天神飼養，獵取它們必須通過祭祀，取得獵神的允許，反映了哈尼族與自然和諧相處的生態倫理。偶而發生野獸傷人，也儘量通過祭祀獵神和解，很少用暴力手段捕殺，原則上哈尼族不把豹子、虎、熊、野豬等大型猛獸作為獵捕的對象，他們認為這些動物是天神下派的哈尼族各地山神的化身，每年不惜動用犧牲定期祭祀。一望無際的北方草原發生過無數蝗蟲災害，但滇南哀牢山區一百多萬畝綠綠油油的哈尼族梯田從來沒有發生蝗蟲災，因為哈尼族自古以來習慣捕食螞蚱（蝗蟲），並作餐桌的美食。在全球發生外來入侵植物紫莖澤蘭、水葫蘆等植物災害時，哈尼族將紫莖澤蘭連根挖出來把嫩莖葉還田增加有機肥，並起到殺蟲的效果，再把紫莖澤蘭桿作生活能源燒柴，以減輕森林樹木的壓力；把水葫蘆作豬飼料，故哈尼族地區從未發生入侵植物災害。時到今日，哈尼族對自然從不強取掠奪，而是通過各種合理的利用方式和不同的祭祀活動，尋求與自然

和諧相處。哈尼族以梯田稻作為核心的生態文化之所以持續千餘年的文明，是因為哈尼族文化從肇始之初就形成「天人合一」的生態文化理念和一整套人與自然和諧相處的生態文化。

二　哈尼族禽畜飼養中蘊含的生態文化

禽畜馴化是狩獵活動的一次質的飛躍。大約一萬年前，人類文明進步的一個重要標誌就是開始了對野生動植物的馴化。世界上一些地區的部落在處理捕獵獲得的野生動物的方式上開始有了新的變化，他們不是立即宰殺剩餘的這些動物以供眼前食用，而是把狩獵剩餘的動物或幼子餵養起來，馴化它們，並讓它們繁殖，由此豐富和保存了生物種類。從古至今，哈尼族家庭把禽畜飼養作為物質生產生活的必備條件，他們養殖的不僅是傳統遺傳的禽畜品種，而且用生態飼料餵養，一定程度上保持了原生態的物種基因和生物多樣性，有的畜種成為獨具特色的朝廷「貢品」，體現了哈尼族傳統禽畜飼養中蘊含的生態文化。

（一）哈尼族禽畜馴化傳說與飼養歷史

哈尼族的創世神話和遷徙史詩中有許多哈尼祖先馴化禽畜的信息。《動植物的家譜》[9]這樣講，天神俄瑪傳下神種，到第十六代梅煙恰時，許多東西都生出來了。梅煙恰又生了四種生物的祖先，第一種是人，第二種是會跑的動物，第三種是會爬的動物，第四種是會飛的動物。天神給人的祖先取名為「德摩詩匹」，德摩詩匹生了遮姒和遮奴兩個姑娘，遮姒生了六種野物，遮奴生了六種家畜。野物中最先出

9　雲南省民間文學集成辦公室編：《哈尼族神話傳說集成》（北京市：中國民間文藝出版社，1990年），頁132。

生是老鼠，所以人們以它為十二種生肖動物的老大，計算一輪的日序以鼠日為起始，其它十一種動物出生的排序是：牛、虎、兔、龍、蛇、馬、羊、猴、雞、狗、豬。它們下地的日子就是牛日、虎日、兔日、龍日、蛇日、馬日、羊日、猴日、雞日、狗日、豬日。但是家畜、野獸動物生活在一起習性不和諧。遮姒和遮奴姐妹倆一起上山放牧，玩著玩著老虎轉過來咬水牛，遮姒就把老虎攆進深山，從此老虎與水牛分開；她倆放豹子和花狗，豹子又來撕花狗，又把豹子攆進箐溝，讓花狗守家；放老鷹和小雞，玩著玩著老鷹抓小雞，並把雞冠抓出血來，從此不會變白，就把老鷹攆到白雲裏去⋯⋯遮奴到處吃虧，姐妹倆分家，各管各的動物，但遮姒的動物深山老林到處放，並隨時與遮奴的動物作對。因此，遮奴的家畜只能放在房前屋後。

《人鬼分家》[10]這樣講，傳說人和鬼是一對親兄弟，人為兄，鬼為弟。兄弟倆為分家吵個不停，並告到天神莫咪那裏，天神派母絷和咪絷二神來幫助人鬼分家。人分得黃牛、馬、羊、豬、狗、雞、鴨；鬼除了分得野雞、箐雞、鷓鴣、鵪鶉、馬鹿、麂子、老虎、豹子外，還來搶佔鵝、鴿子和水牛，這樣人鬼不相讓，雙方抓住鵝、鴿子和水牛互相拉扯，人雖然搶回了鵝、鴿子和水牛，但鴿子腳被拉脫了一層皮變為紅色，水牛脖子皮被拉得鬆弛後留下一道道的皺褶，鵝脖子也被拉長了。

上述神話說明哈尼族有悠久的禽畜飼養史。根據民族學研究成果，中國經濟文化類型之一的畜牧經濟文化類型分佈在東起大興安嶺西麓，西到準噶爾盆地西緣，南到邊境一帶的廣大地區內，基本上構成了一個從東北到西南的半月形畜牧帶。這一地帶包括青藏高原東部、東南部、內蒙古高原、黃土高原以及雲貴高原。哈尼族文化源流

10 雲南省民間文學集成辦公室編：《哈尼族神話傳說集成》（北京市：中國民間文藝出版社，1990年），頁317。

屬青藏高原沿「民族走廊」南下的古氐羌族群。在長期不斷的南遷過程中，仍然以「隨畜遷徙」的游牧文化為主。至唐代中期，在哀牢、蒙樂兩山之間，已出現銀生、開南、拓南、威遠等古城邑，當地以和泥及樸人為主的「雜蠻耕牧」之區，居民從事農、牧業及採茶葉，飼養豬、羊、騾、驢、兔等家畜和鵝、鴨等家禽。這裏為南詔銀生府行政區域，因居民以和泥占多數，故其地又「總名和泥」。[11]

經過長期不懈的馴化，哈尼族培養出適應當地地理環境的優良畜種，其中以馬和豬為特色。南宋時（一一二七至一二七九年），哀牢山和泥曾路經六詔山販馬及其它土產至廣西邕州。據宋代周去非《嶺外代答》卷五「經略司買馬」條說：「紹興三年，置提舉買馬司於邑。……產馬之國曰：大理、自杞、特磨、羅殿、毗那、羅孔、謝蕃、騰蕃等，每冬以馬叩邊。買馬司先遣招馬官，賚錦繒賜之。馬將入境西，提舉出境招之。」這裏提及的「羅孔蠻」就是哀牢山的和泥「落恐蠻」。在該書「馬綱」又說：「蠻馬入境，自泗城州至橫山寨而止，馬之來也，涉地數千里，瘠甚。蠻縛其四足，拽僕之；啖鹽二斤許，縱之旬日，自肥矣。」[12]這裏不僅述及哈尼族歷史上的產馬之地，而且述及哈尼族飼養馬和防治馬疾病的生態療法。

哈尼族飼養的豬種，曾以「窩泥豬」或「阿泥花豬」之專名載入歷史文獻，並成為朝貢的土特產品。清乾隆《開化府志》卷四「物產」條內有「阿泥花豬」。胡本《南詔野史》說：窩泥「善養豬，其豬小，耳短身長，不過三十斤，肉肥脂，名窩泥豬」。道光《威遠廳志》卷三「風俗」條說，窩泥「土產花豬，家多畜養之」。[13]

11　《哈尼族簡史》編寫組：《哈尼族簡史》（昆明市：雲南人民出版社，1986年），頁26。

12　《哈尼族簡史》編寫組：《哈尼族簡史》（昆明市：雲南人民出版社，1986年），頁49。

13　轉引自《哈尼族簡史》（昆明市：雲南人民出版社，1986年），頁43。

（二）家禽家畜的生態飼養方法

　　哈尼族家庭傳統飼養的家畜有豬、水牛、黃牛、馬、騾、山羊、狗、貓、免等；家禽有雞、鴨、鵝和鴿子等。

　　豬，是哈尼族傳統飼養的主要家畜，養豬既是主要的家庭經濟收入之一，又是哈尼族攝取脂肪、蛋白質的主要來源。上述的「窩泥豬」或「阿泥花豬」，又稱「小耳朵豬」、「油葫蘆豬」，是二十世紀八○年代前哈尼族家庭普遍養殖的豬種，其主要特徵是適應性強、耐粗飼料、性成熟早、肫肥力強、皮薄膘厚、肉細香嫩。其體形有大、中、小，歷史上「窩泥豬不過三十斤」，但由於豬種的進化和古今重量單位的不同，哈尼族養殖的傳統成年公豬體重在六十至八十八千克，利用年限三至五年；成年母豬體重六十至一二四千克，利用年限三至五年，個別達十年左右。[14]公豬五十天左右可與母豬交配，母豬六個月左右發情，懷孕期一一○至一一八天，每胎產仔五至十頭，一般兩年產三胎。二十世紀七○年代後，從外地引進榮昌、約克、長白、內江等種公豬與本地小耳朵母豬交配，對傳統飼養的豬種進行改良[15]，直到九○年代哈尼族家庭飼養的傳統小耳朵豬逐漸被進化了的雜交豬種替代。

　　哈尼族習慣放養豬，放養的範圍在村內的房前屋後和莊稼收割後的村邊田地，性野的母豬還得給它脖子上戴木架鎖。每日餵食兩餐，上午九至十時，一般在人們早飯後餵第一次，然後讓它自由活動，覓食野生植物。下午五至六時，在人們做晚飯前餵第二次，餵飽後豬自然歸廄。由於豬自由活動量大，能量消耗也大，所以豬長得慢而結

---

14 綠春縣縣志編纂委員會編：《綠春縣志》（昆明市：雲南人民出版社，1992年），頁223。

15 綠春縣縣志編纂委員會編：《綠春縣志》（昆明市：雲南人民出版社，1992年），頁162。

實。哈尼族習慣豬飼料熟喂，常把山上或田地裏採摘回來的草本豬飼料用刀剁細，放入大鐵鍋內煮熟，待水煮沸適當加入玉米麵、米糠攪拌，即可餵食，不喂化學飼料崔肥，早餐熱喂，晚餐涼喂。哈尼族認為，豬放養有利益消化，容易長肥，熟喂縮短消化過程，容易吸收營養。哈尼族傳統飼養的肥豬，大部分是作過年節時宰殺後醃製煙熏臘肉自食，其味香。母豬產仔出售作家庭經濟的補充，多數家庭養豬未形成商品化。

哈尼族家庭飼養的牛有水牛和黃牛二種。水牛作役力，黃牛多為閒牛，主要作祭祀犧牲。水牛屬沼澤地型水牛，角基粗大，角頂細尖，頸較細，背平直，胸寬腹圓，蹄大堅硬；牛體小，但靈活結實，耐粗飼，有較強適應性和持久性，適宜山區放牧和使役。公牛六歲左右可使役，母牛一般三年產二胎，無專用配種公牛，公母混合放養，野交亂配。黃牛屬亞熱帶山地黃牛，體形小，耐熱耐旱，體質結實，善於野外採食。黃牛也是無專用配種公牛，公母混合放養。

水牛是哈尼族梯田農耕的得力助手，被譽為「餵食的拖拉機」。哈尼族對水牛寄予特殊的感情，在春節、莫昂納（仰昂納）等節日活動時予以特殊祭獻，表達人們對水牛的敬意。哈尼族習慣「放野牛」，田裏秧苗栽插完後，把牛群趕到上半山，四五天去察看一次，到次年春天才把牛群趕回家。元陽縣者臺村一帶哈尼族，秋栽完後把牛歸廄關養起來，到秋季莊稼收割完自然放牧。關養期間人們割來青草餵養，一來避免牛去糟踏莊稼，二來便於恢復役力。冬季特別寒冷的日子也是廄養，以秋季收割的稻草喂之，有條件的家庭還每天加喂三四個鹽水浸泡過的草果，以便增強體內熱量來驅寒。紅河縣有的哈尼族與河谷地區的傣族結為「牛親家」，其做法是：以河壩某家傣族為一方，山區的某家哈尼族為另一方，兩家湊錢同買一頭母牛，或一方原先有牛，願出賣一半給另一方，牛為兩家共同管理使用，冬季下

半山河谷氣候溫暖，把牛趕到河谷的傣家放養避寒；夏季上半山氣候涼爽，青草旺盛，把牛趕上山由哈尼族家庭放養。期間繁殖的幼畜雙方共同分成。這樣做使耕牛的役力時間錯開，也讓耕牛能充分得到休息，以便恢復體力。

哈尼族地區因交通不便，田地較遠，飼養騾馬主要作家庭運輸和民間運輸。騾和馬的飼養管理比其它家畜複雜。因此，哈尼族並非家家戶戶都飼養騾馬。平時白天在山上放牧，晚歸廄。作役力運輸時，割青草、鍘稻草在夜間喂之，同時適當加喂玉米、稻穀、黃豆等精飼料，以此增強體力。

哈尼族部分家庭飼養山羊，其體型小，毛色純黑，年產二胎，一胎產一仔。白天在山上放牧，晚上歸廄，不喂任何人工飼料。飼養山羊，主要用作喪禮犧牲，至今也未形成商品化。

狗、貓、兔也是哈尼族飼養的家畜。家庭養狗，一來用於守家，二來可馴化成獵狗，是狩獵的重要助手。傳說遠古時，哈尼族的稻種最先由狗叼回來，故有每當過新米節時候，米飯必須先喂狗的習俗。飼養貓和兔的家庭相對少一些，養貓的目的，是讓它去抓老鼠，達到生態平衡，平時喂泥鰍、魚等腥味食物。養兔作為觀賞，採摘青草喂之。

哈尼族家庭養雞，屬本地傳統「土雞」，其體型小，成年雞也只有一至三千克，但其肉質細嫩，味香可口。雞為放養，夜間歸廄，早晚喂玉米、稻穀，青飼料自然覓食，由於田間螞蚱等昆蟲和散落的稻穀多，有的家庭習慣在田間蓋棚養雞養鴨。養鴨屬麻鴨品種，習慣以母雞孵化小鴨。每戶家庭養鴨五至二十隻不等，白天放在梯田裏自然覓食，晚上關籠背回家歸廄，輔喂玉米、稻穀。鵝和鴿子少數家庭飼養，白天自然覓食，晚歸廄，輔喂稻穀，作家庭觀賞用。

野外放養牛　Pasturing Cattles

傳統豬種　　　　　　　　**傳統本地雞**

Hogs　　　　　　　　　Homebred Chickens

（三）飼養家禽家畜的生態文化

　　家畜和家禽為哈尼族提供了可靠的蛋白質、脂肪等人體必需的營養成分，這是飼養禽畜的物質功能。但是，哈尼族飼養家禽家畜不僅僅是為了實現禽畜的物質功能，更重要的是實現社會文化的功能。其社會文化功能歸納起來主要有三種：財富與貨幣觀念、互贈禮物、祭祀犧牲。

1 財富與貨幣觀念

　　哈尼語「贈」（zeiq）一詞有「牲畜」、「財富」、「金錢」等不同

的漢語意義。故哈尼語稱家畜家禽為「贈然」（zeiqssaq），而「贈瑪」一詞又有「本錢」、「母畜」的含義。從詞的起源分析，這些詞彙又與哈尼族原初的文化起源於畜牧經濟文化類型有直接的聯繫。哈尼族把「贈」一詞作為一切財富的指稱，其原初的指代不包含貨幣的意義，而是特指牛羊牲畜。因為「隨畜而遷，無常處」的古代游牧家庭生活，除了看得見、摸得著的牛羊外，並無什麼有價值的財產，況且牛羊還可以作為荒年的充饑，又是人們攝取營養的可靠保障。故以此作為財富的標識，這是其一。其二，隨著社會的發展，充當一般等價物的貨幣產生，由此擁有貨幣數額的多少，成為衡量擁有財富多寡的標準。但是，從哈尼族歷史社會形態來看，人們在商品貿易中能充當貨幣等價物的仍然是以牛羊為主的家畜，認為有了牛羊，也就擁有了貨幣。因此，貨幣與家畜的內涵等同起來，這是哈尼族長期社會文化的心理積澱。其三，哈尼族南遷到滇南哀牢山區之後，雖然畜牧經濟生活不是哈尼族的主要生計方式，但是，梯田農耕活動中的牛仍然是梯田生產不可缺少的動力，在以家庭為單位的社會生產活動中，是否擁有牛，生產效益是不同的。因此，時至今日，牛的價值是其它財產無法替代的。

2 互贈禮物

哈尼族既然以家畜家禽作為財富或貨幣，人們的互贈活動以此為禮物是自然的了，他們認為也是最體面的禮物。清道光《續修蒙自縣志》說：哈尼「其嫁女，則牽牛以聘」。所謂互贈就是哈尼族的某個家庭，舉行誕生命名禮、婚禮、喪禮等人生禮儀時，該家庭的親屬一般都攜帶豬、雞、牛、羊、糯米或大米等物品作禮物，參加所舉行的各種儀式活動。其中喪禮活動中尤為突出，奔喪的親朋好友中，以牛羊為禮物是最為體面的贈禮，最低也要帶一隻雞。親朋好友即使送上

一兩千元的貨幣，也不如送一頭價值為千元的牛作禮物體面。當該家
庭的親戚舉行類似的禮儀時，這戶家庭也要攜帶類似的禮品去參加他
們的禮儀活動，這當是回贈禮。雖然哈尼族社會沒有明確規定贈予對
方的禮品並非一定要讓對方回贈，但是，他們認為每個家庭遲早都會
發生類似活動儀式，團結互助是哈尼族社會的禮儀，親屬之間的這種
贈禮應當是一種真誠幫助或祝賀。因此，對方一旦發生類似儀禮時回
贈是理所當然而不求回報的禮節。由此可以看出，經由喪禮中的贈禮
和相互幫忙，親屬和村民之間強化了相互的責任和情感，社會由此得
到了整合和鞏固。個案研究表明，哈尼族的喪禮客觀上經濟耗費很
大，但它卻是在特定條件下產生的，是具有一定合理性的特殊經濟運
行方式。特別是以牛羊為代表的禮物的流動，既相互分擔了經濟壓
力，同時，又處理了剩餘產品，是一種具有合理性的食物借貸、儲存
和再分配的制度。這種方式事實上降低了某個家庭面臨經濟危機的風
險。直到今天還在延續的這種交換，也許便是對以往當地群體應對生
存危機、共同分擔風險的慣性表達。在此意義上，它不僅是一種長期
的無息信貸制度，它還是一種社會保險制度。我們從中看到了社會關
係所具有的經濟功能，特別是其中多種社會力量的積纍。從這個角度
來看，喪禮中的物質交換也許是「收支平衡」的，但更重要的是，其
中的社會關係卻是不斷「增值」的。[16]這是其它贈禮無法達到的社會
效益。

3 祭祀犧牲

　　哈尼族家庭飼養禽畜，除了上述的功利目的外，將其作為各種祭

---

16 鄭宇：〈哈尼族喪禮的經濟消耗個案研究——以元陽縣箐口村為例〉，載白克仰、黃
　紹文主編：《第六屆國際哈尼／阿卡文化學術討論會論文集》（昆明市：雲南人民出
　版社，2010年），頁104。

祀活動的犧牲，也是哈尼族獲取動物性肉食的理由。沒有祭祀活動，哈尼族平時極少宰殺飼養的家畜家禽作為人們必要的營養補充。祭奠死者以牛羊等禽畜作犧牲為榮的價值觀是哈尼族社會的普遍理念，也是哈尼族歷史文化的積澱。清康熙《嶍峨縣志》載：哈尼「人死無棺，……祭用牛羊。」清雍正《景東府志》也載：哈尼「……喪葬木為棺，祭用牛，貧則用豬。」這些記載都說明了哈尼族以牛羊作祭祀犧牲的歷史淵源。

據筆者調查，元陽縣新街鎮箐口村一年中的公祭禮儀活動有祭寨神、祭山神、祭磨秋、驅鬼避邪、祭火神等活動。其中，祭磨秋的主犧牲是一頭水牛，其餘公祭活動的主犧牲至少也是一頭大肥豬，其它犧牲，如雞少則二隻，多則十餘隻。每次公祭活動的犧牲費用戶均攤派，少時五元，多時五十多元錢。在祭寨神、祭磨秋活動中，除公祭犧牲以外，每戶家庭還必須殺一隻雞祭祖，箐口村一七八戶就是一七八隻雞作犧牲祭祖，即使家庭未飼養也必須到市場上購買，加上其它以家庭為單位的節日活動，如端陽節、嘗新節等以雞為祭祀犧牲，一年中該村至少要宰殺一〇〇〇多隻雞。並且這些祭祀活動年年如此，周而復始。

哈尼族喪禮儀式繁鎖，規模較大，使用的禽畜犧牲最多。主要的犧牲是水牛、黃牛、山羊、豬、雞等。每一次喪禮的犧牲少則一頭牛、多則三頭牛以上。一九九〇年春筆者在元陽縣攀枝花鄉硐鋪村調查時統計，李氏「莫批」去世的喪禮犧牲多達十七頭牛。從總體上講話，哈尼族的任何一家喪禮中，死者的姑娘、孫女、外孫女必須以大小一頭豬上祭，其它親戚朋友至少以一隻雞上祭。因此，雞是喪禮活動中數量最多的一種犧牲。但是，所有犧牲僅僅以肝、胸肉作祭品，名為死者的犧牲，實際上是活人享用。

祭祀野外自然神靈

Sacrificing the Natural Gods

喪禮犧牲

Cattle Sacrifice on Funeral

三 哈尼族生活用水及其管理中的生態文化

水是人類賴以生存和生產的重要物質基礎，是人類重要的自然資源之一。哈尼族對生產性水資源的利用在上文第三章「梯田農耕生態文化」中已述及，本節主要闡述哈尼族對生活用水的選擇及其管理方面的生態文化。

（一）飲水源選擇

滇南亞熱帶哀牢山區，在濕熱的氣候條件下，分佈著茂密的森林，形成山有多高，水有多高，到處是泉水叮咚響的自然生態，孕育著豐富的水資源。但並非所有的水資源都可以飲用，在濕熱森林下彙集的溪流水塘，由於沉積了大量的各種樹葉腐殖質便會成為「有毒氣體」的「禁水」，人類絕不能飲用。哈尼族以神話的方式把自然界的水的類型成分解釋為三股水：一股是甜水，即出自地面的山泉水；一股是鹹水，即海水；一股是淡水，即江河水。

哈尼族對生活飲水的選擇經驗以古歌的方式流傳下來，《哈尼族古歌・安寨定居》中講，選好了寨址、神林後再尋找人們生活飲水用的水源：

> 又瞧寨子的山坡上，
> 有沒有姑娘眼睛一樣明亮的龍潭水，
> 滑亮的石頭底下，
> 是壓著泉眼的地方。
> 有了人吃的好水，
> 生得出好兒好女，
> 有了牲畜吃的好水，

放得出好牛好馬，
有了莊稼吃的好水，
種得出好莊稼，
十個男人合心了，
十個女人愛著了。[17]

哈尼族史詩《十二奴局》也講：

房子蓋好了，
找個好好的水井，
雨季才會淌水的龍潭不能要，
田地裏滴下來的尾水不能要，
會冒渾水的龍潭[18]不能要，
遍地浸出來的水不能要，
只要清清的龍潭水，
龍潭水是龍吐出來的，
龍吐出來的清泉水，
甘甜清涼最養人的心，
吃龍潭水長大的兒子，
個個勤勞勇敢有本事，
吃龍潭水長大的姑娘，
個個生的像花一樣俏。
轉來轉去地找，

---

17 西雙版納傣族自治州民族事務委員會編：《哈尼族古歌》（昆明市：雲南民族出版社，1992年），頁134。
18 哈尼族認為，會冒渾水、起汽泡的龍潭水是有毒的水，不宜飲用。

> 挑來挑去的看，
> 找遍了每一條衝衝，
> 踩遍了每一道山梁，
> 在寨邊的窪地裏，
> 找到了一眼清澈的龍潭。[19]

　　這些是哈尼族古歌中尋找和選擇生活飲水源標準的描述。哈尼族認為，出自地面的清泉水是「龍」吐出來，這種水質不同凡響：甘甜清涼、清澈見底，常年不枯竭。因此，對生活飲水源的選擇與寨神林的選擇是哈尼族安寨定居的首要步驟，沒有出自地面的清泉水，再好的地形也不能作為安寨定居的地方。

（二）生活飲用水管理

　　哈尼族的生活飲水源一旦被選定，便以信仰的形式加以保護。《十二奴局・安寨定居》中講，選中了「龍潭」後：

> 挖去旁邊的泥土，
> 抬來硬硬的石板，
> 把四周砌起來，
> 把龍潭圍在中間，
> 水井修好了，
> 殺一隻紅公雞祭獻天地，
> 求天神地神好好保護龍潭，
> 一年四季都冒著清清的泉水。[20]

---

19 趙官祿等搜集整理：《十二奴局》（昆明市：雲南人民出版社，1989年），頁94-95。
20 趙官祿等搜集整理：《十二奴局》（昆明市：雲南人民出版社，1989年），頁95。

　　一年一度的十月年、昂瑪突、矻紮紮三大節日是哈尼族的主要節日，也是各種儀式繁多的節日，其中的第一儀式就是「老合索」（lolhovqsol），即清洗水井，清除井壁上青苔和井底沉澱物，清掃井前雜物，認真察看水源是否受污染，然後主持祭祀的咪谷以一隻公雞和一隻母雞作祭獻水神的犧牲，就地宰殺煮熟後祭獻，祈求清澈見底的水源永不枯竭。背「聖水」是哈尼族三大節日的主要儀式，主持祭祀的咪谷把清洗水井的儀式完畢，由他先取「聖水」後，人們就會紛紛以竹筒取「聖水」，背回家中烹製各種祭品，祭祀祖宗。哈尼族認為，用「聖水」才能洗去骯髒的靈魂和一切不乾淨的東西，因此，哈尼族認為，祖先喝了「聖水」會保祐人畜安康，五穀豐收；人們喝了「聖水」，身體會健康，心靈會淨化。

　　元陽縣全福莊等村寨每年昂瑪突、矻紮紮節清洗水井儀式時以竹篾編制一個大螃蟹，掛在井口前祭獻，哈尼族認為水井清澈見底的水源永不枯竭是水神螃蟹保護的結果。每年村社祭祀活動時烹製祭神供品的飲用水必須是出自建寨時選定的水源。因此，安寨定居時選擇的這口龍潭就是一寨人神共飲的泉水。

　　哈尼族以宗教儀式保護水井，其實質是告誡人們日常飲用汲水的地點是宗教聖地，任何人、任何時候、任何方式都不得污染水源，否則將受到全寨人的懲罰，輕則罰金買雞鴨清洗水井，重則不讓其家庭永久飲用其水源，由此客觀上保證了日常飲用水的清潔。

　　在哈尼人的心目中，水井是神聖的，是生命之源，是村寨心臟之象徵。因此，對愛護水井的教育從嬰兒抓起。元陽縣小新街鄉者臺村等地的哈尼族，當嬰兒滿一輪（十三日）舉行的出門禮（見天禮）就是將嬰兒背到水井以一個熟雞蛋、一點糯飯祭獻水神，然後將熟蛋剝開以蛋黃擦嬰兒的前額和腳底，最後主持祭祀的人從井中打一瓢水帶回去，以示嬰兒得到生命之源，健康成長。珍愛水源如生命的潛意識

教育從嬰兒始，因此，對水井保護是全體村民的大事。平時父母向不懂事的子女教育不能往水井扔東西，更不能扔不乾淨的髒物，否則會遭天神雷劈，不能砸爛渡水槽，否則嘴唇會缺口。這樣的教育即使不懂事的小孩也不敢輕易去冒犯水井，從而最大限度地保護了水源的清潔。

哈尼族對水井的建設也講究生態環境，建蓋新水井時，井壁四周用青石板相隔，井頂底層用青石板覆蓋，然後在其上蓋土，保持井壁的濕潤度，土質上種植刺棵，以防豬雞上去拱土，同時在井緣邊栽竹，以防止水井周邊水土流失。井壁的正前方開口，以便取水，一般備有公用取水的大竹筒水瓢，井水蓄滿後順水槽往外淌，也可用桶接水。為了充分利用流淌出來的清水，在井口前設一池塘，人們可以在池中洗菜，從洗菜池流出來的水流進另一池，作為人們洗衣洗腳用。通過人們利用後的生活用水又沿著排水溝流入梯田。

哈尼族村寨大多地處森林邊緣，但並非到處都有清泉流淌。但是，哈尼族認為出自龍潭、清泉的水源人們才能飲用，於是引高山森林中的泉水引入村寨，長距離的水源挖溝引水，接近村落邊又以竹槽渡水引入村內建好的水井中，以防水質受污染。

架設竹槽引水是哈尼族村寨建設的一項重要內容。二十世紀下半葉的後三十年裏，哈尼族地區的環境變化特別大，由於村落周邊的森林明顯減少，建寨以來就飲用的清泉開始變渾，甚至達不到飲用標準。於是遠距離引高山森林的溪水流入寨中，是哈尼族生活水源建設的重要工程。

源自地下的泉水
Spring Water from the Beneath

水井邊種植各種樹木
Growing Trees along Wells

從水井裏背回「聖水」祭神
Fetching Back the Holy Water for Sacrificing

四 哈尼族的飲料與生態文化

哈尼族居住區域是世界上茶葉的原產地，至今已發現最古老的野生型和人工栽培型茶樹均在哈尼族地區，是世界上著名的茶葉產區之一。唐人樊綽所撰《蠻書》記載：「茶出銀生界諸山，散生無採造法，蒙舍蠻以椒、姜、桂和烹而飲之。」宋人李石所撰寫的《續博物志》記載：「茶出銀生諸山。採無時。雜椒薑烹而飲之。」[21]清朝人祁韻士撰《西陲竹枝詞》和雪魚撰《鴻泥雜誌》等古籍也有相似的記載，古時銀生為今景東縣，唐南詔時期為和泥部落，此種飲茶方法至今仍為哈尼族所具有，這足已說明哈尼族先民是茶葉的栽培和飲用的創始者之一。

哈尼族的生態飲料主要有茶及野生「松落茶」、「番條」。從哈尼族生存環境的生態結構來分析，「松落茶」、「番條」等野生植物也是哈尼族最原始的野生飲料之一。[22]

「松落茶」，多年生草本植物。生長於海拔一五〇〇至二五〇〇米左右的高山松林地帶。每年秋季採集，涼幹備用。飲用時可以直接沸水沖泡，也可以用茶壺煨煮。它具有清香、利尿、接骨的藥用功效。騰條江流域的哈尼族至今還普遍飲用。「番條」，一叢生木本植物。喜生於海拔一〇〇〇至二〇〇〇米左右的高山上。每年秋季採集，置於屋簷下涼幹備用。每年農曆二三月間，人們常用銅壺煮水喝。煮水前要將「番條」拿到火塘邊烘烤一下，投入燒開的壺水中，再煮幾分鐘即可倒出來飲用。具有解渴醒腦清熱的功效。

哈尼族地區人工栽培茶出現後，上述兩種野生飲料在哈尼族重要

---

21 轉引自《哈尼族文化大觀》（昆明市：雲南民族出版社，1999年），頁105。

22 白克仰主編：《紅河哈尼族文化史》（昆明市，雲南民族出版社，2006年），頁203-206。

的飲食場所逐步被人工栽培茶所替代。但有的地區哈尼族日常生活中仍然在飲用。從地理位置上看，哈尼族地區的人工栽培茶以馳名中外的「普洱茶」主產區的普洱、思茅等為核心向其周邊輻射，向東至墨江、紅河、元陽、綠春、金平等哈尼族聚居縣，向南至瀾滄、猛海等哈尼族聚居縣，幾百年前就已盛產大樹茶葉，形成大狐圓形的哈尼族茶葉產區。目前許多地方還可以看到一〇〇多年樹齡的老茶樹。這些老茶樹仍在每年吐新芽，惠澤今人。除了「普洱茶」的主產區外，綠春、元陽、紅河等縣的哈尼族地區，茶葉是主要經濟作物之一。哈尼族創造了許多知名的茶葉品牌。如：綠春的「瑪玉茶」、「綠和茶」，元陽的「雲霧茶」、「磨鍋茶」，紅河的「星閣雲輝」等等，暢銷省內外，甚至出口國外。

　　長期生活於大山中的哈尼族，種茶、採茶、製茶、喝茶是他們生產生活的基本內容之一。採茶時，嚴格按「一尖一葉」採下來的茶葉，加工出來就是最上等的哈尼茶；如果採來的是一尖兩葉、三葉的茶，可以加工成哈尼族竹筒茶，這種茶葉大多是自家飲用。

　　哈尼族茶葉加工方法較為簡單，以農戶個體為單位自行加工，其方法是把當天採回來的茶葉，用乾淨的鐵鍋以微火清炒，然後放在簸箕中用手工搓揉，搓揉的時間越長越好，搓好之後，再次倒入鍋裏，用微火再次翻炒，炒至清香味的時候拿出來，散開於乾淨的篾箔上涼幹即成。製作竹筒茶，事先要備好一頭留底的新鮮竹筒，將竹筒清洗乾淨，把殺青後搓揉好的茶葉塞進竹筒裏，並用木杵緊壓，裝滿竹筒後，放於火塘邊慢慢烘烤，邊烤邊轉動竹筒，使筒內的茶葉受熱均勻。把竹筒烤幹以後，就可以把它置於陰涼處。需要用茶時把竹筒砍開，取出茶葉即可。

　　哈尼族飲茶方式主要有三種：煮茶、煨茶和泡茶。泡茶比較大眾化，把幹茶葉放入杯或碗中，用沸水沖泡即可飲用。煮茶是在人多場

合下適用，用銅壺燒沸水，把乾茶葉放入壺中稍煮即可飲用。相對而
言，煨茶比較講究，也叫煨釅茶，老年人特別喜歡喝。其泡製方法
是，用土陶罐，放入半罐乾茶葉，放在火塘邊烘烤，邊烤邊翻滾茶
罐，待罐內的茶散發出清香味後，把茶罐移開火塘邊，往罐中加入沸
水後又放在火塘邊用微火煨煮後倒出來可飲用，喝完後茶繼續留在罐
中，可數次加水煨煮。其特點是帶清香而甘苦，汁液色黃而濃，解
渴、助消化，勞作中飲用可消除疲倦。清阮福《普洱茶記》載：「普
洱茶名遍天下，味最釅，京師尤重之。」[23]清趙學敏《本草綱目拾
遺》載：「普洱茶膏黑如漆，醒酒第一。綠色更佳，消食化痰，清胃
生浸，功力尤大也。」清吳大勳《滇南聞見錄》中也說：「其茶能消
食理氣，去積滯，散風寒，最為有儆之物。」[24]這些古人的話均道出
了哈尼族飲茶習俗及其煨釅茶、普洱茶的特點和保健功能。

　　土鍋茶，也是哈尼族喜愛的飲茶方式，其以精製的綠茶為原料。
做法是把土鍋清洗乾淨，在鍋內加入清泉水，把土鍋移到火塘邊或山
腳架上燒沸水，然後在鍋內加入適當的精製茶，煨煮四五分種即可倒
入杯中飲用。其茶水色金黃，味清香。

　　青竹茶是哈尼族在野外勞作中喜歡製作的茶。其做法是砍來一節
竹筒，一端留節，另一端開口，同內清洗乾淨，採集鮮茶葉裝入筒
內，把竹筒放在火塘邊烘烤，邊烘邊翻動竹筒，待筒內的茶葉發出清
香味，加入清泉水，把竹筒移至火堆上煮十來分鐘即可飲用。其茶水
色綠，味帶青竹香，回味無窮。

　　哈尼族不僅喜歡飲酒，也善於釀製各種酒類。主要有燜鍋酒、小
鍋酒、苦辣白酒和甜白酒，也成為哈尼族的生態飲料之一。

---

23 轉引自《哈尼族文化大觀》（昆明市：雲南民族出版社，1999年），頁103。
24 轉引自《哈尼族文化大觀》（昆明市：雲南民族出版社，1999年），頁109。

　　燜鍋酒是哈尼族的特色飲料。燜鍋酒，是哈尼族傳統的清酒，具有清香、淳厚、口感好等特點。釀造燜鍋酒的關鍵是酒麴。自製酒麴的主要原料為大米、花椒和多種草藥。做酒麴的關鍵又是要使它發酵良好。釀造燜鍋酒的主要原料是稻穀、包穀、蕎子和高粱，也可將幾種糧食原料合在一起發酵。方法是把原料用麻袋或谷船內浸泡十餘小時後放入大鐵鍋內煮爛，淘乾水分放涼後，按一定的比例撒酒藥，並充分攪拌均勻。然後裝入大篾籮內發酵，並置於溫度約三十度左右的地方，過數日酒飯開始發酵，發出陣陣酒香時，再把原料裝入大陶罐裏，罐口用草木灰泥密封不透氣，讓其繼續發酵。一般情況下，二十天左右就可以烤酒了。民間有發酵時間越長酒越香的說法。烤制燜鍋酒，民間用小甑子烤制。把發酵好的原料裝入木甑中，每次只能裝半甑，甑子內原料頭上置一個裝酒的缽頭。缽頭大小根據甑內原料多少和出酒量而定。然後把甑子支在鍋灶上，甑子頭上支一盆銅質冷卻器，內裝冷水。灶窩裏加旺火蒸酒，甑內蒸汽上陞後，遇銅質冷卻就滴入甑中的缽頭裏，隨著時間的延長，酒越積越多。因接酒器置於甑子內部，看不見摸不著，故得名燜鍋酒。蒸酒的過程中，要及時更換冷卻器中的涼水，水溫一直要保持涼水狀態。一般情況下，換三至五次水後，燜鍋酒就烤好了。蒸多少時間為宜，這要根據火力和原料的多少憑經驗而定。這也是釀製燜鍋酒的關鍵，時間蒸長了，甑中的缽頭酒裝滿溢出外，更重要的是酒度會降低，蒸的時間短了，可能甑中的缽頭酒未裝滿，且酒度會很高，一般會在六十度以上。

　　除燜鍋酒外，哈尼族烤制小鍋酒。燜鍋酒與小鍋酒的區別在於接酒的方式不同。烤制小鍋酒的甑子，從下往上四分之三的位置開出一個小洞，接酒槽從這個洞口伸出來。這種烤酒方法的優點是，出酒情況看得見，並可邊品嘗邊烤酒，酒度的高低便於掌握。弱點是酒香味不如燜鍋酒。

　　甜白酒，也是哈尼族最早飲料之一，逢年過節，祭獻祖先，祭神神靈，婚喪活動都離不開甜白酒。現在許多哈尼族地區，每家都有一對老祖先傳下來的甜白酒罐，哈尼語稱「知祖布然」。長期置於家中供奉祖先神位下方篾籠中，逢年過節時以此釀製甜白酒。若家中遇有高齡老人去世時，這個酒罐也要抬出來，置於為死者舉行喪禮的祭桌旁。其意為向死者和歷代祖先敬獻甜白酒。由此說明，哈尼族對甜白酒的重視和久遠的歷史。

哈尼族製作的「紅茶餅」
Cake-shaped Black Tea Made by the Hani People

哈尼族烤制「燜鍋酒」
Making Special Local Wine

五　哈尼族烹飪特色與生物多樣性

　　哈尼族的飲食主要有煮、蒸、炒、烀、燒、烤、燉、炸、焙等烹製方式。煮、蒸、炒烀是常見的日常菜譜烹製方法；燒、烤常見於野外飲食的烹製。節日儀式飲食的製作除煮、蒸、炒、拌生外，燉、炸、焙方法也用上。哈尼族在特色菜譜的烹飪中，其主料、輔料和調料的調和與搭配以綠色植物用料品種多為特色，因此，哈尼族在生產中需要特別培植和保護綠色植物。這就體現了哈尼族飲食烹飪特色與生物多樣的關係。

（一）主食結構與烹飪特色

　　哈尼族從古至今從事梯田稻作農耕，由此形成以稻穀加工而成的大米飯為主食結構的飲食特徵。西雙版納、瀾滄等地的哈尼族歷史上主要種植陸稻，輔以蕎子、玉米、黃豆、高粱為副食。中華人民共和國成立後，在人民政府的幫助下，水田稻作有了發展，逐步從旱地刀耕火種的農耕向水田稻作農耕轉型，由此從陸稻加工成的主食結構向水稻加工成的主食結構轉型。紅河流域哈尼族梯田種枝植的水稻以黏性秈稻和黏性粳稻為主，節日喜食糯性秈稻。其中，普遍日常食用的品種有冷水穀、麻線穀、黃殼穀、早穀、大老粳、小老粳、小花穀、大紅腳穀、小紅腳穀、白糯、長毛糯、香糯等。除糯米外，這些穀種的米質均呈紅色，故其烹製出來的飯稱紅米飯。此外，以玉米、蕎子、小麥、高粱、毫米等作輔助雜糧。下文列舉幾種紅米烹製的特色食品。

　　生蒸飯：是逢年過節、嫁娶婚事、喪葬等活動時的主食。其特點是飯粒稍硬，香味可口，不失其營養，食後耐餓。其烹製方法是，將大米淘洗浸泡四小時後，把水淘乾，盛入木甑裏生蒸一小時左右，至

米飯七成熟後倒入大木盆裏,將飯團攪開,灑上適當的涼開水反覆攪拌,待水分被米飯吸乾後,再將米飯重新盛入木甑裏蒸熟即可食用。烹製的關鍵是生蒸後灑水要適中,灑水過多,飯粒太軟,達不到生蒸效果,灑水過少,飯粒則硬無法食用。

染黃飯:一般在農曆二月和三月過「昂瑪突」節、開秧門時烹製。此時,春耕伊始,黃花盛開。黃花是生長在哀牢山區海拔一四○○至二○○○米地帶的一種小灌木,俗稱「七里花香」。用其花放入鐵鍋中煨煮,待煨煮所得的黃色汁液冷卻,將經淘洗過的糯米盛入黃色液汁中攪拌浸泡數小時讓其染透黃色,再把染透黃色的糯米淘乾水分盛入木甑裏蒸熟即可食。此時烹製染黃糯米飯的原因,一方面必須以黃糯米飯、肉、染色蛋等作為祭品祭獻寨神、地神以及報春的布穀鳥。另一方面此烹製的糯飯比普通糯米飯的味道香醇,口感滑潤,也是招待客人的好食品。

雞肉煮稀飯:其味鮮美,富營養。原料主要是普通大米加少許糯米、雞肉湯、食鹽。其製作是,殺一隻雞,切毛剖腹,去內臟後洗淨,以整體雞放入鍋中加清水煮,同時放二五○克大米,肉飯同時煮熟。待熟的雞肉撈出後,鍋內剩下的米粥,撒進適當的食鹽即可食。

竹筒飯:其製作方法是,先將米淘洗浸泡一小時,砍來一節一端留底,另一端開口的竹筒,用清水洗淨筒內,盛入浸泡好的米至筒內壁三分之二,灌入水至過米三至四釐米,用芭蕉葉或無毒葉子緊塞住筒口,筒口朝天放在火堆上翻滾燒,先用強火燒,待筒內水燒乾後,用微火翻烤三十分鐘,然後把燒焦的竹筒口朝天在清水裏浸泡一下,用刀剝去竹筒殼,留下的米飯即可食,其特點味香軟可口。

土鍋飯:用土鍋烹製的米飯。其飯粒軟、味香、富營養,比一般鐵、鋁鍋烹製的米飯可口。按哈尼族傳統是老人才能享有的米飯。土鍋是用一種黏糯性紅土或紫黑土燒製而成的古老炊具,有大小,越燒

硬度越強，元陽、紅河等縣內有燒製。但由於鐵、鋁鍋的問世，用量逐漸減少。土鍋飯的烹製是將淘洗後的米盛入鍋內，加清水至過米三釐米，再將土鍋加蓋放在三腳架上燒煮，待水燒乾，以碳火燒三十分鐘即可食。

上述哈尼族的主食大米的烹製特色略舉一二。哈尼族的主食風味烹製有其美好的傳說，其中蘊含著深刻的生態食療哲理。比如雞肉稀飯的來歷是這樣講的：

> 傳說在很早以前，哈尼族阿卡支系的一個寨子裏，有一個年輕的寡婦，她為了養育一對兒女，起早貪黑，忙裏忙外，節衣縮食，把兒女養大成人，自己卻患上了一身疾病。有一次她病倒了，幾天不吃不喝，急得兩個兒女不知所措，天天給她殺雞煮肉也沒胃口，米粒不下肚。眼看老人家的病越來越重，兄妹倆商量著把最後一隻母雞宰殺後，處理好內臟洗淨，把雞肉整體放進鍋裏，並將淘洗的米也放進去，再加入清水和鮮姜片煮出稀飯來，端到老人面前一聞到獨特的清香味，老人睜開眼，一口氣吃下了半小碗。兄妹倆看到阿媽喜歡吃肉稀飯，就想辦法天天煮肉稀飯給阿媽吃，半月過後老人的病好了。從此，人們知道肉稀飯的療效，久而久之成為哈尼族喜歡的一道飲食了。[25]

---

25 門圖：《西雙版納愛尼村寨文化》（北京市：中國文學出版社2002年），頁108。

七里香花染色的糯飯

Sticky Rice Colored with Common Jasmin Orange

生蒸飯　　Steamed Rice

（二）生態菜肴與製作方法

　　哈尼族一般實行一日三餐制，早晚二餐在家中食用，中午以特製竹筒或竹篾飯盒帶到田間食用。一日三餐不可缺少的調料是食鹽、豆豉、辣椒，任何蔬菜素煮烹調，都以這三種為原料做一碗蘸水，並缺一不可，也是日常的調料配製。因此，哈尼族無論日常，還是節日擺飯，必須將盛有食鹽、豆豉、辣椒的木製鹽碟先上桌。這三種配料也是象徵人丁、六畜、五穀的興旺發達。哈尼族俗話說：「寧可三天不吃油，豆豉頓頓不能少。」「不吃豆豉不會唱山歌，不吃辣椒歌聲不響亮」。這些俗語道出了哈尼族的飲食習俗與特徵。

1　典型菜肴與製作方法

　　豆豉的食用方法有多種，一般先將製作好的小豆豉團在火塘熱灰裏焐熟，再將其搗碎與菜一起炒或煮，搗碎的豆豉、辣椒麵、食鹽攪拌食用或做蘸水，是日常調味法。

　　豆豉：哈尼族最有特色的調料豆製品，其色黃黑，生嗅難聞，烘熟味香，開胃。主要原料是黃豆。其製作方法是，將黃豆浸泡數小時後煮熟，並將其裝入隔有干葉子的籮筐裏包蓋嚴實讓其發酵。一旦在豆子表面生出黴菌有臭味就將其從籮筐中倒入大木盆裏，將豆子剁絨為豆泥。按一定比例的雞肝散花、花椒葉和豆杆灰一起加水煮沸並濾去雜質，用濾水均勻地攪拌在豆泥中，然後將其捏成小豆團或小豆餅，用火煙熏乾透後即可儲備食用。其中的配料雞肝散花、花椒葉和豆杆灰起到消炎療效。

　　蘸水：哈尼族的特色風味，雖然各種蘸水的配料不同，但主要的區別在綠色植物的調配上。以雞肉蘸水為例，主要原料是食鹽、辣椒、生薑、蒜苗、荽菜、香蓼、芫荽、薄荷、草果、麻椒、熟蛋黃、

雞內臟、雞湯等。其製作方法是將綠色原料洗淨切碎放入大碗中，加適當的食鹽、味精、辣椒麵、草果麵、麻椒麵，切碎雞內臟與上述原料攪拌，衝入熱雞湯，再放進熟蛋黃攪爛即可成。其以綠色植物配料多為特色，有的配料多達二三十種，味清香麻辣，百食不膩，大開胃口。是哈尼族過年過節殺雞宰鴨時必做的一道特色菜，將雞塊放入其中蘸食。

拌生菜：主要原料是瘦肉、蘿蔔、青菜、苤菜、蒜、魚腥草、水芹等。其製作方法是，先將綠色蔬菜洗淨並切碎，稍稍揉出水分放在碗盆裏，再將剁細的瘦肉放入油鍋裏炒香、加少許肉湯後全部趁熱倒進已切碎的蔬菜上，加適當食鹽、辣椒、味精一起攪拌均勻即可食用。其味道鮮美、清涼、解膩。

葉子包燒泥鰍：原料必須是鮮泥鰍。其制做法是，將泥鰍洗淨，灑上食鹽、烤香後舂細的豆豉、辣椒麵攪拌均勻，把泥鰍用鮮芭蕉葉、青菜葉包紮好，葉子包多層，再把包好的葉子包泥鰍在火碳灰裏捂十至二十分鐘，待外層的葉子燒焦時，內包的泥鰍即可食。其味鮮美香辣。其做法常見於田野勞作時。

竹筒煮肉：原料必須是鮮瘦肉。其制做法是，先砍好一節竹筒，一邊留竹節，另一邊開口，用清水洗淨筒內，把肉片放入筒中，加清水，筒口朝天用無毒葉塞住，放到火堆上燒煮。待筒內水煮沸取開葉塞，加適當豬油、食鹽後，繼續煮數幾分鐘即可食。此操作常見於野外，但其味比鐵、鋁鍋烹製的味道鮮。

牛肉湯鍋：其制做法是，將宰殺好剝皮的牛肉洗淨砍成二五〇克一塊的數塊，適當加入洗淨的牛排、牛骨、牛油、牛血及其五臟一起混合煮，煮至肉熟，取出肉塊切成小片，再做一個配有薄荷、麻椒、辣椒、食鹽、味精、肉湯的蘸水，將肉片放進蘸水裏蘸吃。

白旺：傳統生食飲俗，也稱頭刀菜。主要原料是豬、牛、羊、

雞、鴨等鮮血，另加新鮮蔬菜，如蘿蔔絲、捲心菜、苤菜、青菜、蒜、魚腥草、車前草等可生食的綠色蔬菜。其制做法是，以一底部撒有少許鹽的盆盛接殺豬時剛溢出的豬血，兌適當的清水在血盆中，用一雙筷子按順時針方向飛速攪動，待起泡沫後，放一些燒熟的瘦肉絲和炒香搗碎的花生米，再把已切碎的蔬菜了放入血盆中攪拌，然後加適當的食鹽、味精、草果麵、辣椒面認真攪合均勻後壓平，待凝固結塊狀用尖刀劃成若干小塊即可食。其色鮮紅帶綠、味鮮香辣，性解膩。是哈尼族殺豬等家畜家禽時必做的一道生菜。

牛苦腸涼拌：其制做法是，宰殺牛時，用小腸中俗稱粉腸的分泌物以棕葉衣皮濾去渣物，用過濾所得的汁液盛入碗中，滴入牛苦膽，放食鹽、辣椒與切碎的青菜、蘿蔔絲攪拌，其味苦涼。是哈尼族在舉行喪禮時必做的一道菜。

哈尼族還有許多豆豉和酸筍調料的菜。如豆豉煮泥鰍、豆豉煮螺螄、豆豉炒茄子、豆豉煮南瓜葉、豆豉煮芋菜、豆豉煮青椒、牛肉煮酸筍、鱔魚煮酸筍、螺螄煮酸筍、雞肉煮酸筍、魚煮酸筍等風味。

表4-1　哈尼族蘸水與生物多樣性閱覽表

名　稱	主　料	配　料
日常蔬菜蘸水	食鹽、豆豉、辣椒	蔬菜湯、味精
雞肉蘸水	活土雞	食鹽、鮮辣椒、苤菜、香椿、生薑、蒜苗、香蓼、刺芫荽、鮮麻椒、草果面、熟蛋黃、雞內臟、熟雞血、雞湯
豬肉蘸水	鮮豬肉	食鹽、鮮辣椒、苤菜、香椿、生薑、蒜苗、香蓼、薄荷、草果面、骨頭湯、熟豬血
狗肉蘸水	鮮狗肉	食鹽、鮮辣椒、香蓼、薄荷、鮮麻椒、大薄荷、、香姜葉、狗肉湯、

名　稱	主　料	配　　料
羊肉蘸水	鮮羊肉	食鹽、鮮辣椒、香蓼、薄荷、鮮麻椒、大薄荷、地椒、羊肉湯
牛肉蘸水	鮮羊肉	食鹽、鮮辣椒、香蓼、薄荷、鮮麻椒、牛肉湯、地椒
白旺（生血菜）或頭刀菜	雞、豬、牛、羊血均可	草果面、食鹽、炒香花生米、炒香瘦肉泥、鮮辣椒、苤菜、青菜、蒜苗、捲心菜、魚腥菜、車前草、鮮蘿蔔絲

哈尼豆豉
Fermented Soya Beans

哈尼蘸水
Flavored Seasonings

白旺（牲血拌生菜）

Baiwang Flavored Dish Made with Animal Blood and Fresh Vegetables

2 食笋文化

哈尼族自古以來生活在產竹區域內，有悠久的食笋歷史。目前，食笋品種較多，但主要採集的品種有龍竹甜笋、龍竹苦笋、苦竹笋、薄竹笋、刺竹笋、滑竹笋、金竹笋、箭竹笋等，除龍竹笋和金竹笋屬人工栽培外，其餘均為野生。

哈尼族對竹笋的加工大致可分為兩大類，一類是加工成笋乾，其中又分乾巴笋、乾笋片和乾笋絲；一類是酸笋加工，根據不同種類的竹笋又加工成不同的酸笋。乾巴笋以金竹笋和滑竹笋為佳，將採集到的鮮笋剝去笋殼後，一棵竹笋撕成幾瓣在陽光下曬乾存放。乾笋片、乾笋絲以龍竹甜笋、毛竹苦笋為好，將竹笋剝去笋殼，一棵竹笋切成兩手指寬的笋片或切成筷頭大小的笋絲置於陽光下曬乾存放。酸笋用龍竹、苦竹的鮮笋剝殼後，切成絲或拳頭大小的塊狀，放入罐內注入清水醃製。

哈尼族竹笋的烹飪技術有炒、煨（煮）、焊、蒸、燒、炸等多種方法，不同品種的竹笋採取不同的烹飪技術。乾笋在清水中浸泡八小時左右，洗去黃色液汁，以韭菜、油、食鹽、辣椒、豆豉作配料炒食，這是大眾化的烹飪技術。以下介紹一些哈尼族風味的竹笋菜譜：[26]

乾笋煮乾豆：乾笋浸泡潔淨後與老鼠豆、綠豆、紅雲豆等豆類一起放入土鍋內，用微火慢慢煮，待豆類炸裂加適當油、鹽即可食。

乾笋煮豬腳臘肉：乾笋浸泡洗淨，豬腳臘肉的表皮面以火焰熏成焦黃後刮洗乾淨，一起放入土鍋內，用火慢慢地煨煮，待肉煮爛即可食，味甜。

焊薄竹笋：以新鮮採集到的薄竹笋去殼後，將一棵笋子劈成三四節，用清水洗淨，放入鍋內加清水煮熟。再做一碗配有鹽、辣椒、豆豉、味精、笋湯的蘸水，將笋子蘸吃。味涼、爽口、開胃。

燒刺竹笋：以新鮮採集回來的刺竹笋不去笋葉，用熱火塘灰焙熟，然後剝去笋殼，放入鹽臼內，配以鹽、辣椒、豆豉，搗細即可食。

箭竹笋羹：採集新鮮箭竹笋去殼，放入鍋內加清水煮至半熟，取出來涼乾水分後，整齊地放在簸箕裏，用乾淨的乾巴芭蕉葉蓋好，再加蓋麻袋，置於溫熱的火塘邊捂上三至五天，以笋子表層出現白菌為宜。取出來放入碗中，加食鹽、薄荷、辣椒、薑等配料，置於甑上蒸至糊狀即可食。

牛肉煮酸笋：新鮮牛肉清洗後，砍成約五〇〇克左右的塊狀放入鍋內煮至九成熟，取出肉塊切成片，肉片與酸笋絲以三比一的比例混合入鍋內再煮。直至牛肉煮熟為止。再做一碗配有花椒、薄荷、香柳、鹽、辣椒、味精、牛肉湯的蘸水，用肉片蘸食。其味鮮美開胃。

---

26 黃紹文：《諾瑪阿美到哀牢山——哈尼族文化地理研究》（昆明市：雲南民族出版社，2007年），頁332-334。

　　雞肉煮酸笋：雞宰殺後切去雞毛，處理好內臟洗淨，將整只雞放入鍋內加清水煮至半熟，再加入適當的酸笋絲，直至雞體煮爛。然後做一碗配有香柳、芫荽、生薑、蒜苗、花椒、食鹽、辣椒、味精、雞湯的蘸水，將雞砍成小塊蘸吃。其味鮮甜、酸辣可口。

　　鱔魚煮酸笋：將新鮮鱔魚內臟處理後，切成幾節，鱔魚與酸笋絲以三比一的比例混入鍋內加清水煮至半熟，再加入適當的花椒、薄荷、辣椒、豬油、食鹽煮熟即可食。

　　螺螄煮酸笋：從田裏撿回來的螺螄用清水養二至三日，並每日換水一次，讓其吐盡腹內髒物。然後將田螺割去尾部洗淨，放入鍋中乾炒，並不斷攪動，待螺蓋自然脫落，加清水煮，同時放入適量的酸笋絲、辣椒、花椒、豬油、鹽煮沸二十分鐘，最後放薄荷即可食。其味酸甜、麻辣、開胃。

　　魚煮酸笋：將各種魚類（鯉魚為佳）去內臟放入鍋內加清水煮沸，然後放豬油，以表層漂起一層油為宜，再加適當的酸笋絲，同時加適量的鹽、辣椒、花椒煮沸十分鐘，最後加薄荷和少許味精即可食。其味鮮甜、麻辣、開胃。

　　竹筒魚湯：指用竹筒烹製出來的魚湯。原料有花鰍、豬油、食鹽、辣椒、豆豉和酸笋絲。其製作方法是，以一節一端留底、另一端開口的鮮竹筒，灌入適量的清水，筒口朝天放在火堆上燒煮。水煮沸後，將河裏捕獲的鮮魚放入竹筒燒煮，然後再放豬油、食鹽、辣椒、豆豉和酸笋等佐料煮沸五分鐘即可食。其味鮮甜、酸辣可口。

　　哈尼族地區食笋習俗至今廣為流行，我們也可從中窺見哈尼族飲食文化的多樣性。食笋文化豐富了哈尼族的飲食生態文化。

竹拱橋

Bamboo Bridge

哈尼族編織的竹產品

Bamboo Crafts Made by the Hani People

哈尼族的火塘

Fireplace

在室外烹製祭品

Cooking Sacrifice Outdoors

（三）進食禁忌

哈尼族的進食禁忌更多的是對女子禁律。表現在她們終身不得參與「昂瑪突」等村寨神林的祭祀活動，不能到神林裏分享供品，平時也嚴禁入神林。女子未出嫁之前忌食雙黃蛋、雙果實等，吃這些認為日後會產雙胞胎（哈尼族認為不吉利）。女子懷孕時不吃姜，否則會產六指。女子為男嬰坐月子不吃豬油，否則對嬰兒生殖器不好。女子在夫家進餐時，不得與公公、叔伯、兄長等人同桌共食，即便在妊娠期間也不例外。此外，天邊出現彩時不能去汲水，更不能喝水；全族人忌食貓肉以及野生動物老虎、豹子、大象、穿山甲、猴子、喜鵲、布穀鳥、白閒、杜鵑鳥、燕子、烏鴉、點水雀、蛇類等；屬狗的人忌吃狗肉，屬牛的人忌吃牛肉，這與動物圖騰有關。

哈尼族女子在進餐時，她們不得與兄弟和男性父輩同桌而坐，只能端碗站在一旁，隨時觀察餐桌上飯菜的進食情況，如果飯菜少了，立刻丟下自己的碗筷去添飯添菜。女子出嫁後，在夫家進餐時，不得與公公、叔伯、兄長等同桌共食，即便是妊娠期間也不例外。即使是那些已有兒孫的家庭主婦，如果家中有男性客人進食時，嚴禁上樓取物，必須另擇時間，若當時非取不可，也只能指使兒孫等人上樓。

綜上所述，哀牢山和無量山是哈尼族飲食來源的自然環境，水稻和陸稻是哈尼族的主食結構。上述哈尼族的各式菜肴，有日常食用，也有節日慶典食用。但何種菜肴，均講究原料的調和與搭配：主料與輔料搭配、主料與調料搭配、辣與麻搭配、香與甜搭配、熟與生搭配等。用料品種多樣化、綠色植物多樣化是哈尼族飲食生態文化的特色。竹筍可以為多種主料中的一種，也可能是惟一的一種主料，而與之相搭配的輔料和調料則是多種多樣。

地域文化研究叢書　A0200001

雲南哈尼族傳統生態文化研究　上冊

作　　　者	黃紹文、廖國強、關　磊、袁愛莉
責任編輯	蔡雅如
發 行 人	陳滿銘
總 經 理	梁錦興
總 編 輯	陳滿銘
副總編輯	張晏瑞
編 輯 所	萬卷樓圖書股份有限公司
排　　版	林曉敏
印　　刷	百通科技股份有限公司
封面設計	斐類設計工作室

出　　版　昌明文化有限公司
桃園市龜山區中原街 32 號
電話 (02)23216565
發　　行　萬卷樓圖書股份有限公司
　　臺北市羅斯福路二段 41 號 6 樓之 3
　　電話 (02)23216565
　　傳真 (02)23218698
　　電郵 SERVICE@WANJUAN.COM.TW
大陸經銷　廈門外圖臺灣書店有限公司
　　電郵 JKB188@188.COM

ISBN 978-986-92915-6-9
2016 年 5 月初版
定價：新臺幣 400 元

如何購買本書：

1. 劃撥購書，請透過以下郵政劃撥帳號：
　　帳號：15624015
　　戶名：萬卷樓圖書股份有限公司

2. 轉帳購書，請透過以下帳戶
　　合作金庫銀行 古亭分行
　　戶名：萬卷樓圖書股份有限公司
　　帳號：0877717092596

3. 網路購書，請透過萬卷樓網站
　　網址 WWW.WANJUAN.COM.TW

大量購書，請直接聯繫我們，將有專人為您服務。客服：(02)23216565 分機 10

如有缺頁、破損或裝訂錯誤，請寄回更換

國家圖書館出版品預行編目資料

雲南哈尼族傳統生態文化研究 / 黃紹文等著.
-- 初版. -- 桃園市：昌明文化出版；臺北市：
萬卷樓發行, 2016.05
　冊 ；　公分. -- (地域文化研究叢書)
ISBN 978-986-92915-6-9(上冊 ： 平裝). --
1.哈尼族 2.民族文化
536.2824　　　　　　　　　　105007303

本著作物經廈門墨客知識產權代理有限公司代理，由作者黃紹文、廖國強、關磊、袁愛莉授權萬卷樓圖書股份有限公司出版、發行中文繁體字版版權。